Sexe et sentiments
Version femme

Dr Sylvain Mimoun et Rica Étienne

Sexe et sentiments

Version femme

Nouvelle édition, revue, augmentée

Illustrations : Philippe Savary

Albin Michel

Ouvrage publié sous la direction
de Mahaut-Mathilde Nobécourt

Sommaire

Avant-propos

Cette nouvelle édition de *Sexe et Sentiments* inclut les données les plus récentes de la science, les traitements les plus modernes, les thérapeutiques les plus innovantes et les plus efficaces, celles qu'il faut éviter absolument et, enfin, les chiffres de la nouvelle sexualité des Français, quarante ans après 68.

Ce livre traite de la relation homme-femme sous tous ses aspects : sexuels, psychologiques, voire culturels et sociologiques, et de ses effets psychosomatiques. Il aimerait traduire les sentiments des hommes et les faire parvenir au cœur des femmes, ceux des femmes et les faire parvenir au cœur des hommes. Il entend préserver le fil ténu de la relation et du dialogue entre les deux ; ce n'est pas du luxe par les temps qui courent, avec un taux de divorces qui grimpe inexorablement (quatre fois plus que dans les années 1960).

On peut lire ce livre dans l'ordre que l'on veut, et zapper en fonction de ses préoccupations du moment ; chaque chapitre est indépendant des autres et, au sein d'un même chapitre, les questions le sont aussi.

Ces questions, justement, sont un recueil des interrogations de patientes en consultation chez le médecin, elles ont pu être posées par écrit lors de conférences données au grand public ou épinglées sur les *chats* Internet, avec les avantages inhérents à l'anonymat (on ose poser toutes les questions, les plus naïves, les plus intimes, les plus crues, parfois les plus douloureuses).

Chacun le sien : *Sexe et Sentiments, version femme, Sexe et Sentiments, version homme*[1]. Dans l'idéal, ces deux livres se complètent et pas seulement pour faire plaisir à l'éditeur. Seuls les deux premiers chapitres consacrés au couple présentent des similitudes, avec des nuances tout de même, ce qui peut aisément se concevoir. Les autres s'intéressent aux spécificités de chacun des sexes et mettent en relief les points communs et les différences d'approche, inhérentes au fait biologique ou à la psychologie féminine ou masculine. Une femme qui lirait la version homme comprendrait pourquoi les hommes ne pensent qu'à ça et pourquoi ils s'estiment souvent à l'aune de leur pénis. Inversement, un homme qui lirait la version femme comprendrait pourquoi, chez elles, l'acte sexuel est l'aboutissement d'une parole et d'une complicité indispensables avant de se donner.

Enfin, cet ouvrage est un petit traité pratique de gynécologie, où la psychologie et la sexualité tiennent une place prépondérante. Il s'adresse aux femmes bien portantes qui s'interrogent sur leur fonctionnement, à celles qui souffrent de maladies gynécologiques, qui ont des problèmes sexuels ou dont le compagnon en a, avec les répercussions que l'on sait sur la relation de couple

Rica Étienne et Sylvain Mimoun

1. Dr Sylvain Mimoun et Rica Étienne, Albin Michel, 2004.

1

UN PEU DE FINESSE DANS UN MONDE DE BRUTES

La nuit américaine

Aux États-Unis, l'amour a perdu son air de fête. Certains magazines vont jusqu'à conseiller à leurs lecteurs de faire signer un consentement à une fille rencontrée à une soirée, au cas où, le lendemain, elle s'aviserait de les attaquer pour viol. Certaines universités préconisent le «contrat sexuel», où il est explicité en bonne et due forme ce qui est admis comme ébats intimes par les deux parties. Les professeurs y reçoivent leurs élèves dans leur bureau en laissant la porte ouverte, au cas où il viendrait à l'idée d'un(e) étudiant(e) contrarié(e) de les attaquer pour harcèlement sexuel. Une jeune fille française, fraîchement débarquée sur un campus américain, n'avait pas fait dix pas que, déjà, on lui avait remis le listing complet, sur plusieurs pages, des associations à contacter en cas de harcèlement ou de viol. Même le regard est suspect. Les hommes ne s'avisent plus de dévisager avec insistance une femme, ils risqueraient l'opprobre général, voire l'attaque judiciaire. Le féminisme radical américain n'est pas étranger à cette «judiciarisation» de la sexualité. Comme l'explique la philosophe

Élisabeth Badinter dans *Fausse Route*, décapante et courageuse analyse de l'évolution du féminisme et des rapports hommes-femmes, selon les féministes américaines radicales, « les femmes sont une classe opprimée, et la sexualité est la racine même de cette oppression. La domination masculine repose sur le pouvoir des hommes à traiter les femmes comme des objets sexuels. Ce pouvoir que l'on fait remonter à l'origine de l'espèce aurait été inauguré par le viol. [...] Le verdict est sans appel : il faut contraindre les hommes à changer leur sexualité. Et pour ce faire : modifier les lois et saisir les tribunaux[1] ».

Heureusement, souligne la philosophe, toutes les féministes ne sont pas si extrémistes, toutes ne prônent pas la séparation des sexes pure et simple ou la transformation de l'homme et de sa sexualité. La majorité défend au contraire le rapprochement et le mieux-vivre ensemble, à condition que les hommes acceptent de partager un peu de leurs privilèges et de participer de manière plus égalitaire aux tâches ménagères, autant dire qu'il reste du travail !

On dit toujours que la France a dix ans de retard sur les États-Unis. Alors, chez nous aussi, les relations amoureuses risquent-elles de se dégrader à ce point ? Serait-il possible qu'hommes et femmes se perdent en route ?

L'amour en France en 2008

Les résultats de la grande enquête Contexte de la sexualité en France (CSF) ont été publiés en 2008 sur plus de 600 pages[2].

1. Élisabeth Badinter, *Fausse Route*, Odile Jacob, 2003.
2. La Découverte.

Deux sociologues, Nathalie Bajos de l'Inserm et Michel Bozon de l'Ined, ont exploré avec leur équipe toutes les représentations amoureuses actuelles et les pratiques déclarées, abordant aussi bien l'âge du premier rapport sexuel que la difficulté à atteindre l'orgasme, en passant par l'influence des maladies chroniques sur le désir, les relations hors mariage ou les violences conjugales. Pas moins de 12 364 personnes âgées de 18 à 69 ans ont été interrogées au téléphone en 2006.

Cette troisième grande enquête nationale sur le comportement sexuel des Français fait suite à l'enquête Simon en 1970 (contemporaine de la diffusion de la contraception) et à l'enquête ACSF (Analyse du comportement sexuel en France) de 1992, alors que la société se mobilisait massivement contre le sida.

Les tendances les plus surprenantes de l'enquête CSF concernent sans doute les femmes, encore que les jeunes trentenaires réservent aussi leur lot de surprises. Dans le domaine de la sexualité et des rapports amoureux, les pratiques féminines rejoignent petit à petit celles des hommes.

Les femmes déclarent désormais plusieurs partenaires sexuels au cours de leur vie, même si elles demeurent nettement en deçà des hommes. Celles qui annoncent n'avoir eu qu'un seul partenaire ont considérablement diminué : 68 % en 1970, 43 % en 1992, 34 % en 2006 (contre 18 %, 21 % et 16 % pour les hommes). En 1970, celles qui avaient 30 à 49 ans rapportaient peu ou prou 2 partenaires, 4 dans l'enquête de 92 et 5 aujourd'hui. De ce point de vue, les hommes n'ont pas franchement évolué avec 12,8 partenaires en 70, 12,6 en 92 et 12,9 en 2006.

Pour le début des rapports sexuels, énorme évolution aussi. À la fin des années 1950, les femmes perdaient leur virginité deux ans plus tard que les hommes. Aujourd'hui, l'écart n'est plus que de quelques mois et tout le monde s'y met vers 17 ans. « Les plus grands changements se sont produits dans les années 1960, avant mai 1968 et avant que les moyens de contraception ne se diffusent », déclarent les auteurs de l'étude. Et puis, analysent-ils, dans les générations plus anciennes, les premiers rapports sexuels avaient des significations très différentes. Pour les femmes de 60 à 69 ans, 70 % des premiers partenaires étaient ou sont devenus des conjoints (c'est vrai pour 33 % des premières partenaires des hommes du même âge). Aujourd'hui, parmi les femmes âgées de 20 à 24 ans, elles ne sont que 10 % à avoir eu leur premier rapport avec quelqu'un qui est devenu leur conjoint. Comme les hommes.

Autre grande tendance évolutive, les femmes se montrent plus inventives et multiplient les pratiques (fellation, masturbation, fréquence des rapports, expériences homosexuelles, Internet...).

Toutefois, malgré cette « libération sexuelle » des femmes, les sociologues observent qu'un clivage net persiste entre les deux sexes. La sexualité féminine reste avant tout associée à « l'affectivité et la conjugalité », tandis que la sexualité masculine demeure liée à l'idée de besoins sexuels plus forts. Comprenons-nous bien, une femme peut faire l'amour sans amour, mais au niveau du dire en tout cas, elle reste plus attachée à la nécessité du sentiment que l'homme. « Les jeunes aussi sont une majorité à penser que « par nature les hommes ont plus de besoins sexuels que les femmes », insistent Nathalie Bajos et Michel Bozon. De fait, l'enquête CSF confirme ce qu'on observe en consultation, de plus en plus de femmes ont un comportement sexuel autrefois attribué à l'homme : performances, résultats. Elles disent : « Je n'ai pas d'orgasme, c'est normal ? », « Comment faire pour jouir plusieurs fois d'affilée ? »... Elles sont parfois même plus hardies et audacieuses que leurs partenaires.

Est-ce pour autant que les comportements sont devenus unisexes ? Non, en particulier quand elles se mettent à vivre en couple. Les chasseuses des années 2000 peuvent adopter des conduites très libérées avec des partenaires de rencontre, mais avec leur conjoint, elles rentrent dans le rang. Comme s'il fallait malgré tout revenir à l'ancien système. Le couple est constitué de parents potentiels plus classiques et fantasmatiquement « vertueux ». En consultation, une femme à la sexualité très libre confiait « ne pas imaginer une vie conjugale aussi délurée » quand elle aurait « son mari, ses enfants, et son chien ». Sa vie de famille serait plus rangée. De même, côté masculin, lorsque le couple est constitué, il n'est pas rare de voir des hommes plongés dans le dilemme de la sexualité pour le plaisir et de la sexualité conjugale plus sage. La bouche maternelle qui embrasse leurs enfants ne peut être aussi la bouche qui leur a prodigué une fellation.

Autre sujet d'étonnement de l'enquête CSF, c'est le recul des mâles. Parallèlement à la montée de la demande sexuelle féminine, certains hommes sont devenus moins demandeurs. Entre 18 et 35 ans, la proportion d'abstinence sexuelle est deux fois plus élevée que chez les femmes (6,2 % d'abstinents contre 3,5 % d'abstinentes). À cette période, pour qu'un homme trouve une partenaire, il devra se montrer particulièrement actif. Il ne pourra se contenter d'attendre que « l'occasion se présente ». Cette passivité résulte probablement de la peur de ne pas « être à la hauteur » avec une femme qui sait ce qu'elle veut, qui se plaint ouvertement de sa frustration, et qui n'hésite pas à lui dire qu'« avec l'autre c'était mieux ». Au moins, les aînées avaient la délicatesse de soupirer sans revendiquer.

Autre tendance intéressante dessinée dans cette enquête, elle concerne la sexualité jeunes / vieux. Toutes les générations se rapprochent et les clivages sont moins marqués. Les plus âgés considèrent maintenant que rester dans le coup, c'est continuer de faire l'amour. On est passé du credo « il y a un temps pour tout » au credo « pourquoi j'arrêterais, moi aussi j'y ai droit ! ». Les plus jeunes, eux, veulent à la fois le plaisir (même sans expérience) et la sécurité du couple (même sans la durée).

Mais, finalement, faut-il croire ces chiffres basés sur les déclarations des uns et des autres, voire sur leurs fanfaronnades ? Dans *Le Nouvel Observateur*, François Caviglioli, avec son humour habituel, se montre sceptique : « La difficulté d'une enquête sur la sexualité, c'est que tout le monde ment. Les hommes par vantardise ou, au contraire, par prudence instinctive, les femmes par omission, ou plutôt sous l'effet de la perspective déformante et sélective à travers laquelle elles regardent leur vie sexuelle[1]. » Il est vrai que quand on demande à un homme combien il a eu de partenaires, habituellement, il n'oublie pas un point à son tableau de chasse, tandis qu'une femme aura tendance à ne comptabiliser que les hommes qui ont vraiment compté ou pour lesquels, du moins, il y a eu un début d'histoire et de sentiment. Exit tous les autres, ces hommes sans visage, avec lesquels elles n'ont pas vibré ou n'ont pas ri !

Et pourtant, malgré quelques incertitudes probables ici ou là, les statistiques de cette grande enquête seraient bel et bien

1. Publication exclusive des résultats de l'enquête, *Le Nouvel Observateur*, 6-12 mars 2008.

fiables. D'abord, rassurent les sociologues, «les analyses menées a posteriori attestent une grande cohérence des réponses pour un même individu tout au long du questionnaire, et au regard des résultats obtenus dans d'autres enquêtes en France et à l'étranger». Ces résultats viennent aussi confirmer ce que l'on observe dans le cadre des consultations.

On peut donc retenir que les hommes et les femmes se rapprochent, certes, mais demeurent tout de même différents. Ou mieux encore, complémentaires! Le stéréotype classique «l'homme adore le sexe et la femme adore l'amour» reste d'actualité, même s'il est nettement moins vrai qu'autrefois. La femme emprunte parfois la route du sexe et l'homme le chemin des sentiments.

La grande peur des hommes

En deux minuscules générations, tous les équilibres ont été bousculés. Avec la double arme de la contraception et de l'IVG, les femmes ont acquis le droit de décider ou pas de leur maternité. Et grâce au travail, donc à leur relative autonomie financière, elles ont pu envisager de divorcer ou de se séparer de leur compagnon. À côté de cela, leurs exigences sont devenues hyperboliques et génératrices d'une anxiété sans fond pour leurs alter ego masculins. Elles réclament maintenant un homme fort, mais pas trop, sinon ce serait un macho; un tendre, mais juste ce qu'il faut, sinon ce serait une lavette; un qui les fasse rire, mais sans excès, autrement ce serait un guignol; un charmeur, mais sans outrance, sinon elles seraient jalouses; un homme qui les respecte, mais qui les excite; un qui les rassure, mais qui les étonne ou qui joue les aventuriers. Bref... elles veulent sécurité et sentiment, confiance et réciprocité, avec une bonne dose d'humour et de sensibilité. La quadrature du cercle en somme. Certaines réclament même le droit à la stabilité – avec un mari qu'elles aiment – et au frisson – avec un amant qu'elles choisissent et renouvellent. Comme les hommes en somme. Elles sont peu nombreuses encore, mais, dans une génération, qui dit qu'elles ne les auront pas rattrapés sur leur propre terrain ?

Tout cela explique peut-être un peu la réaction bassement vengeresse de quelques mâles blessés dans leur amour-propre. Elles veulent l'égalité, elles vont l'avoir ! Qu'elles poussent leur caddy elles-mêmes, qu'elles ouvrent leur porte toutes seules, qu'elles paient l'addition au restaurant, qu'elles se débrouillent sans hommes, puisqu'elles prétendent même être capables de faire des enfants en solo (par insémination) et s'achètent des *sex-toys* (objets sexuels) dans les boutiques branchées, sans complexes, ni remords !

Cette avalanche de changements, même comprise par eux, même admise, même jugée normale, a eu de quoi les ébranler. Dans ce tourbillon social, les hommes se sentent maintenant déboussolés, un peu piégés, presque perdus. Surtout, ils ont pris conscience de cette chose troublante : ils sont « le maillon faible ». Pourquoi ? Parce qu'ils fonctionnent comme toujours, depuis la nuit des temps, à l'amour et à l'admiration. Ils ont besoin d'être rassurés par les femmes et mis sur un piédestal. Au moins, quand ils rapportaient le salaire à la maison et faisaient vivre toute la tribu, ils avaient l'illusion d'être des héros. Lorsqu'ils les arrachaient à leur famille pour les épouser, ils étaient des princes charmants. Mais maintenant, quelle place ont-ils ? Quel rôle jouent-ils que les femmes ne puissent jouer aussi ?

Chacun doit retrouver les honneurs de son sexe. La différence est moteur du désir. L'abolition de cette différence menace la libido et même l'amour. Élisabeth Badinter cite dans son livre cet exemple caricatural, mais hélas véridique : dans le milieu alternatif à Berlin ou en Suède, certaines féministes apprennent aux garçons à faire pipi assis sur la cuvette comme les filles, pour ne pas en mettre partout. Se tenir debout est considéré comme vulgaire et suggestif. Cela prête à sourire ? Pas tant que cela, certains hommes se sentent dévirilisés au plus profond d'eux-mêmes et voient dans ces pratiques une menace d'anéantissement. Une de plus...

Ils ne veulent plus être considérés comme des suspects numéro un, ni des criminels en puissance. Ils aimeraient pouvoir s'exprimer comme ils le ressentent, pourvu qu'ils respectent leur partenaire. S'ils se montrent admiratifs devant une femme qui passe, ce ne sont pas forcément des goujats ou des pervers. S'ils déclarent leur désir ou leur envie de faire l'amour, ce ne sont pas nécessairement des bêtes libidineuses. S'ils ont des érections, c'est leur nature, et elles sont incontrôlables. Si les femmes ne prennent pas la mesure de cette réalité simple, les hommes risquent d'aller justement là où personne ne voulait aller : vers une sexualité hygiéniste (pour la pulsion) avec des professionnelles, ou des aventures sans lendemain, et une sexualité conjugale ou familiale très cadrée. Bref, vers une dissociation de l'amour et du sentiment.

Ce sont même des féministes américaines qui, lorsqu'elles ont eu des garçons, se sont posé la question de la place à leur laisser, de l'éducation à leur transmettre[1]. Tant qu'elles avaient devant elles des partenaires, pour ne pas dire des adversaires, elles se battaient pour l'égalité pied à pied. Mais avec leurs fils, l'affectivité est entrée en ligne de compte, et peut-être aussi l'idée de l'équité. Filles et garçons doivent recevoir une éducation spécifique. À chacun selon sa nature et ses besoins. Ce qui ne veut pas dire à chacun la même chose, la même éducation unisexe. L'injustice serait de ne pas voir la richesse de chacun des deux bords. L'appauvrissement du monde serait de ne vouloir voir qu'« une seule tête », qu'un seul profil. Ce serait la négation de la diversité et de la richesse de chacun.

Décalés mais si complémentaires

On pourrait s'amuser à dresser un petit inventaire des décalages habituels entre hommes et femmes. Bien sûr avec précaution. Toutes les femmes ne réagissent pas de la même manière, tous les hommes non plus, et heureusement. Il n'existe pas de règles universelles ni de lois psychologiques gravées dans le marbre. Les femmes peuvent avoir des comportements que l'on prétend « masculins » et inversement. Le sens des responsabilités, l'agressivité, la violence, le pouvoir ou la domination ne sont nullement le privilège des hommes, pas plus que la passivité, l'écoute, la tendresse, l'accueil ou la bienveillance ne sont celui des femmes. Il faut renoncer à une vision angélique des femmes et à une diabolisation des hommes. Comme l'écrit Élisabeth Badinter, « il n'y a pas une masculinité universelle, mais

1. Selon Michael Gurian, *Ce qu'il y a de formidable chez les garçons, Mieux les comprendre pour mieux les élever*, Albin Michel, 2002.

de multiples masculinités, comme il existe de multiples féminités. Les catégories binaires sont dangereuses parce qu'elles effacent la complexité du réel au profit de schémas simplistes et contraignants[1] ». Message reçu... Toutefois, nous pensons que la féminité, même si elle ne se résume pas à la maternité – et de loin –, entraîne des comportements spécifiques. La psychologue Yolande Mayanobe en est persuadée. Elle inaugure son cours en demandant à ses étudiants de répondre à la question « Qui suis-je ? », spontanément. Que constate-t-elle le plus souvent ? « Les hommes se définissent par ce qu'ils font, métier, sport pratiqué, études suivies, projets... Les femmes donnent leurs prénoms, parlent de leur situation familiale, épouse, mère de x enfants, fille aînée, cadette... puis se décrivent par leur caractère : sensible, énergique ; ou leur état : amoureuse, heureuse... Ce que les hommes n'écrivent jamais. La femme reste dans l'être et fait primer ce qui concerne son affectivité. L'homme reste dans le faire : il se sent homme parce qu'il agit[2]. »

Autre « différence de style » essentielle, pointée cette fois par des études de psychobiologie : dès le plus jeune âge, il se met en place des modes de communication bien distincts entre filles et garçons. Les premières ont un langage « collaboratif », les seconds un langage « confrontationnel », selon l'expression du psychiatre Alain Braconnier[3]. Lorsqu'elles discutent, les fillettes utilisent déjà des formules exprimant leur accord, elles marquent des pauses pour laisser la parole aux autres. Elles viseraient un double effet : être agréable et sociable, tout en défendant énergiquement leur point de vue.

1. Élisabeth Badinter, *op. cit.*
2. Voir *Psychologies*, dossier « Qui êtes-vous vraiment ? », juillet-août 2003.
3. Alain Braconnier, *Le Sexe des émotions*, Odile Jacob, 1996.

Les garçons interrompent et interpellent davantage leur interlocuteur, cherchent à diriger l'échange, veulent contrôler la discussion et, par-dessus tout, à s'affirmer. À l'adolescence, puis à l'âge adulte, malgré la forte attirance pour le sexe opposé, ces différences continuent de se manifester.

Le principal «décalage» des sexes tient à la parole (et à son usage) et de lui découlent tous les autres. Les femmes sont davantage dans l'affectif et l'échange d'émotions, les hommes dans l'action et l'échange d'informations. Elles se montrent attentives et sociales, ils ont besoin de s'affirmer et de convaincre, surtout en présence d'autres hommes, car il s'agit cette fois de protéger leur statut de «mâle dominant».

En cas de conflit, elles se refusent tout entières, ce qui signifie qu'elles refusent aussi de faire l'amour. Ou alors elles explosent et expriment vivement leurs émotions. Les hommes ont plutôt tendance à prendre leurs distances et ne manifestent surtout pas leurs sentiments, ce serait une preuve de faiblesse. D'où l'escalade symétrique dans le silence, la colère, voire la violence. Dans le meilleur des cas, la crise permettra de mettre sur la table ce qui ne va pas et de se retrouver ensuite; dans le pire, elle conduira au ressentiment, à l'éloignement ou à la rupture.

Les émotions féminines ou masculines se déclarent souvent sur un mode différent. Vouloir l'ignorer peut conduire à la catastrophe. Au contraire, s'appuyer dessus et s'en servir comme d'un tremplin pour communiquer et pour s'aimer est possible. D'où l'intérêt de mieux cerner ces décalages.

« *Juliette va faire des emplettes en voiture avec Roméo. Il se gare sans histoire devant la boutique. Une berline approche, la conduc-*

trice fait un somptueux créneau, et Juliette s'exclame devant Roméo : « Tu as vu cette maîtrise ! » Lui, vexé, de répondre : « Pourquoi, moi, je ne me gare pas bien ? – Mais non, mon chéri, je voulais simplement dire qu'elle se garait bien, rien de plus. » Le ton monte, le conflit prend des proportions exponentielles, Juliette boude et se jure au fond d'elle-même que maintenant ce sera « tintin la balayette, Roméo n'a qu'à bien se tenir ». Quinze jours plus tard, Juliette en veut toujours à Roméo qui le lui rend bien. Elle consulte son gynécologue car, dit-elle, son couple est au bord de la crise de nerfs. Depuis cette scène, pourtant banale, elle ne peut plus faire l'amour, le désir a disparu, érodé par ses griefs et la rancœur accumulée.

Cette histoire vraie illustre parfaitement le décalage qui peut s'instaurer dans la discussion entre un homme et une femme. Au fond, que s'est-il passé entre ces deux-là, à ce moment précis de leur histoire ? Est-ce un simple créneau qui a provoqué cette spirale ascendante de conflits ? Non, il est vraisemblable que les non-dits, les incompréhensions et les frustrations mutuelles se sont peu à peu additionnés. L'épisode de la voiture est la goutte d'eau qui a fait déborder le vase. Cependant, vient s'y greffer un autre élément d'importance : un mode relationnel décalé des deux sexes. Juliette, emphatique comme bien des femmes, exprime tout simplement son admiration devant l'autre conductrice, car, sans doute, elle ne se sent pas capable de faire aussi bien qu'elle, et Roméo n'est nullement visé. Mais lui ne l'entend pas de cette oreille. Le vieux démon masculin qui sommeille en lui s'est réveillé. Il est persuadé d'être remis en question, jaugé, comparé… discrédité. Il pense aussitôt: «Si elle dit cela, c'est qu'elle estime que je ne suis pas à la hauteur.» Et cette idée-là n'est pas supportable pour «un homme qui se respecte».

Prenons une autre situation. Roméo rentre du travail, s'affale sur le canapé et se tait. Il rumine ses pensées dans son coin, ce qui a le don d'irriter Juliette. Cette fois, c'est elle qui est blessée dans son amour-propre. Elle est persuadée que s'il ne lui parle pas, c'est qu'elle n'existe pas pour lui ou qu'il lui en veut ou qu'elle est moins séduisante, ou peut-être même qu'il pense à une autre femme. Elle aimerait dialoguer, comprendre, se rassurer, l'apaiser… Et que reçoit-elle en retour? Pas même un sourire ou un mot gentil, non, rien de rien. Roméo est loin d'imaginer les pensées désagréables qui encombrent la tête de sa dulcinée. Il a juste besoin d'un sas de décompression pour se ressourcer, il veut du calme. Pourquoi lui tombe-t-elle dessus alors? Il n'a rien fait, rien dit, pas prononcé un mot, et elle s'agite, hystérique, devant lui, réclamant des explications. C'est encore une des grandes sources d'incompréhension entre les deux sexes: lorsque cela va mal, les femmes ont généralement besoin de parler, les hommes font le dos rond… en attendant que cela aille mieux.

Les hommes expliqués aux femmes

Encore une fois, par commodité, nous dirons «les» hommes font… «les» femmes sont… mais d'évidence rien n'est aussi tranché ni définitif: certains hommes ont la fibre féminine très développée, certaines femmes «portent la culotte», voilà pourquoi il est difficile de se reconnaître à chaque fois. Et dans cette lecture, l'humour reste le meilleur rempart contre la caricature.

→ Les hommes ont besoin d'être rassurés

Ce qui est en jeu chez eux, c'est l'obsession d'être à la hauteur, capables, réellement virils. Ils sont dans l'évaluation permanente, consciente ou inconsciente, sexuelle ou pas. Et cela tient à une « matérialité » capitale, à une évidence naturelle : ils ont un sexe externe, visible, éloquent, un sexe qui résume leurs émotions, bien intégré dans leur schéma corporel et mental. Ça va, ils bandent ; ça ne va pas, ils débandent. Ils sont à nu. Depuis tout-petits, ils ont dû accepter le regard des autres garçons, se sont mesurés à eux, comparés, observés. Les femmes, qui ont un sexe caché, intime, mystérieux, sont bien loin de ce type de raisonnement et même d'enjeu.

→ Les hommes intériorisent leurs émotions

Chez eux, « tout » se voit, il est donc vital de masquer les affects pour mieux se protéger. Cela ne veut pas dire qu'ils n'en ont pas. Lorsqu'ils craquent, ils se sentent fragilisés, vulnérables, exposés, honteux, et tout cela ne rime pas vraiment avec leur idée de la virilité. Ils s'imaginent que leur crédibilité passe par une maîtrise absolue des émotions. Et même les hormones s'en mêlent (un peu). La testostérone (hormone masculine) inhibe la sécrétion des larmes. Les femmes, elles, montrent aisément leurs joies, leurs plaisirs, leurs peines, leurs colères. C'est leur manière à elles de s'extérioriser. Elles ne se sentent pas remises en question parce qu'elles ont sangloté. Une fois soulagées et déchargées de leurs tensions, elles peuvent même sourire et passer à autre chose.

→ Les hommes aiment être aux commandes

Toujours cette fameuse problématique d'être suffisamment capables. Lorsqu'ils ont un problème, ils ruminent jusqu'à ce qu'ils trouvent leur solution. Ils se plongent dans leur journal, regardent la télévision et, pendant ce temps, l'obstacle est mis de côté ou franchi. De la même manière, ils demandent rarement leur chemin en voiture lorsqu'ils sont perdus... ou alors, il faut vraiment qu'ils soient à un stade avancé de perdition. Ils supportent mal de recevoir des ordres et n'apprécient pas les conseils itératifs.

Mais les femmes, elles, ont tendance à prendre leur compagnon pour un enfant à éduquer. Elles ont envie de le transformer et de le façonner à leur image. Hélas, nul ne change sous la pression, c'est plutôt l'inverse qui se passe. Alors, au lieu d'être dans le reproche, mieux vaut suggérer positivement ce que l'on attend de l'autre, sans jamais paraître lui donner des leçons ou, pis, des ordres : la pilule passe mieux.

→ Les hommes privilégient l'action aux beaux discours

Plutôt que de s'embarrasser d'explications ou de grandes conversations philosophiques, beaucoup se sentent plus à l'aise dans le concret. En caricaturant, ils agissent et, s'ils s'expriment, c'est pour informer, non pour le plaisir d'échanger, de tisser du lien affectif, de montrer leurs émotions. Ils se sentent plutôt gauches avec les mots, moins dans la maîtrise. D'ailleurs, il n'y a qu'à les voir au téléphone, c'est souvent rapidement expédié. Ils se contentent de dire « c'est bien » ou « ça ne va pas », là où une femme s'envolera dans une écoute active et empathique ponctuée de conseils et d'appréciations en tout genre.

Les hommes qui sont passés par la psychanalyse savent mieux parler de leurs émotions et sont en général plus disposés au « dialogue émotionnel ». D'autres aussi parlent, les tchatcheurs ou les intellos prolixes et brillants. Ceux-là utilisent le langage, moins pour transmettre de l'émotion que pour briller intellectuellement ou séduire.

→ Les hommes aiment cloisonner

Souvent, ils répugnent à parler de ce qu'ils vivent en dehors de la maison (professionnellement, avec leurs copains, etc.). Par égoïsme ? Pas nécessairement. Bien souvent, ils ont au contraire le souci de protéger leur compagne et de lui épargner les tracas, voire les problèmes insurmontables qu'ils traversent. Parfois aussi, ils protègent leur jardin secret, ce qui leur donne un sentiment de liberté et l'impression de continuer à maîtriser au moins une partie de leur vie. Certains ont beaucoup de mal à comprendre que, dans une relation de couple durable, il est salutaire de dévoiler un peu plus son affectivité, de livrer les clés de ses intérêts et de ses émotions pour tisser une relation complice et ne pas perdre l'autre de vue.

→ Les hommes font le gros dos

En cas de conflit, ils préfèrent se retirer sur la pointe des pieds et attendre que ça passe, plutôt que de dialoguer (puisqu'ils ont du mal à parler de ce qu'ils ressentent). Ils peuvent d'ailleurs ruser pour éviter la discussion de peur que cela n'envenime de nouveau la situation. À partir d'un détail qui leur paraît faux, ils n'entendent rien de ce que l'autre a à dire ou ressent et refusent tout en bloc. Voilà pourquoi, si on ne veut pas les perdre en route et leur donner l'occasion d'interrompre la discussion, il vaut mieux ne pas trop exagérer pour donner plus de poids à sa démonstration. Si on prétend qu'il a une heure de retard (au lieu de 15 minutes) ou qu'il ne fait jamais aucun effort (alors que, depuis une semaine, il repeint l'appartement), il dira tout bonnement qu'on exagère comme d'habitude et considérera toute la suite comme forcément nulle et non avenue. Un seul conseil : rester au plus près de la réalité, pour être prise au sérieux.

→ Les hommes adorent avoir raison

« Tu as raison » ou, pis encore, « J'ai eu tort » sont les deux phrases maudites, exclues de leur vocabulaire. Voilà un véritable aveu d'impuissance, dans toute l'acception du terme Lorsque les femmes se trompent, elles font plus volontiers amende honorable. Elles ne se sentent ni diminuées ni dévalorisées par cette attitude. Au contraire, elles se trouvent « grandes » d'en être capables et estiment que le monde tournerait mieux si les hommes en faisaient autant.

Alors, comment faire ? Dans une situation durable de couple, mieux vaut régler la situation que régler ses comptes. La meilleure solution : ne pas entrer dans le rapport de forces (car ils veulent gagner), éviter d'aborder le problème frontalement, poser des questions au lieu de lancer des affirmations péremptoires, montrer de la souplesse. S'ils ne se sentent pas agressés, les hommes ressentiront moins le risque de perdre. La ruse ultime : leur donner l'impression qu'ils ont décidé de la chose alors qu'on les a peut-être un peu manipulés. Ou alors, avant de lancer un reproche, le précéder d'une qualité « Toi qui es si psychologue, tu peux comprendre que j'ai besoin de dire ce que j'ai sur le cœur... »

→ Les hommes privilégient le fond à la forme

Ils peuvent inviter des copains à la maison sans se préoccuper de savoir si tout est bien rangé, si le frigo est plein, si leur compagne a eu le temps d'enfiler une jolie robe ou de se faire une beauté. Pour eux, ce qui compte, c'est passer une bonne soirée ensemble, et peu importe que les fleurs soient fanées ou qu'il n'y ait pas de dessert. Le fond prime sur la forme. Une hérésie pour les femmes qui accordent beaucoup d'importance aux deux. Lorsqu'elles se préparent à recevoir, elles vont non seulement mettre les petits plats dans les grands, mais aussi soigner la présentation à table, la pièce, la maison, et leur tenue. Chaque détail compte comme s'il faisait partie d'elles-mêmes et de leur air de fête.

→ Les hommes ont peur de dire « Je t'aime »

Ils détestent prononcer la phrase magique pour un oui ou pour un non, car ils se sentent alors piégés, engagés, ligotés. Ils imaginent ne plus pouvoir faire machine arrière. Pour les plus jeunes, qui vivent volontiers en bande, cela équivaut même à baisser les armes, à se livrer tout nus. Comme s'ils perdaient toute fierté. Comme si dire ses sentiments était une preuve de faiblesse et d'attendrissement, bref, l'inverse d'être un dur, un homme, un vrai, un tatoué. Pour les femmes qui misent tellement sur l'affectif et le relationnel, « Je t'aime » est le sésame indispensable, le petit mot-caresse qui veut dire : « C'est toi et pas une autre », même si, au fond, elles pressentent que ce n'est pas toujours vrai. Elles aiment les mots d'amour et les compliments, ils font partie de la mise en scène sentimentale ou érotique, un peu comme si on avait campé un beau décor pour elles.

→ Les hommes aiment se montrer virils

Ils sont rassurés de voir qu'ils «fonctionnent» et de le montrer (mécaniquement et émotionnellement). Ils apprécient que leur partenaire admire leur réactivité et leur disponibilité. Leurs érections les rassurent. Et cela, même sans faire l'amour ! Ils n'y pensent pas forcément d'ailleurs, ils souhaitent simplement vérifier ou éprouver leur virilité, et s'assurer que leur partenaire est fière d'eux. Les femmes sont bien loin de ces considérations mécaniques et métaphysiques. Si leur homme s'approche d'elles, le sexe érigé et dur, elles prennent cela pour argent comptant. Elles estiment qu'on les considère comme un objet sexuel et rejettent toute forme de complicité intime (mains aux fesses, etc.) si elles ne sont pas demandeuses ou disponibles. Elles doivent expliquer aux hommes ce qui les émeut sans pour autant leur reprocher leurs érections si naturelles.

→ Les hommes sont «toujours prêts»

La donne biologique fait qu'ils ne sont pas soumis de manière cyclique aux hormones, ils ne sont donc pas fatigués à certains moments du cycle ou à certaines périodes de leur existence (grossesse, accouchement, allaitement, règles, ménopause). Leur taux de testostérone est relativement stable et décroît très progressivement avec l'âge. Ils ont donc une relative constance dans leur désir. Par ailleurs, ils ont une sexualité spatiale, avec la vue et l'imaginaire qui jouent un rôle déterminant. Le simple fait que les femmes soient plus dénudées (au printemps, sur la plage, dans un film) contribue à la montée de leur libido. Pour tenir la distance, les femmes doivent être en surfonctionnement émotionnel (très amoureuses, très excitées par la nouveauté ou une nouvelle situation, etc.).

→ Les hommes sont tristes qu'on refuse leurs avances sexuelles

Lorsqu'ils ont vraiment envie de faire l'amour, ils peuvent se sentir rejetés entièrement si on leur dit non. Comme si leur pénis les résumait tout entiers. Les voilà meurtris, humiliés, abandonnés et, pire que tout, responsables de ne pas être à la hauteur, encore une fois. Ils ont du mal à s'en tenir aux faits leur compagne est peut-être fatiguée ou préoccupée. Lorsque le refus devient systématique, ils se sentent minables et dévalorisés. Alors ils déclenchent le plan Orsec. Soit ils s'enferment dans leur coquille pour se protéger et perdent tout intérêt pour la sexualité, soit, au contraire, ils vont chercher du réconfort ailleurs, afin de s'assurer que leurs avances ne sont pas repoussées par toutes les femmes.

→ Les hommes font l'amour pour décompresser

Pour eux, le sexe est un moyen idéal de se «retrouver sur l'oreiller». La pulsion l'emporte sur l'affectif. Qu'ils soient énervés, agités, inquiets, troublés, agressifs, en colère contre leur collègue de bureau ou leur partenaire, ils voient dans la relation sexuelle le moyen idéal et agréable de s'oublier, de s'apaiser, de se retrouver, de se recharger, de montrer qu'ils sont encore virils. Les femmes, elles, ont besoin du «meilleur des mondes» (temps, détente, disponibilité) pour s'abandonner.

→ Les hommes font l'amour pour aimer

En cas de frictions dans le couple, ils pensent: «Je ne vois pas pourquoi j'aurais des attentions puisqu'elle ne fait pas l'amour.» Elles se disent plutôt: «Je ne vois pas pourquoi je ferais l'amour, puisqu'il n'a pas d'attentions pour moi.» Ils s'impatientent: «Je ne l'ai pas vue de la semaine, vivement qu'on passe au lit.» Elles s'indignent: «Je ne l'ai pas vu de la semaine et il veut coucher!» Autrement dit, pour aimer, les hommes ont besoin de faire l'amour. Pour faire l'amour, les femmes ont besoin d'aimer d'abord. Ou, plus exactement, de créer une complicité, une connivence amoureuse ou sexuelle. Si personne ne fait d'efforts en direction de l'autre, la sexualité peut devenir l'objet de tous les conflits: une source de frustration ou de domination pour les hommes, un moyen rêvé de punition pour les femmes.

Pas besoin de parler pour communiquer!

Le corps a son langage qui renforce ou appuie celui du verbe. Mais qui le trahit aussi. Les mots disent une chose, les gestes en affirment une autre. Le corps s'exprime avec son vocabulaire, sa syntaxe, sa ponctuation et même ses... lapsus. Exemple, cet homme qui se dit ouvert au dialogue et prêt à écouter sa compagne, mais qui, dans le même temps, reste figé sur sa chaise, les bras croisés et le visage fermé. Un dialogue habituel se compose d'un tiers de message verbal et de deux tiers de messages gestuels (il existerait un million de codes et signaux corporels). Le célèbre éthologiste Desmond Morris décline les principaux signaux séducteurs: regards appuyés, main qui effleure, hochements de tête vigoureux approbateurs, sourire aux lèvres offertes, corps présenté sans barrière de protection, regards rapides lancés vers l'autre pour vérifier ses réactions, yeux grands ouverts et sourcils remontés, jeux de langue, lèvres humectées plus souvent.

Ces gestes, consciemment ou non, sont parfaitement perçus, même s'ils ne sont pas toujours bien interprétés. Cette petite expérience, tentée il y a quelques années déjà au Max Planck Institut de Munich, a bien mis en évidence les malentendus possibles. La psycholinguiste Christiane Tramitz, spécialiste de l'étude du flirt, a montré à un groupe d'hommes et de femmes un petit film. C'est une charmante comédienne, dans un bar, qui se tourne vers le spectateur en lui faisant des mouvements suggestifs. Vers la fin de la séquence, elle change d'attitude et détourne ostensiblement son regard. Les spectateurs doivent appuyer sur une manette lorsqu'ils détectent une « invitation » et se sentent prêts à « l'abordage ». Résultat : les habitués de boîtes de nuit répondent au quart de tour dès les premières œillades enjôleuses et ne repèrent nullement le changement d'attitude. Les timides réagissent plus lentement, mais dans le même sens. Ils interprètent les maints détails encourageants, comme la position oblique et alanguie du cou ou le fait de tirer sur son vêtement. Cependant, eux non plus ne remarquent pas le virage à 180° de la comédienne. En revanche, le groupe de contrôle féminin qui a visionné la séquence n'a pas spécialement l'impression que celle-ci faisait des avances. Pour Christiane Tramitz, les femmes sont plus sensibles aux signaux de refus ou de repli émis que les hommes. Cette étonnante différence de perception expliquerait selon elle le malentendu fondamental entre les hommes et les femmes sur le langage corporel. Les « mâles » voient ce qu'ils ont envie de voir et sont tentés de prendre leurs désirs pour des réalités...

2

LE COUPLE, ÇA S'INVENTE ?

Cours de ponctuation

Mettre la ponctuation de la proposition suivante :
« Woman without her man is nothing »

« Woman, without her man, is nothing. » *« Woman ! without her, man is nothing ! »*
(La femme, sans son homme, n'est rien.) *(Femme ! sans elle, l'homme n'est rien !)*

Le plus petit groupe possible avec dénominateur commun et intérêts partagés se limite au couple, puisque les communautés religieuses ou de pensée, les familles politiques, les tribus élargies ayant plusieurs générations sous leur toit ont fait long feu ou presque. Du coup, le couple est devenu extraordinairement important et fragile. Le voilà chargé de toutes les attentes, de tous les rêves, et menacé de toutes les imperfections. Comme l'explique le psychiatre et psychanalyste Serge Hefez, « il est devenu difficile de s'y endormir. C'est un lieu en perpétuel mouvement, menacé de l'intérieur par l'individualité de chaque membre du couple et de l'extérieur par les modèles[1] ».

Sa fragilité lui colle à la peau, puisqu'il s'agit d'être « libres ensemble[2] ». On veut se réaliser, garder son indépendance, mais vivre à deux parce que l'amour existe et que le couple est rassurant. Seulement voilà, comment se sentir pleinement responsable d'une histoire qui se construit à plusieurs ? Si ça va mal, c'est *nous* qui est en tort, et ce n'est pas *moi*

1. Avec Danièle Laufer, dans *La Danse du couple*, Hachette Littératures, 2002.
2. Selon l'expression du sociologue François de Singly, *Libres ensemble, L'individualisme dans la vie commune*, Armand Colin, 2005.

Poursuivant le raisonnement, c'est à *l'autre* de tout faire pour sauver la relation. Face au couple, chacun est conscient de ses droits, un peu moins de ses devoirs. Le credo est : « Ça va bien, je reste », « Ça va moins bien, je vais voir ailleurs ». Pour un peu, le couple serait devenu un bien de consommation comme les autres...

Les unions de nos parents et grands-parents étaient loin d'être idylliques. On ne se choisissait pas forcément, on faisait des mariages de raison et on tenait jusqu'au bout parce qu'il le fallait bien. La morale sociale se résumait à un besoin de stabilité, pour la paix de la société, des ménages et la transmission des biens sans entrave. La fidélité, érigée en principe, facilitait l'héritage aux enfants légitimes. L'amour était la cerise sur le gâteau, c'était la raison (sociale, familiale, financière) qui primait. Et à partir de là, on apprenait à s'aimer. Cela marchait parfois.

Les couples d'aujourd'hui jouissent d'une liberté infiniment plus grande. Ils réclament moins la stabilité que la qualité des relations. Ils restent ensemble parce qu'ils le veulent bien. Cette liberté qui est une force pour certains se révèle être une faiblesse pour d'autres. À la moindre éraflure dans le contrat, à la plus petite chute d'intérêt ou de désir, chacun reprend ses billes et va jouer ailleurs.

Le modèle parental avait ses imperfections et ses limites. Le modèle actuel en a d'autres. L'équilibre est sans doute à rechercher entre les deux mouvements du balancier. Une valeur s'impose, celle du temps et de la durée : un couple se bâtit à deux selon un lent processus ponctué de crises et de dépassements.

Toujours le mythe du prince charmant ?

L'époque n'est guère aux princesses enfermées dans leur tour d'ivoire, ni aux femmes passives et soumises attendant qu'un homme vienne les sauver et combler leurs désirs. Alors, les femmes espèrent-elles encore le prince charmant ? Fonctionnent-elles sur le modèle maternel ? On serait bien en droit d'en douter. Pourtant, au pays même du féminisme et de la statue de la Liberté, les princesses se marient toujours en robe blanche, avec une limousine en guise de carrosse et tout le tralala. Les films comme *Titanic* ou *Pretty Woman* continuent d'émouvoir et de faire recette.

Le prince n'est pas mort, et il est bien un sauveur. Mais que sauve-t-il ? Il sauve... la femme bafouée dans ses aspirations. Celle qui rêve de quitter le nid de ses parents pour enfin être elle-même, de rencontrer l'homme complice et protecteur, de (re)faire sa vie ou, tout simplement, de partager ses aspirations. Le prince sauve aujourd'hui encore ses souhaits entravés par les interdits, les tabous et l'éducation reçue. Que l'on se comprenne bien, le prince attendu n'a rien d'un héros guimauve et suranné, la femme qui en rêve n'est pas non plus la victime d'un bourrage de crâne dépassé, elle attend seulement un homme, un vrai, qui l'aime, qui lui (re)donne confiance et l'aide à puiser dans ses compétences inexprimées ou à aller jusqu'au bout de celles-ci. Et, pour être tout à fait juste, elle n'est pas seule à attendre, lui aussi rêve de la femme idéale, celle dans le regard de laquelle il deviendra un homme d'exception.

Le prince mot à mot

Le mythe du prince charmant s'articule autour de deux mots intéressants, celui de prince et celui de charmant, qui veut dire séduisant, aimable, galant, mais aussi enchanteur, envoûteur, captivant, ensorceleur. Cette deuxième notion renvoie à celle de captation, d'emprise, d'envoûtement. Le prince jette un charme comme il jetterait un sort. Le destin se joue alors... Le mythe est par là même un véritable rituel initiatique, puisque la femme accomplira son destin et se dépassera. Et l'homme aussi, par la même occasion, puisqu'on lui prête la vertu d'être un enchanteur et un sauveur.

La part de Freud

Si le mythe existe encore avec une telle force, c'est aussi à cause du fameux complexe d'Œdipe décrit pour la première fois par Sigmund Freud. « Complexe », en psychanalyse, ne veut pas dire malaise physique, mais conflit psychique. Celui-ci apparaît dans l'enfance, entre 3 et 7 ans environ. Un vrai drame se joue à trois personnages : le père, la mère et l'enfant « amoureux » du parent de sexe opposé. Cet amour est interdit, donc impossible. De là naissent une rivalité avec le parent de sexe opposé et une souffrance, mais une souffrance nécessaire pour grandir. Si elle n'avait subi ce premier échec, comment la fillette pourrait-elle désirer ailleurs ? Cette insatisfaction et cette frustration, non perçues de manière consciente, vont lui servir d'aiguillon dans l'existence et lui permettre d'attendre le fameux prince charmant. Bien sûr, aucune adolescente ni adulte ne garde de souvenir précis de cette première histoire d'amour avec son père, sauf en psychothérapie. Cette amnésie touche tout le monde (les filles comme les garçons), elle est nécessaire pour avancer dans la vie et se détacher de ses parents. Elle laisse cependant une empreinte définitive plus ou moins prégnante quant au choix du partenaire amoureux.

On ne tombe pas amoureuse par hasard

Pour tomber amoureuse, il faut être libre, disponible dans sa tête, prête pour la rencontre. L'autre est là qui prononce un mot, accomplit un geste, lance un regard, et voilà le processus déclenché. Pourquoi lui ? Au-delà de toute explication rationnelle, l'alchimie opère et touche au plus profond des émotions de chacune. Même si tout semble dû au hasard, il existe en fait un théâtre inconscient qui va permettre le rapprochement. Comme le disait Freud, faisant allusion au complexe d'Œdipe : « Trouver l'objet sexuel (l'objet aimé) n'est en somme que le retrouver. » Voilà papa et maman qui resurgissent, mais aussi l'enfant que l'on a été et que l'on demeure toujours un peu dans un coin de sa tête. Lors du choc amoureux, c'est bien l'autre qui entre en résonance avec la petite fille enfouie en soi et qui fait remonter à la surface une foule d'émotions ensevelies.

L'âme sœur peut se rapprocher du parent aimé par un trait de caractère positif ou négatif (l'humour, l'intonation de voix, l'autorité) ou un aspect physique (carrure, sourire, cheveux). On ne recherche pas vraiment l'image réelle de son père (ce serait trop simple !), mais son image tel qu'on l'a idéalisé ou fantasmé ; et pour compliquer le tout, on peut rechercher une « figure parentale » totalement différente : le parrain, l'oncle, l'instituteur, le grand frère adoré, un héros de film admiré.

→ Tout sauf papa

Le choix de l'élu mène parfois à l'opposé du parent aimé pour se protéger d'un désir inconscient menaçant ou pour le tenir à distance. C'est particulièrement net dans les couples mixtes (de culture, de religion, de nationalité ou même socialement très différents). L'amoureux s'éloigne fondamentalement du milieu familial, ce qui n'est pas sans poser quelques problèmes parfois.

L'exemple de Safia est parlant. Elle est musulmane et n'a jamais pu s'attacher à des hommes de sa propre religion, sans doute trop menaçants parce que trop semblables à son père (donc intouchables). Le passage à l'acte aurait été vécu comme un inceste. Safia épouse un chrétien… la question ne se pose plus.

Cependant, même dans la réaction et même pour un choix assumé pleinement, on peut se faire rattraper par son inconscient. Très vite, la jeune femme perd l'envie de faire l'amour avec son compagnon. Et ce n'est qu'après un travail sur elle qu'elle découvre le pot aux roses. Elle a intégré la «loi du père» qui s'opposait à ce mariage et elle n'accède plus au plaisir, comme pour se punir de la transgression.

Dans un couple, il faut apprendre à compter au minimum jusqu'à cinq : toi, moi, notre relation, papa, maman, etc. Ce que nos parents résumaient par un dicton plein de bon sens : «Quand on épouse une femme, on épouse aussi sa famille.» Et bien sûr, quand on épouse un homme, c'est pareil.

··→ Ma deuxième moitié d'orange

Le choix de l'élu se bâtit ou se consolide grâce à d'autres ressorts psychologiques inconscients. On peut être attirée par celui qui vient nous rassurer et combler nos attentes. Souvent, les histoires d'amour débutent sur une détresse. La femme, l'homme, ou même les deux, sont à un moment de grande vulnérabilité. L'homme, en se comportant en chevalier servant, va non seulement combler sa dulcinée, mais se rassurer par la même occasion sur ses propres compétences et la bonne estime de lui-même, puisque, dans ses yeux, il voit de l'admiration et de l'amour. Cette image en miroir suffit à grandir chacun. De là émerge la passion consolatrice et réparatrice.

··→ Parce que c'était lui, parce que c'était moi

On aime souvent celui qui est à l'opposé de soi et qui, du coup, semble paré de toutes les vertus. Cet autre, complémentaire, est la partie rêvée de soi. Il a tout ce que l'on n'a pas, est à l'aise là où on se sent minable, entreprend ce qui nous effraye, voit la bouteille à moitié pleine quand on la voit à moitié vide. Et s'il nous choisit, c'est qu'on en vaut un peu la peine, non ? La difficulté, lorsqu'on est si différents, c'est que ce qui permet « l'ancrage », au début, peut avec le temps se transformer en bombe à retardement. Ce n'est pas systématique mais c'est un risque.

« *Maya était attirée par le profil sage et stabilisant de Paul, elle se sentait rassurée par son côté « petit nid douillet », mais, après quelques mois, elle étouffait dans sa prison dorée. Paul préférait les plateaux-repas devant la télé aux sorties en boîte ou entre amis.*

« *Marie, elle, était fascinée par Fabien, un artiste plein de fantaisie, mais ses extravagances la faisaient vivre dans un climat de perpétuelle insécurité. À la longue, elle en est venue à regretter qu'il ne soit pas un peu plus pantouflard.*

Les jeunes toujours aussi romantiques

Le score est faramineux! 87 % des adolescentes ou des jeunes femmes de 15-24 ans interrogées par le site www.maman-solo.com rêvent de trouver – et de garder – l'homme de leur vie. Chez leurs aînées (les 25-34 ans), le score est plus élevé encore : elles sont 94 % (peut-être parce qu'elles ne l'ont pas encore rencontré). Mais la vraie surprise vient des garçons, encore plus romantiques : ils sont 94 % à rêver de la femme idéale, et plus ils sont âgés, plus ils l'attendent. Les hommes ont juste fini par se l'avouer.

Le rêve de l'amour romantique

À l'écoute des couples, on voit souvent resurgir la nostalgie de la relation des premiers temps. Le couple refuse d'abandonner cette phase extraordinaire d'éveil et de révélation.

La thérapie consiste à accepter et comprendre qu'une autre réalité fait partie du passage initiatique et que, dans cette maturation, le couple grandit. Il lui faut apprendre à renoncer à des aspects révolus de son histoire pour se construire autrement. C'est là un vrai travail de deuil et de renouveau. Après la phase d'idéalisation nécessaire, il reste à évoluer vers une relation constructive de communication et de communion. Cela signifie passer du prince charmant au compagnon authentique, avec son amour et ses faiblesses.

La naissance du couple

Chaque couple va devoir franchir au moins trois étapes pour se construire, ponctuées de crises quasi annoncées.

Étape numéro un : la **fusion**. « Je pense comme toi », « Je devine tes pensées », « On se comprend sans se parler » ; la complicité est totale ; c'est si bon qu'on se retrouve un peu comme dans la peau de l'enfant que l'on était, en total état de régression, autrement dit, à l'époque idyllique où l'on était en symbiose avec sa mère. L'équation du couple se résume à 1 + 1 = 1. Le Moi est aboli au profit du Nous. On vit en siamois, on sort en siamois, on ne fait rien sans l'autre, jusqu'à... l'asphyxie parfois. C'est l'illusion fondatrice de la vie à deux, on est enfin persuadé d'avoir trouvé son double.

Étape numéro deux : la **défusion** ou **différenciation**. Chacun respire, reprend ses billes et redevient lui-même. On est capable de parler en son nom propre et d'affirmer ses goûts. Le couple change d'équation : 1 + 1 = 3, toi, moi, plus notre relation. Quand ce passage n'est pas synchrone, la première crise éclate. L'autre vit la différenciation de son partenaire comme un rejet ou un abandon. Si la crise n'est pas dépassée, c'est la séparation. Et, de fait, beaucoup de couples se perdent à ce moment-là.

Étape numéro trois : l'**exploration de soi** et de ses limites. Chacun va vouloir vivre certaines choses en couple et d'autres en solo. C'est le temps des sorties entre copines, des retrouvailles avec des activités délaissées, des amants éventuels pour éprouver ses sentiments et se rassurer sur son pouvoir de séduction. Le bras de fer est engagé autour du pouvoir et du savoir de qui l'emporte sur l'autre. À nouveau, le danger est grand de se perdre. Si le couple dialogue peu, les frustrations et les silences s'accumulent... comme un grand calme avant la tempête.

C'est seulement au bout de ces premières périodes dépassées avec succès que le couple atteint sa vraie maturité. La proximité est préférée à la fusion, car elle est moins destructrice. Chacun s'accepte avec ses désirs, ses priorités, mais aussi ses blocages et ses défenses. Et chacun décide en toute connaissance de cause de mettre dans le pot commun ce qui lui paraît acceptable et nécessaire pour que le couple fonctionne encore. Non contents de payer le loyer ensemble, on veut bâtir une vraie histoire autour, sinon cela ne s'appelle plus vivre en couple, mais en colocataires. La démarche de rapprochement suppose amour, écoute et négociation, sans compromissions inacceptables pour autant. Les années passant, si tout va bien, le couple parvient à vivre en synergie. Les enfants sont élevés ou ont quitté le nid, les enjeux professionnels sont dépassés. Le recul permet de puiser en soi-même et de se tourner davantage vers les autres.

Certains amoureux traversent ces étapes pas à pas, main dans la main, d'autres finissent par se quitter. Les uns échouent une première fois et réussissent la suivante. Les autres bricolent à chaque fois de nouvelles règles pour vivre à deux. C'est ainsi qu'une banale rencontre se transforme en éternelle histoire d'amour ou en fiasco regrettable. Il n'y a pas de règles, pas de durée normale, pas de recette pour réussir. « Un pas en avant, un pas en arrière, un pas sur le côté, les couples ne cessent de danser une espèce de tango pour réguler ce qu'ils mettent dans le pot commun et ce qu'ils gardent pour eux dans leur vie personnelle : leurs investissements professionnels, sportifs ou amicaux, explique Serge Hefez. La bonne distance se détermine à l'issue d'une négociation implicite et féroce, car elle met en jeu des questions existentielles extrêmement fortes. En réalité, les premiers mois, voire les premières années de la vie de couple se passent à régler cette distance qui évolue et fluctue avec la vie et n'est jamais la même pour les deux partenaires[1]. »

Le psychiatre Boris Cyrulnik disait, non sans humour : « On tombe amoureux et lorsqu'on se relève, on est attaché. » Cette formule est plus optimiste : « On tombe amoureux et lorsqu'on se relève, on s'attache. »

Les chiffres du couple

Le mariage et le pacs

L'âge du premier mariage ne cesse d'augmenter : six ans de plus en vingt-trois ans ! Les hommes épousent vers 31 ans et les femmes vers 29 ans (INED 2006). Toutefois, depuis 1996 et les mesures fiscales prises en faveur du mariage, la France est l'un des pays d'Europe où l'on passe le plus devant monsieur le maire, avec 274 000 célébrations en 2006 et 266 500 en 2007. Et on compte 60 000 pacs par an depuis son instauration en 1999.

85 % des couples qui vivent sous le même toit sont mariés. 70 % des hommes convolent avec une femme plus jeune qu'eux. Reste qu'à 35 ans, plus de 25 % des femmes ne se sont pas mariées, la proportion a doublé depuis dix ans.

1. Serge Hefez, *op. cit.*

L'union libre
15 % des couples sont concernés, ce qui représentait 4,6 millions de personnes en 2003. La majorité d'entre elles cohabitent avant de convoler en justes noces. Selon le sociologue Gérard Mermet, «c'est à Paris que l'union libre est la plus fréquente et aussi la plus durable». L'arrivée d'un enfant n'implique plus le mariage (une naissance sur deux se produit maintenant hors mariage, contre 6 % en 1967).

Les couples «à distance»
Selon une enquête de l'INED (1997), 16 % des couples disent ne pas vivre sous le même toit en continu, au moins au début de leur vie commune. 1 % des couples mariés et 8 % des couples qui ne le sont pas persistent et signent. Chacun chez soi depuis toujours.

Le divorce
Le nombre de divorces a quadruplé depuis 1960. On compte un divorce pour deux mariages à Paris, un divorce pour trois mariages en province. 18 % se produisent avant cinq ans de mariage, 40 % après quinze ans. Les deux tiers des couples qui se séparent ont des enfants. Les femmes sont âgées de 37 ans en moyenne, les hommes de 40 ans soit environ dix ans après l'âge du premier mariage. Parmi les nouveaux mariés en 2003, un sur six était divorcé.

Source: Francoscopie 2005, *Larousse.*

Sur le couple amoureux

◇ Comment transformer une belle histoire d'amour en relation durable?

Si on le savait, ça se saurait! Ce serait comme de donner la recette d'un best-seller à un écrivain. C'est le secret de toute une vie, difficile à trouver dans les livres ou dans l'expérience des autres. Chacune son histoire à elle. En revanche, on sait mieux ce qu'il ne faut pas faire. Quatre conduites sont particulièrement dommageables au couple et peuvent conduire à la longue à la rupture : la critique permanente, le repli sur soi, le mépris, l'attitude défensive[1].

Sans prétention, voici quelques pistes de réflexion sur ces petites choses qui rendent la vie à deux plus douce :

Aimer, c'est avoir des objectifs en commun. Pour avancer, il faut accorder son pas sur celui de l'autre, sans accélérer ni freiner, sinon l'un des deux finit par trébucher et c'est le couple qui en pâtit.

Si ce que demande l'autre est indispensable pour lui et pas insupportable pour soi, alors il faut l'accepter. C'est reconnaître que sa manière de voir la vie est tout aussi respectable que la sienne. Qui pourrait bâtir une histoire sur l'idée qu'il a toujours raison et pas l'autre ?

Il importe de maintenir le lien, en s'intéressant à la vie (ou l'avis) de l'autre. On se marie à 20 ou 30 ans, mais vingt ans plus tard, que peut-il rester en commun si on ne s'est pas un peu raconté ? Certains couples finissent par n'échanger que de manière administrative (« Tu as pensé aux papiers de Sécu ? ») en tenant l'autre à l'écart de ses sentiments. L'intimité se soude autour de choses très simples : le travail, les enfants, mais aussi les amis, les débats d'idées, les désirs, les doutes et les peurs.

L'illusion serait cependant de croire qu'on doit tout se dire et tout faire ensemble. Il faut accepter la part de mystère de l'autre et son jardin secret. Il a droit à des pensées intimes et à une vie propre qui lui permettent de se ressourcer en dehors de soi.

Même en cas de frictions dans l'air, il est important, devant les autres, de mettre en valeur son homme. Tout le monde y

1. Selon J. Gottman de l'université de Seattle, spécialiste de l'étude des couples mariés. Il a nommé ces attitudes « les quatre cavaliers de l'Apocalypse ».

gagne : l'aider à briller en couple, en famille ou en société, c'est le rassurer, le rendre confiant, donc plus épanoui et moins agressif.

Les hommes comme les femmes ont besoin que l'on reconnaisse leur caractère unique. C'est vital de se dire que, pour l'autre, on ne ressemble à personne et qu'on n'est pas interchangeable.

Pour que la routine ne prenne pas trop le pas sur la vie à deux, il faut se montrer créatif. Si l'amoureux répète tous les jours à son amoureuse qu'elle a les plus beaux yeux du monde, elle finira par se lasser de n'être aimée que pour ses beaux yeux. De son côté, l'amoureuse ne doit pas s'imaginer qu'elle a un chèque en blanc sur l'avenir parce qu'elle a les plus beaux yeux du monde. Si elle ne fait pas l'effort de le séduire toujours, lui aussi finira par ne plus y prêter attention.

Le manque d'amour passager n'est pas une catastrophe. Il est même inéluctable avec le temps. L'impatience de notre époque finit par nous faire confondre les moments neutres d'une relation avec des conflits ou des ratages.

◇ Faut-il à tout prix vivre l'amour avec un grand A?

Pourquoi le faudrait-il ? En vertu de quel modèle unique ? Et pourquoi celui-là plutôt que tel autre ? Une majorité de femmes, c'est vrai, se réalisent dans le couple, la maternité et la famille. Mais d'autres sont profondément heureuses et accomplies grâce à une réussite professionnelle, sportive, mystique ou humanitaire. Il y a de multiples possibilités d'expression de ses dispositions naturelles. L'important est de ne pas les garder enfouies en soi, sans jamais les exploiter. Comment savoir où est sa vraie potentialité ? Là où on est satisfaite foncièrement et de façon vitale (et non pas de façon fantasmatique à cause du regard que la société porte sur la place des femmes).

◇ À quoi ressemble la femme idéale pour un homme ?

Certains sont capables de la décrire aux mensurations près. D'autres sont persuadés que n'importe quelle femme ferait l'affaire, à condition toutefois qu'elle leur plaise. Il n'empêche que les hommes recherchent souvent inconsciemment le même type de partenaire. Pas nécessairement la blonde aux yeux bleus, ou la brune pulpeuse, mais la femme qui saura les rassurer : celle à qui ils apprendront tout ou offriront tout (peut-être parce qu'ils ont besoin de se faire admirer) ; celle qui jouera les oiseaux fragiles (peut-être parce qu'ils ont peur des femmes ou veulent les protéger) ; celle qui prendra toutes les décisions dans le couple (peut-être parce qu'ils ont peur de la vie ou doutent de leurs propres capacités). Certains choisiront une compagne ressemblant à leur mère ou à l'opposé, en tout cas en référence à elle. Elle sera « fatale », « fleur bleue », « madone » ou « putain », ou tout cela à la fois selon l'humeur du moment. Dans certains vieux couples d'ailleurs, la référence devient explicite : on s'appelle « papa » et « maman ». Cela en dit long sur les termes de la relation…

◇ Finalement, pourquoi se marie-t-on aujourd'hui ?

Certaines se marient pour la belle robe, la cérémonie, la fête, les amis, le plus beau jour de séduction de leur vie, comme dans les contes de fées. Il suffit de jeter un œil sur certaines séries américaines ou françaises pour s'en convaincre. Ces femmes voient plutôt le « paquet-cadeau » et moins le contenu du mariage. Face aux difficultés naissantes, les premières pourront accuser la routine et l'ennui, alors qu'au départ, le sentiment amoureux n'existait pas, mais seulement son illusion.

Pour d'autres femmes, ce sacrement est l'aboutissement d'une relation amoureuse, c'est un véritable engagement, avec le désir de construire ensemble une belle histoire, un couple et une famille. Elles pensent à tous les jours qu'elles vont additionner à ce jour-là.

On imagine bien, dans ces conditions, que tous les couples ne sont pas égaux dans l'espérance de la durée.

Sur le couple en crise

◇ On parle des crises des trois ans, sept ans ou dix ans? Existent-elles vraiment?

Plus ou moins, à condition de ne pas prendre les chiffres à la lettre. On sait, par exemple, que les divorces connaissent un pic la quatrième année, ce qui nous ramène à ces fameux trois ans. On sait aussi que beaucoup de couples se quittent à la naissance du premier enfant, donc assez tôt dans la relation. On sait encore que la moyenne des divorces se situe autour de quatorze ans après le mariage, ce qui sous-entend que les conflits sont apparus quelques années avant, le temps de mettre en route la procédure de divorce. Les crises surviennent en fait à chaque changement de situation, positif ou négatif: déménagement, nouveau travail, promotion, projets, chômage, naissance, rencontre, etc.

◇ Peut-on changer l'autre?

Si l'un des partenaires du couple évolue et modifie son attitude, l'autre va automatiquement changer aussi, de manière miraculeuse en apparence. C'est le principe même des thérapies de couple dites thérapies systémiques.

« *Pour exemple, l'histoire de Louise, qui errait de consultation en consultation avec ses douleurs de ventre et son mal-être (son mari est alcoolique). À chaque retour à la maison, le couple se disputait davantage, renvoyant toujours la balle à l'autre. Jusqu'au jour où, sur les conseils d'un médecin plus à l'écoute que les autres, Louise comprend que, pour qu'un changement s'opère, il lui faut abandonner ses attitudes répressives ou moralisatrices et explorer une autre voie. Elle cesse de se préoccuper du nombre de bouteilles descendues, de lui lancer des reproches, d'être dans le règlement de comptes, et lui déclare plutôt l'amour qu'elle a pour lui. Son attitude le surprend. Quelques jours après, il lui offre des fleurs. Suit alors une série de réactions en cascade où chacun ne voit plus que la « bouteille à moitié pleine » si l'on peut dire, au lieu de « la bouteille à moitié vide ». Six mois plus tard, le mari en question arrêtera de boire. Son changement à elle aura donc produit son changement à lui.*

◇ Les scènes de ménage indiquent-elles que le couple va mal ?

Pas nécessairement. C'est même parfois le contraire. Les crises sont véritablement salutaires lorsqu'elles permettent de remettre les pendules à l'heure et de renégocier le contrat. Il faut obéir à certaines règles pour en sortir. Par exemple, plutôt que d'exprimer sa frustration et des reproches, formuler des demandes et relever ce que l'on aime chez l'autre pour mettre en avant la complicité : « J'aime tellement ta façon de me serrer dans tes bras..., ça me manque un peu» (plutôt que «Pourquoi n'es-tu jamais tendre ni câlin?»). Dans le premier cas, on reconnaît ce qui a été, même de manière brève. Dans le second cas, on est dans le regret et on nie l'existence même de ce moment. On peut aussi parler de soi au lieu d'accuser l'autre: «Je suis très sensible en ce moment, j'ai besoin que tu m'épaules», plutôt que: «Tu m'agresses, tu es insupportable, tu es nul, égoïste, etc.»

Enfin, au lieu de charger l'adversaire et lui seul, il serait plus juste de remettre en cause la relation qu'on a construite à deux, car on se montre alors coresponsable et la pilule passe mieux. C'est tout le principe de la thérapie de couple que de travailler sur la relation malade et non sur les personnes.

◇ Pourquoi reproduit-on souvent la même chose avec des partenaires différents? (ou pourquoi les hommes que j'aime ne sont jamais pour moi?)

Il n'y a guère que le comportement qui soit répétitif, mais la cause est toujours la même. On peut se dire: «Il était trop étouffant, trop jaloux, trop ceci ou cela, je l'ai donc quitté parce qu'il m'a déçue. Et puis avec le suivant, c'était la même chose, je suis donc partie», etc. Si on s'arrête à cette explication, il était «trop ou pas assez»..., on passe à côté de son histoire. Le point commun à tous ces échecs à répétition, c'est quand même moi. Tout l'intérêt d'une psychothérapie est de comprendre ce qui pousse chacun à rechercher cette réassurance-là. Pourquoi une femme choisira-t-elle toujours un homme qui boit, qui la bat, qui la trompe? N'a-t-elle que cette référence possible pour s'identifier au couple de ses parents? N'ose-t-elle pas faire mieux et réussir là où ils ont échoué? Est-ce pour combler la peur panique d'être rejetée? Pense-t-elle qu'elle va pouvoir le changer, le guérir...? À chacune ses raisons inconscientes.

◇ Je ne parviens pas à tourner la page après la rupture, comment faire ?

Que l'on ait choisi de partir ou que l'on ait été quittée, la séparation peut s'avérer tout aussi difficile. Tant qu'on n'aura pas décidé « de l'intérieur » de vraiment passer à autre chose, on continuera de ressasser son histoire et de souffrir, d'imaginer peut-être une suite, un rattrapage, une remise en couple, alternant parfois entre l'amour et la haine, l'indécision et la légèreté d'être libre mais seule. Ce délai retarde souvent le travail qu'il faudra pourtant accomplir sur son histoire pour la clore vraiment. Vouloir quitter l'autre en le ménageant (un pas en avant, deux pas en arrière), c'est prendre le risque de le garder plus longtemps dans la souffrance, mieux vaut s'arracher comme un sparadrap, d'un seul coup. Le recadrage doit être clair, pour ne pas susciter de faux espoirs et de longs désespoirs des deux côtés.

> « *L'exemple d'Amélie est particulièrement révélateur : son mari l'a abandonnée pour une autre. Des mois après, elle souffre encore mille désespoirs et refuse toutes les nouvelles aventures sous de faux prétextes. Finalement, lasse de tant de souffrance, le 31 décembre, elle décide que maintenant c'est vraiment fini, l'année nouvelle démarrera sur autre chose. Quelques jours plus tard, Amélie se lie plus volontiers avec un amoureux rencontré sur Internet. Quelques mois plus tard, ils imaginent de fonder une famille tous les deux. La morale de l'histoire, elle est triple :*
>
> *– Accepter jusqu'au bout la douleur sans la nier, puis la dépasser. Il faut aller au fond de la piscine pour remonter et rebondir. Sinon, on reproduira encore et encore...*

– Une rupture ne passe pas toute seule, c'est un processus actif, souvent inconscient, puis de plus en plus évident, comme pour la cigarette. La décision finit par germer et s'imposer à soi.
– Le nouveau partenaire ne doit pas se contenter de compenser le manque du précédent, sinon c'est du replâtrage (fragile par essence).

◇ Pourquoi est-il si difficile de vivre une relation durable ?

Certaines femmes restent fixées au stade numéro un de la fusion du couple. Pour conserver l'illusion du double merveilleux, elles vont de partenaire en partenaire (toujours le même type d'hommes), sans jamais trouver le compagnon idéal, conforme à l'image rêvée. Arrive forcément le moment où le rêve se fissure, généralement au bout d'un ou deux ans, lorsque la passion cède la place à des sentiments un peu plus tièdes. C'est la loi du tout ou rien, « Je t'aime quand même, mais je ne suis plus amoureuse ». Au lieu de supporter quelques déceptions et de dépasser ce nécessaire conflit, ces femmes refusent de se confronter au quotidien. Aux États-Unis, on les surnomme les serial lovers.

Cette explication psychologique possible s'inscrit dans un contexte social plus général. Aujourd'hui, de plus en plus de gens et même des « spécialistes » estiment qu'il est difficile de fonder un couple durable, à cause de l'allongement de la durée de la vie, des facilités de rencontres, de l'absence de tabous, de la libération sexuelle, de l'esprit même de « consommation sexuelle », etc. Outre-Atlantique, la sociologue Sandy Burchsted[1] estime qu'il

1. Citée par Willy Pasini dans *Les Nouveaux Comportements sexuels*, Odile Jacob, 2003.

*est désormais dans l'ordre des choses de se marier plusieurs fois : un premier mariage (*icebreaker marriage*) pour essayer, qui s'achève fatalement par des déceptions. Un second mariage (*parenting marriage*) pour devenir parents et élever les enfants. Un troisième mariage (*self marriage*) pour se réaliser vraiment soi-même et se faire plaisir. Un dernier mariage (*soulmate connection marriage*), celui de la connivence spirituelle et du partage égalitaire.*

En Europe, il est vrai qu'on voit un nombre croissant de couples se marier une deuxième fois, voire une troisième. Faut-il pour autant en conclure que le couple unique est voué à l'extinction ? Et surtout qu'il est logique qu'au bout de plusieurs années il n'ait plus rien à partager à cause de la routine et du déclin du désir ? Ceux qui ont la conviction que, pour qu'il y ait du désir, il faut qu'il y ait du nouveau, ceux-là ont une approche consumériste. C'est vrai, la consommation tue l'émotion. En revanche, si le couple se fonde sur la connivence partagée, les rêves à deux, les histoires que l'on se raconte, l'apaisement de la présence de l'autre, une certaine dose de tolérance, voire la capacité d'accepter la frustration, les liens subsistent au-delà de la baisse passagère d'intérêt ou de libido. Tout cela a plus à voir avec l'être que le faire. L'émotion partagée permet d'être autrement. Le couple accepte implicitement les pointillés, les creux, les hauts et les bas, bref, l'idée de se construire dans la durée. Ces duos « extraterrestres » existent encore.

◇ Les hommes et les femmes ont-ils le même vécu du couple ?

Le sociologue Jean-Claude Kaufmann, qui a consacré plusieurs ouvrages à la relation hommes-femmes estime que les hommes souffrent plutôt avant la rencontre et lors de l'édification du couple, les femmes après le mariage, en grande partie à cause des normes sociales qui ont évolué ! Depuis un demi-siècle, explique-t-il, les femmes montrent autre chose d'elles-mêmes. Elles sont pleines d'aisance naturelle et de dynamisme, ce qui témoigne de leur changement de statut dans la société. Du coup, les hommes sont tellement impressionnés que beaucoup n'osent plus prendre d'initiatives dans la relation et sont inhibés, voire complexés. Ce n'est pas le corps féminin qui les intimide, c'est l'aisance affirmée des femmes. Celles-ci connaissent leur moment critique plus tard, quand le couple s'installe. Là, elles ont besoin de continuer à exister, d'être regardées comme singulières, alors même qu'elles disparaissent dans le fonctionnement conjugal. Hélas pour elles, les hommes considèrent le couple comme un instrument confortable, un lieu de laisser-aller et de détente. Voilà l'origine probable des premiers malentendus...

◇ La société est-elle responsable du grand malentendu entre les hommes et les femmes ?

La société propose des idéaux de perfection qui creusent le fossé « communicationnel » entre les hommes et les femmes. La publicité nous bombarde d'images sensuelles et voluptueuses, de corps parfaits et de gens très à l'aise. C'est totalement intimidant et complexant du côté de Vénus comme du côté de Mars. On croit que le coup de foudre arrive à tout le monde, alors qu'en réalité c'est une exception. Sans parler de ces modèles de perfection conjugale sempiternellement exposés. Ils laissent entendre que les couples modernes se disent tout, sont ouverts, tolérants, libres, on est bien loin de la réalité. Il existe même un modèle de perfection de la rencontre. Devant ces idéaux ressassés comme des vérités absolues, chacun se trouve pitoyable. Le malentendu surgit du décalage entre ses failles supposées et ce que l'on imagine des autres. Lors de la rencontre et de l'élaboration du couple, le fossé peut encore se creuser si on n'y prend garde.

◇ Pourquoi les hommes ont-ils tant de mal à rompre?

Les femmes le savent bien, les hommes manquent plutôt de courage en cas de rupture. S'ils ne rappellent pas après une nuit d'amour, passe encore (quoique), mais lorsque, après plusieurs années de vie commune, ils s'évaporent dans la nature avec un banal « C'est fini », cela ne passe pas. Sans le mot de la fin, on se sent niée tout entière, on ne peut faire le deuil de la relation brutalement interrompue.

Alors, pourquoi agissent-ils ainsi ? Sont-ils lâches, salauds, égoïstes, profiteurs ? C'est parfois vrai, mais pas toujours. Olivier a quitté la femme dont il était amoureux après plusieurs années avec un simple SMS : « On ne se voit plus. » La raison, il n'osera jamais la lui avouer en face pour ne pas la blesser. Il ne l'aimait plus, il ne la désirait plus. Bien des hommes préfèrent agir que parler, un peu comme les enfants hyperactifs évacuent leur angoisse dans l'action. Cette difficulté avec la parole et cette prédisposition à l'action ont une autre conséquence : bon nombre d'entre eux font tout pour se faire plaquer plutôt que d'assumer la faillite du couple ou d'endosser le rôle du méchant. Ils deviennent agressifs, provocateurs, ou, au contraire, muets, absents, filandreux, insaisissables. C'est ainsi qu'en cas de conflit dans le couple, trois fois sur quatre, c'est la femme qui demande le divorce.

Les psys proposent une autre explication en relation avec l'éternel complexe d'Œdipe : la rupture avec les femmes les renvoie à la rupture avec leur « premier objet d'amour », leur mère, d'où la difficulté qui l'accompagne.

Pourquoi se sépare-t-on?

Les raisons avancées par la Chambre des notaires (en 2006) sont l'adultère, la violence physique et les injures graves, les rapports sexuels anormaux, le refus de réintégrer le domicile conjugal, le recours à l'alcool et aux drogues. À ces causes classiques, s'en ajoutent de nouvelles désormais : l'évitement conjugal (l'intimité est réduite à néant à cause de l'ordinateur ou de la télévision...), l'infidélité virtuelle (forum de rencontres, images pornographiques sur le net) et les nouvelles infidélités (concrétisation des rencontres faites sur la toile). Mais les nouvelles technologies ne créent pas la distance ; elles ne font qu'ébranler plus sérieusement les couples dont la relation intime était déjà menacée.

La rupture, et après?

Les anciens conjoints reprennent temporairement leurs relations une fois sur quatre. Mais 6 % des femmes et 5 % des hommes en couple qui se sont séparés se sont remis définitivement ensemble (à la date de l'enquête). Les remises en ménage sont plus fréquentes chez les 25-34 ans. Une majorité d'hommes et de femmes rencontrent un nouvel amour ou partenaire sexuel après la séparation. Deux ans et demi après, plus des deux tiers avaient eu des relations sexuelles. Pour cette nouvelle « première fois », il faut compter huit mois pour les femmes et sept mois pour les hommes. Les femmes de 25 à 34 ans sont plus nombreuses que les plus âgées à faire des rencontres rapidement après la séparation, sans doute à cause des enfants. Au bout de deux ans, toutes les femmes redeviennent à égalité.

Source : Enquête sur la sexualité en France, 2008.

Sur la fidélité

◇ La fidélité est-elle nécessaire au couple ?

Si l'on en croit le législateur, oui. Dans le fameux article 112 du Code civil, il est écrit noir sur blanc que «les époux se doivent fidélité, secours et assistance». Les statistiques vont dans le même sens. Selon un sondage Sofres, 93 % des personnes interrogées estiment «indispensable ou utile d'être fidèle pour réussir pleinement une relation amoureuse[1]*». Dans les faits, un certain nombre de couples passent outre, comme le montre l'Enquête sur la sexualité en France. 23,9 % des femmes et 34,4 % des hommes confient avoir eu deux relations sexuelles en parallèle. Détail piquant, dans Francoscopie 2005, on apprend aussi que 3 % des sondés disent avoir eu une aventure avec leur patron, 8 % avec l'ami(e) ou la femme de leur meilleur(e) ami(e).*

On pourrait citer aussi ce petit sondage d'opinion réalisé en 2005 par l'Observatoire de la fidélité des Français (Maximiles et Opinion Way) : 82 % des personnes interrogées se déclarent plutôt fidèles (ce qui montre leur attachement à l'idée de la fidélité), alors que 34 % seulement des sondés se disent fidèles. De fait, l'adultère est invoqué comme cause de divorce dans 15 % des cas seulement, en seconde position, à égalité avec la naissance d'un enfant qui catalyse les difficultés du couple[2]*. Il arrive aussi, mais c'est plus rare, que l'infidélité réveille le couple et le sorte de sa léthargie, surtout lorsque l'homme trompe sa compagne. Le désir féminin flambe après ce coup de tonnerre, comme si la compétition ou la peur de perdre son compagnon servait de dopant. Dans ce cas, peut-on parler d'infidélité constructive ou thérapeutique ?*

1. « L'infidélité est-elle génétique ? », publié sur www.psychonet.fr.
2. Voir Irène Théry, *Le Démariage*, Odile Jacob, 2001.

◇ Faut-il avouer ses escapades?

Les plus jeunes défendent plutôt l'idée de tout se dire par respect pour l'autre; les moins jeunes privilégient le secret pour ne pas faire de peine à l'autre, ce qui est aussi une manière de le respecter.

Une chose est sûre, la première position est plus inconfortable. Bien peu d'hommes sont capables d'accepter l'amour volage de leur femme, même s'ils le pratiquent eux-mêmes. Le mensonge par omission peut sembler un moindre mal aux deux partenaires, car le fait que les apparences soient préservées aide à mieux cicatriser la blessure narcissique d'avoir été délaissé(e) et le sentiment d'humiliation. Si l'on décide de jouer la transparence, alors il faut le faire dans le respect et se demander pourquoi et pour qui on dit les choses. Pour se libérer de sa culpabilité? Pour se faire pardonner? Par complaisance sadomasochiste? La sincérité peut être une illusion trop crue qui finit par anéantir bien des couples.

Pour info, dans le sondage Opinion Way *cité plus haut, l'école buissonnière ne provoque pas toujours la rupture dans le couple puisque la moitié des personnes interrogées affirment qu'elles réagiraient à un aveu d'infidélité en «pardonnant la faute» si le partenaire l'avouait spontanément. À noter une grosse surprise, le pardon serait plus souvent le fait du prince (58 % des hommes passent l'éponge contre 51 % des femmes!). Explication pour certains: plus d'un homme sur deux considère que tant qu'il n'y a pas eu pénétration, sa compagne ne l'a pas vraiment trompé, alors qu'elle peut se mettre martel en tête pour un fantasme, une pensée, un baiser...*

◇ Quand un homme trompe une femme, ça veut dire qu'il ne l'aime plus ?

Pas nécessairement. Une aventure occasionnelle peut être l'effet d'une pulsion ponctuelle qui ne remet nullement en question l'amour porté à l'autre. « C'est parfois une bouffée d'oxygène, la seule façon d'éviter l'asphyxie », estime Laurent, qui se dit par ailleurs amoureux de sa compagne. Le désir de désir l'emporte sur la raison.

L'infidélité est aussi un SOS lancé pour dire que le couple va mal et qu'il est temps de réagir, un peu comme les enfants font des bêtises pour attirer l'attention des parents.

Certains hommes se mettent à butiner par peur de vieillir. Les voilà pris du démon de midi. Ils se sentent revivre grâce à la transgression ou à une relation avec une femme plus jeune. D'autres n'en peuvent plus d'ennui ou de solitude et trouvent chez une étrangère ce regard si neuf qu'ils n'ont plus senti sur leur personne depuis bien longtemps.

Les infidélités à répétition ne signifient pas davantage – ou pas forcément – que l'amour s'est envolé. C'est plutôt le doute sur soi qui pousse l'homme à séduire ailleurs pour se rassurer, se prouver qu'il vaut encore la peine, qu'il est toujours capable de plaire. La réassurance ne peut venir que des autres femmes ou de soi-même, en psychothérapie. D'ailleurs, il est troublant de voir que, rassuré par sa liaison, l'homme volage se met à offrir des fleurs, se montre plus tendre et plus attentionné à la maison. Par culpabilité ? Peut-être, mais aussi parce qu'il a enfin le mieux-être dont il avait besoin.

◇ Quand une femme trompe un homme, ça veut dire qu'elle ne l'aime plus ?

C'est plus souvent le cas que lorsqu'un homme trompe une femme. Mais une dame aussi peut tromper... pour tromper l'ennui. Certaines veulent retrouver le frisson dans la relation, les délices du fantasme accompli, la palpitation des premiers rendez-vous, le bonheur d'être regardée à nouveau, de flirter, de recevoir des compliments, d'être caressée du regard, explorée autrement. Certaines ont un besoin vital de séduire – sans forcément passer à l'acte – pour se sentir exister. D'autres prennent un amant tout simplement pour... le sexe. Déçues par leur quotidien, elles veulent jouir et se faire plaisir, ce qui leur permet d'avoir un mari pour la stabilité et le sentiment, un amant pour l'érotisme.

◇ Quand commence l'infidélité ?

Les femmes se sentent généralement blessées, meurtries et trompées, lorsque leur compagnon est amoureux d'une autre femme, même s'il ne passe pas à l'acte. Inversement, elles sont nettement plus indulgentes lorsqu'il a une relation sexuelle avec une fille de passage, du moment que ce n'est qu'une impulsion animale, sans sentiment.

Les hommes, eux, s'obnubilent surtout sur le passage à l'acte. Leur dulcinée peut regarder platoniquement un autre homme dans les yeux et flirter en douce ; du moment qu'il n'y a pas « consommation », il n'y a pas vraiment tromperie. Le problème de l'homme se pose en termes d'amour-propre et non d'amour : « Suis-je à la hauteur et l'autre sera-t-il meilleur que moi ? » Le passage à l'acte lui indique que sa partenaire n'était pas satisfaite avec lui. Sa première question est : « Comment as-tu pu me faire ça ? » La seconde : « Comment était-ce avec lui ? » Et puis, culturellement, l'homme a encore tendance à penser que son infidélité a moins d'importance que celle de la femme, car il se sent moins impliqué dans la relation extraconjugale.

Que disent les chiffres ? Le sondage de l'Observatoire de la fidélité des Français indique que les deux tiers des femmes et la moitié des hommes considèrent que vouloir séduire une autre personne est déjà une infidélité en soi. Pour 83 % des femmes et 59 % des hommes, embrasser un autre partenaire, c'est déjà tromper.

◇ *Chatter* sur Internet, est-ce tromper ?

C'est en tout cas se donner l'illusion d'une rencontre. C'est flirter avec ses émotions et celles de l'autre, c'est un peu jouer avec le feu. Face à un séducteur confirmé, on peut réellement être prise au jeu. Et quand c'est son conjoint qui chatte, *on peut se sentir réellement bafouée. Quelle réaction adopter ? Feriez-vous comme Anne qui, s'apercevant du manège régulier de son mari, a réussi à tourner la situation à son avantage. Tous les soirs, elle lui répondait sous un pseudo elle aussi. Pendant plusieurs mois, dans la pièce voisine, elle échangeait avec lui sans qu'il la repère. Tous les deux s'étaient dévoilés et confiés comme jamais en douze ans de mariage. Un beau jour, le cyberséducteur a proposé à Anne de la rencontrer. Quel choc lorsqu'il la vit l'attendre sagement au restaurant ! Il était pris à son propre jeu. La connivence de ces quelques mois a cependant été plus forte que tout et ce fut un nouveau départ pour eux dans la « vraie vie ».*

◇ Est-il normal que mon mari regarde les autres femmes dans la rue ?

C'est une réaction très masculine. Les hommes accordent une signification capitale à cet acte en apparence si banal. Non seulement ils aiment la beauté, mais leur sexualité est en permanence réactivée et revivifiée par le regard de l'autre. C'est l'étincelle qui alimente leur désir. Que disent ceux qui se plaignent d'impuissance en consultation ? « Je ne regarde même plus les femmes » (sous-entendu, cela dépasse largement le problème que je pourrais avoir avec la mienne). C'est dire s'ils sont arrivés au stade ultime de la libido zéro.

Leurs fantasmes se cristallisent en grande partie autour de ces images éphémères et vivantes. Une épaule aperçue, une bouche souriante, des jambes vertigineuses, un tatouage exhibé, il n'en faut pas plus pour mettre en route leur cinéma érotique. Marc expliquait que son activité favorite aux premiers rayons de soleil était de se mettre à une terrasse de café et de regarder les femmes passer pendant des heures, toutes les femmes, les grandes, les petites, les extravagantes, les pudiques, les madones, les souveraines... De quoi rêver un bon moment, un plaisir pur, sensuel, émouvant, gratuit, sans risque, sans suite, qui lui donnait cependant le sentiment d'exister très fort en tant qu'homme et lui permettait ensuite de se repasser le film à volonté.

Une femme peut toutefois ne pas être touchée par la grâce de ces confessions et se sentir humiliée par le regard de son homme sur une autre ; elle y verra une comparaison et se jugera quantité négligeable. Dans L'Insoutenable Légèreté de l'être, *Milan Kundera écrit pourtant : « L'amour ne se manifeste pas par le désir de faire l'amour (ce désir s'applique à une multitude de femmes), mais par le désir du sommeil partagé (ce désir-là ne concerne qu'une seule femme). » Alors qu'importe que la passante éphémère ait la plus belle plastique du monde... puisque ce désir de sommeil partagé, ce n'est pas avec celle-là qu'il l'accomplit. Il lui reste à dire pour se faire pardonner qu'on est unique pour lui. Et s'il ne le dit pas, lui glisser le passage de ce livre entre les mains.*

Sur la jalousie

◇ Est-il normal d'être un peu jalouse ?

Une certaine dose de jalousie peut se comprendre dans le couple. Freud distinguait trois types de jaloux, dont l'un seulement relève de la pathologie : il y a le jaloux « normal » et universel, dont le sentiment ne se manifeste que lors de situations où le doute est justifié. Il y a aussi le jaloux « névrotique » et hypersensible. Il est de tempérament exclusif et a tendance à soupçonner l'autre de manière systématique. Il projette sur sa partenaire son propre sentiment de culpabilité ; il peut cependant être raisonné si la preuve de l'innocence est apportée. Enfin, il y a le jaloux « pathologique » qui présente un vrai délire de jalousie. Celui-là est totalement tyrannique. Sa suspicion n'est pas fondée. Le moindre détail est l'objet d'interprétation. Ce comportement relève de la psychose passionnelle, une maladie du manque d'estime de soi et du doute (donc aussi de l'amour-propre et de la possessivité) avec la peur d'être trompé et abandonné. Willy Pasini cite une autre forme de jalousie pathologique, celle de l'alcoolique, « qui est assez commune, malheureusement, quand les années d'alcool ont détruit le foie et transformé les hormones mâles en œstrogènes. C'est la raison pour laquelle beaucoup d'esclaves de la bouteille sont jaloux de leur femme : ils ne parviennent plus à la satisfaire et la soupçonnent de chercher un autre homme[1] ».

◇ À quels signes reconnaît-on une jalousie maladive ?

Les grands jaloux sont souvent des paranoïaques qui peuvent aller jusqu'à la folie meurtrière. Le moindre geste, la plus petite phrase donnent lieu à des soupçons, des interprétations, des

1. Willy Pasini, *op. cit.*

vérifications. Les poches sont vidées et passées au peigne fin, les conversations espionnées, les portables interrogés. On les a vus à l'écran, avec le personnage de Michel Blanc, amoureux fou de Carole Bouquet qu'il tyrannise dans Embrassez qui vous voudrez, *ou celui de François Cluzet persécutant Emmanuelle Béart dans* L'Enfer, *de Claude Chabrol.*

◇ Pourquoi est-on jaloux ?

On peut avancer une première explication psy, centrée sur la relation avec la mère, fondatrice de l'estime de soi, de la confiance en soi et aux autres. Jusqu'à 8 mois environ, le nourrisson est persuadé qu'il ne fait qu'un avec sa mère, ce qui le comble et le rassure. Elle sait tout de lui, quand il a faim, soif, froid, besoin de tendresse. Lorsqu'il comprend qu'il est différent d'elle, son univers est bouleversé ; c'est ce que les psys appellent l'angoisse du 8e mois. Commence la crainte de l'abandon et du désamour qui se manifeste par la peur de toutes les personnes éloignées du petit cercle familial. Si la mère et les proches ne rassurent pas suffisamment le bébé par leur tendresse et leurs attentions, il peut cristalliser un sentiment d'abandon. À la naissance d'un frère ou d'une sœur, ce sentiment sera violemment réactivé par les parents exhibant sous ses yeux des sentiments d'amour pour un autre que lui. Et les partenaires amoureux successifs pourront à leur tour réveiller cette blessure originelle, s'ils semblent eux aussi s'intéresser à d'autres personnes aimables.

Freud met en avant une autre éventualité : le jaloux peut avoir une sensibilité homosexuelle. Comme il trouve cette proposition inacceptable, il transforme son amour pour le rival en véritable haine ou jalousie. Il s'imagine que sa partenaire est attirée par celui qu'il déteste (ou qu'il aime), ce qui revient au même.

◇ Les hommes sont-ils plus jaloux que les femmes?

Ils ont, en tout cas, plus tendance à agir et à montrer leur souffrance (explications, scènes de ménage, etc.), alors que les femmes ont tendance à somatiser ou à fermer les yeux (même si certaines n'hésitent pas à faire exploser la vaisselle et à claquer la porte). Les hommes ont besoin de faire la preuve de leur virilité et peuvent se sentir menacés dans ce qu'ils sont lorsque leur femme les trompe. Dans la théorie freudienne, ils sont plus vulnérables au complexe d'Œdipe. S'ils ne renoncent pas à leur mère, ils sont menacés d'une punition terrible par le père: la castration symbolique, c'est-à-dire la perte de leur pouvoir. Les filles, elles, redoutent moins cette menace.

Célibataires: où chercher l'âme sœur?

15 millions de célibataires en France, cela fait beaucoup de cœurs à prendre! 40 % se déclarent satisfaits de leur sort, les femmes plus volontiers que les hommes, deux tiers rêvent de vivre à deux, et la moitié n'ont pas la cinquantaine. Mais où trouver l'âme sœur et comment s'y prendre efficacement? Tout le monde le dit, «il n'y a plus d'hommes», ou alors ils sont bien cachés. Que l'on soit dans la situation de Bridget Jones, obsédée par le tic-tac biologique, ou dans celle de la femme séparée avec enfant(s) qui veut prendre sa revanche sur le bonheur, on doute de l'existence du prince charmant et surtout de soi-même. Tout est à faire ou à recommencer. On se lance dans un labyrinthe sentimental avec une seule obsession: tomber sur la perle rare, l'homme fiable et sécurisant avec lequel on pourra vivre plus de trois jours de suite une histoire vraie. L'amant de passage ou l'étalon de secours, ce n'est pas le problème, ça se trouve. Mais celui avec lequel on acceptera de chambouler son confort ou

ses habitudes, celui qui comblera par sa seule présence le vide existentiel trimbalé depuis la fin de son Œdipe, celui qui apportera la plénitude et nous rendra légères, celui qui donnera au monde un éclat démultiplié, c'est autre chose!
On peut rêver du coup de foudre dans un dîner plus ou moins arrangé entre amis ou au cours d'une sortie en boîte de nuit. C'est croire aux télescopages divins, ce n'est pas donné à tout le monde. Il faut donc se montrer imaginative et investir de nouveaux lieux de rencontre. Oui, mais lesquels? Les clubs sportifs, les partis politiques, les clubs d'échecs, le Club Med?
Réponses dans l'enquête CSF 2008. Les bals, les lieux publics et les agences sont maintenant disqualifiés. Les soirées entre amis ont encore la cote (ouf!). De nouveaux rituels d'approche se multiplient: des soirées payantes entre personnes du même milieu dûment sélectionnées, des *speed dating*, 7 fois 7 minutes pour faire connaissance. Et Internet bien sûr qui monte inexorablement. 10 % des femmes et 13 % des hommes se sont déjà connectés sur des sites de rencontres. Les jeunes femmes autant, voire davantage, que les garçons. Et tout cela donne quoi dans la vraie vie?
4 à 6 % des femmes de 18 à 34 ans ont déjà eu des rapports dans ces circonstances (et 7 à 10 % des hommes entre 18 et 39 ans). Quelques petits sondages dénichés sur Internet laissent penser que de véritables relations pourraient se nouer dans 6 cas sur 10, avec une relation qui durerait en moyenne 3 mois. Internet est un bon moyen de rencontres, est-ce un bon moyen de rester ensemble? C'est une autre histoire. Ce qui permet de consolider la relation, c'est ce qui se passe après. Là, tout reste à bâtir.
Quelques précautions élémentaires et règles de prudence restent absolument nécessaires: choisir le bon site, ne pas donner d'emblée son numéro de téléphone (surtout le fixe, il permet de remonter à l'adresse), etc.

3

SUIS-JE NORMALE ?

Avant de nous intéresser aux femmes, faisons juste un petit détour par les hommes... Quand l'un d'eux se demande s'il est « normal » par rapport à ses congénères, à votre avis, à quoi pense-t-il ? À son intelligence, à son apparence ou à son charisme ? Non, il pense habituellement à ce qu'il a de plus emblématique dans sa personne, c'est-à-dire son sexe, la taille de celui-ci, sa forme, son fonctionnement, la durée de ses érections, du rapport sexuel. Un peu caricatural, peut-être... Heureusement, ça ne l'empêche pas d'avoir aussi des préoccupations métaphysiques. Et une femme, à quoi pense-t-elle ? Eh bien, elle ne se tourmente pas pour savoir si sa vulve fait 8 ou 12 cm, d'ailleurs, elle pourrait bien en faire 20 qu'elle ne serait pas plus étonnée que cela. Non, une femme en âge de procréer s'interroge sur son aptitude à faire des enfants et, une fois rassurée sur son fonctionnement de reproduction (ou son fonctionnement hormonal), elle s'inquiète de son pouvoir de séduction et de ses réactions au lit.

Le bât blesse alors sur ce qui se voit le plus, la silhouette, les seins, les fesses, les cuisses, le ventre et même le petit détail qui « tue », les genoux trop épais, l'intérieur de la cuisse trop flasque, le bras trop rond. Certaines évitent d'avoir des rapports sexuels au risque de saborder une histoire d'amour naissante. Les plus complexées font l'amour lumières éteintes et n'osent pas se laisser aller, même après plusieurs années de mariage. Elles n'imaginent pas qu'on puisse s'intéresser à elles ou les aimer malgré leurs imperfections..., elles ne les acceptent pas elles-mêmes. Et pourtant, «la beauté, c'est la grâce que l'on découvre là où on ne l'attend pas, affirme à juste titre le sociologue Jean-Claude Kaufmann[1]. On peut jouer d'une bizarrerie de son physique ou de son comportement pour s'imposer et surprendre. Le mot important, c'est jouer de sa différence, sortir de l'emprise de la norme, étouffante et réductrice. Dans un visage et dans un corps, il y a toujours quelque chose de contradictoire et de foisonnant à exprimer. Alors que la norme ramène à ce qu'il y a de plus strict et de plus pauvre».

Les complexes ne sont nullement proportionnels à la disgrâce ou la difficulté observée. On peut être très perturbée par trois kilos superflus ou des ongles rongés et pas du tout par une pilosité prononcée ou des oreilles potagères.

Les complexes sur le divan

On a beau scruter le miroir, il ne fait que refléter l'image au fond de soi. On focalise sur quelque chose de visible et d'extérieur, alors que la véritable faille est interne et profonde. Les complexes sont un peu l'équivalent des abcès de fixation. La personne choisit un thème plausible pour se plaindre. Ça lui

1. Auteur de *Corps de femmes, regards d'hommes*, Pocket, 2004 et *Premier Matin*, Odile Jacob, 2003.

permet de dégager tout le reste. Voilà pourquoi on ne renonce pas si facilement à ses blocages. Ils sont salutaires et représentent un bénéfice important. Il est plus facile de se dire qu'on refuse de sortir parce qu'on se trouve disgracieuse ou que l'on ne supporte pas un détail infime de sa personne, que de s'avouer qu'on a peur d'être aimée, ou que l'on refuse la sexualité. On préfère s'en tenir à la première défense qui est le physique. Si l'on prend conscience du processus psychique en jeu – une certaine difficulté à l'amour ou à la relation aux autres –, on risque de souffrir davantage. Celles qui essaient de surmonter leurs craintes en s'acceptant en tant que femmes doivent s'engager dans un profond travail sur elles-mêmes.

Celui-ci passe par l'acceptation de soi avec ses petits défauts, donc par le fait de se regarder autrement. On est toujours la même, mais on en souffre moins en somme. Pour s'accepter, il existe mille et une ressources, dont la psychothérapie, le théâtre, le sport, tout ce qui aide à aimer son corps ou à comprendre son fonctionnement psychique.

Tout complexe s'inscrit dans une histoire qui remonte souvent à l'enfance et aux parents. « "Avec ta tête, qu'est-ce qu'on va faire de toi ?" J'ai entendu ça toute mon enfance raconte Sophie. Il en reste forcément quelque chose. Quand un homme me trouve belle, je pense qu'il ment pour m'amadouer. » Parfois, le message est plus subtil : pour départager les enfants et soi-disant éviter les rivalités, les parents en créent d'autres. « Dans ma famille, les choses étaient bien ordonnées : ma sœur était la belle et moi l'intelligente, se souvient Nathalie en consultation. Du coup, j'ai toujours pensé que j'étais laide. Il m'a fallu trois ans de psychothérapie pour retrouver un peu de confiance physiquement. » Les mères agissent parfois avec leurs filles comme des rivales (inconsciemment, bien sûr) et les dénigrent à petit feu : « Les jupes ne te vont pas du tout », « Mademoiselle Olida devrait cacher ses bras », « Ma pauvre, avec les cheveux que tu as... » Les pères ne sont pas innocents non plus. Pour se protéger d'une tonalité incestueuse inavouable à eux-mêmes, certains dévalorisent leurs filles à coups de reproches répétés.

Voilà pourquoi certaines personnes belles et harmonieuses s'angoissent et se trouvent minables, tandis que d'autres semblent si bien dans leur peau alors qu'elles possèdent un physique banal. Bien que cela ne soit pas toujours vrai et aussi simple, il y a ce regard des parents qui continue d'être posé sur elles et d'agir.

La nudité reste encore un tabou. Dans *Premier Matin*[1], Jean-Claude Kaufmann évoque une scène forte, emblématique : la sortie du lit. « Une pudeur étrange s'empare des partenaires. Ils ont été nus pendant la nuit mais là, le regard scrutateur sur les endroits du corps dévoilés les gêne fondamentalement. » Sur 23 personnes interrogées par le sociologue, 22 ne sont pas fières d'elles et ont conscience des défauts à masquer. Les femmes veulent faire disparaître « tout ce qui dépasse », les cuisses, les fesses, elles désirent pratiquement avoir le corps d'une adolescente. « C'est un peu comme s'il y avait un modèle secret, implicite de la beauté, une norme sociale à respecter », estime le chercheur.

Une femme sur deux assure préférer l'amour dans le noir. Pourquoi ? Parce que l'obscurité protège, voile le corps et adoucit les imperfections. Le souci esthétique prévaut tellement que les positions de l'amour sont parfois choisies en fonction du « rendu » et de l'esthétique. Les femmes s'imaginent tant de

1. *Op. cit.*

choses sur le regard des hommes posé sur elles. En fait, il suffirait qu'elles soient souriantes et ouvertes pour qu'ils les trouvent séduisantes malgré leurs magnifiques et consolantes imperfections. Ils ont besoin d'être rassurés d'abord, excités ensuite. Et un sourire, ça rassure beaucoup. Tandis que si elles sont fermées et hostiles, le regard masculin sera bien moins indulgent.

◇ Que faire lorsqu'un complexe nous gâche la vie ?

La dysmorphophobie est la crainte d'être laid(e) ou l'idée obsédante d'une disgrâce corporelle entraînant un défaut d'estime de soi majeur et un manque de confiance, voire une véritable dépression ou phobie. Une demande sur cinq des candidats à la chirurgie esthétique est liée à un trouble profond. Dans plus de la moitié des cas, on retrouve une note dépressive et obsédante chez des patient(e)s jeunes ayant toujours souffert d'une partie de leur corps (nez, menton, oreille, etc.). Environ 10 % des plaintes s'apparentent à de vrais troubles obsessionnels ou phobies avec traits narcissiques. L'opération en général n'apaise pas ces personnes phobiques. Leur problème physique est résolu, mais leur complexe psychologique demeure. Elles doivent d'une part se réhabituer à leur nouveau corps, d'autre part se focaliser sur un nouveau défaut pour éviter d'être confrontées au pire. Le mieux serait évidemment d'envisager une psychothérapie.

◇ Choisit-on ses complexes ?

Pourquoi Julie est-elle obsédée par ses rondeurs, Amélie par son sein gauche plus petit que le droit, Nadia par ses jambes trop velues, Lydia par la cellulite sur ses bras ? C'est un peu la loterie, chacune va s'appuyer sur des fragilités de son corps. Chez les femmes, pas de surprise, le poids est le roi de tous les soucis. Il renvoie à la relation avec la mère (première nourricière), aux grossesses, aux cycles, à la ménopause, à tous ces épisodes d'échec où l'on a voulu maigrir, à tout ce que peut représenter l'alimentation comme source de compensation. Et comme les femmes sont persuadées que leur silhouette résume leur pouvoir érotique et leur séduction, c'est un cercle vicieux. Pour les hommes, le narcissisme se concentre davantage sur la question d'«en avoir ou pas», au sens propre ou au sens figuré. Ils affirment volontiers leur puissance sociale avec des signes visibles de réussite (belle situation, belle voiture, belle femme, belle maison) et souffrent de ne pas répondre à cet idéal. Physiquement, ils focalisent surtout leur attention sur leur pénis et son fonctionnement. Plus un homme est fragilisé socialement ou dans ses relations avec les autres, plus il se réfugiera dans ce dernier repère de l'estime de soi, sa virilité.

◇ Mon mari entre dans la salle de bains sans crier gare et ça me gêne. Que lui dire?

Le mari pense peut-être qu'il a «tout» accompli avec sa femme, qu'il connaît par cœur chaque centimètre de sa peau, et qu'elle n'a vraiment plus rien à lui cacher, sa présence va donc de soi. Il peut même penser que tant qu'on lui laissera la porte ouverte, il restera toujours aussi «intime et complice» avec sa femme, qu'elle l'aimera «comme avant», etc. Alors qu'il se joue dans son esprit toute cette fantasmagorie, mieux vaut le rassurer tout en faisant respecter son nécessaire espace d'intimité. Il s'agit de lui expliquer que cette histoire se passe avec soi et non contre lui, que ce n'est pas un rejet de sa personne. S'enfermer dans la salle de bains pour y rester seule est simplement un moment privilégié pour être en phase avec soi-même et se ressourcer. En outre, pour certaines femmes, le corps – vu par leur homme – devient nécessairement sexué puisqu'elles extrapolent (à tort ou à raison) à tous ces autres regards si explicites. Or elles ne souhaitent pas être disponibles à 100 %. Elles peuvent avoir envie de se montrer seulement lorsqu'elles se sentent belles ou disposées en ce sens. Et puis, à certaines périodes de la vie, comme la grossesse (ou l'après-grossesse, une prise de poids quelconque, une maladie de peau...), elles peuvent souffrir de la transformation physique et vouloir se cacher le temps de s'apprivoiser. Et puis, même après vingt ans de mariage, la pudeur persiste toujours... Et puis, pourquoi faudrait-il tout justifier !

Le temps des femmes

La vie des femmes est rythmée par plusieurs étapes immuables : la puberté qui rend fertile, l'entrée dans la sexualité, la grossesse qui rend mère[1], la ménopause qui marque la fin de la reproduction.

La pression de cette première horloge interne influe implacablement sur les rapports amoureux : ces femmes ont-elles trouvé un compagnon suffisamment tôt, fait un enfant au bon moment, sont-elles des monstres parce qu'elles n'envisagent pas d'en avoir à 20 ans ni à 40 ? Sont-elles encore séduisantes alors que leurs amies semblent tellement mieux dans leur peau ? À la ménopause, doivent-elles jeter l'éponge car il y a un temps pour tout ? Est-il normal d'aimer à 60 ans, anormal de ne pas être amoureuse à 30 ?

Le temps martèle jour après jour sa mesure. Les hommes n'ont pas une telle pression : quelle importance d'être marié ou père à tel ou tel âge, puisqu'ils fabriquent des

1. 2 % des femmes font le choix assumé et revendiqué de ne pas avoir d'enfant. Elles aussi sont « normales ».

hormones et des spermatozoïdes de manière continue tout au long de leur vie !
À cette première grande oscillation se superpose un cycle plus régulier : le cycle menstruel. Chaque mois, il cadence l'intimité et la vie amoureuse : la survenue des règles avec son cortège de petits maux, les changements d'humeur ou de désir à cause des œstrogènes circulants (hormones de la féminité), les seins parfois tendus et douloureux, le risque de tomber enceinte à telle ou telle date... À la moindre anomalie, là encore, c'est l'inquiétude qui s'installe.

Les seins

Les seins sont des glandes mammaires, ce qui nous ramène à nos origines de mammifères, trop souvent oubliées. Et comme tous les mammifères, les femmes ont des mamelles pour nourrir leurs petits. La grossesse entraîne une modification hormonale immense. Les seins peuvent alors doubler, voire tripler de volume, et se transformer en biberons intarissables grâce à une hormone, la prolactine, sécrétée de manière intense. En dehors de la grossesse, à chaque cycle, et tout au long de la vie, les seins connaissent des variations intimement liées aux sécrétions hormonales, voilà pourquoi on les dit hormonodépendants. Ce qui n'est pas le cas du ventre, par exemple, ou des fesses, pourtant typiquement féminins.

Les œstrogènes, libérés en quantité variable au cours du cycle par les ovaires, font gonfler les cellules mammaires. La progestérone, elle, rééquilibre les effets des œstrogènes. Avant les règles, les seins sont tendus, voire douloureux. Après les règles, ils redeviennent normaux.

Au plan anatomique, les seins sont constitués de deux parties : la glande mammaire (entourée de tissu fibreux) et le tissu adipeux qui enveloppe le tout. La graisse peut représenter jusqu'à 80 % du volume des seins. Voilà pourquoi certaines femmes qui maigrissent trop se retrouvent avec des seins vides et plats, des « gants de toilette », comme elles disent. À chaque extrémité du sein, on trouve le mamelon, encore appelé téton. Il est très sensible au froid, aux caresses, au désir, et se durcit instantanément grâce à un petit muscle érectile et à des centaines de « capteurs » (ou terminaisons nerveuses) dispersés à sa surface. Le mamelon se prolonge de l'aréole, de couleur généralement moins intense. C'est à ce niveau que se situent des glandes sudoripares et parfois des follicules pileux.

Mathématique des seins

Ces petites boules moelleuses pèsent entre 150 g et 400 g en moyenne (et pendant l'allaitement 800 g à 1 kg). En volume, elles varient de 150 cm^3 à 600 cm^3 pour les mieux carrossées. Au cours de l'orgasme, les seins peuvent doubler de volume, ce qui en rayon représente très peu de centimètres.
Question lingerie, il existe quatorze tailles de tour de poitrine, de 80 à 145 cm environ. De plus, il existe six profondeurs de bonnets, de A à F. La combinaison de toutes ces mesures donne soixante-deux tailles intermédiaires[1] !

1. Source : Martin Monestier, *Les Seins, Encyclopédie historique et bizarre des gorges, mamelles, poitrines, pis et autres tétons*, Le Cherche-Midi, 2001.

◇ Les hommes préfèrent-ils les gros seins ?

Pas forcément. Certains hommes sont attirés par des seins menus ou carrément plats (c'est le côté androgyne, voire l'ambiguïté sexuelle qui deviennent excitants pour eux). D'autres peuvent être tout simplement indifférents à ce secteur de l'anatomie et préférer se concentrer sur l'odeur du corps, le velouté de la peau, la chevelure, les fesses, les pieds... Fellini, et sa fascination pour les gorges surdimensionnées, ne résume pas à lui seul les rêveries de tous les hommes.

◇ Les gros seins sont-ils plus sensibles aux caresses ?

Les petits gabarits n'ont rien à envier aux plus gros, question plaisir. Différentes études ont par ailleurs montré que les seins avaient chacun leur sensibilité, le gauche étant habituellement plus réceptif que le droit (dans 75 % des cas exactement)[1].

◇ Peut-on prendre des hormones pour faire grossir sa poitrine ?

En théorie, oui, mais il en faudrait de telles quantités que ce traitement serait douloureux, voire dangereux. Certaines pilules (à climat œstrogénique) peuvent donner un peu plus de volume aux seins... à condition de ne pas croire au Père Noël non plus. Restent deux solutions, soit se montrer philosophe, comme Jane Birkin qui avouait n'avoir aucun complexe parce que les hommes, en France, s'intéressaient davantage aux belles fesses qu'aux plantureuses poitrines. Soit avoir recours à la chirurgie esthétique, devenue banale dans ce domaine.

---

1. *Ibid.*

◇ Le sport muscle-t-il les seins?

Non, pour la bonne raison que ceux-ci sont constitués essentiellement de tissu fibreux et graisseux. En revanche, les seins reposent sur les pectoraux, qui, eux, peuvent être renforcés grâce à la gymnastique ou la natation, assurant alors un meilleur maintien. Une bonne posture (dos droit, épaules dégagées) les met en valeur de manière superbement efficace, alors qu'un dos voûté et des épaules refermées les cachent. Le soutien-gorge a aussi son importance. Certains modèles, type Wonderbra (vous savez, celui qui «intervient là où la nature s'est arrêtée»), assurent un résultat spectaculaire, même sur les petites poitrines. Avant de rêver de chirurgie, pourquoi ne pas commencer par la lingerie fine ?

◇ La chirurgie a-t-elle des effets sur la sensibilité?

Cela arrive. La sensibilité peut être diminuée, et il faut en être prévenue. Par ailleurs, il y a une différence de consistance du sein au toucher, diversement appréciée par le partenaire.

◇ J'ai un sein plus gros que l'autre, est-ce normal?

80 % des femmes auraient des seins asymétriques. Pas de quoi s'angoisser, à moins que le déséquilibre ne saute vraiment aux yeux. Il est alors possible d'avoir recours à la chirurgie esthétique, soit pour étoffer l'un des deux seins, soit pour rendre l'autre plus menu. Mais attention, il faut savoir qu'en cas d'intervention, la sensibilité des seins peut être modifiée au niveau de la cicatrice. C'est à prendre en compte chez les femmes qui sont très excitées par les caresses au niveau de la poitrine (il y en a même qui atteignent ainsi l'orgasme).

◇ J'ai le mamelon rentré, la chirurgie peut-elle m'aider?

Les femmes qui ont un mamelon rentré (c'est-à-dire invaginé) en souffrent beaucoup. Non pas que leur sein soit douloureux, mais leur image d'elles-mêmes et les éventuelles réflexions de leur compagnon les fragilisent.

Le fonctionnement du sein n'est nullement affecté par cette particularité. Celui-ci est aussi réceptif aux caresses et au plaisir. Pendant l'allaitement, il est parfaitement opérationnel. Les femmes plus mûres l'acceptent avec philosophie, sauf anomalie très marquée. Il est possible d'intervenir chirurgicalement avec succès (on appelle cela mettre les «mamelons sur baguette»), avec, là encore, un petit risque de perte de sensibilité.

◇ Peut-on repositionner un mamelon trop haut?

Oui, la chirurgie esthétique peut non seulement remonter ou baisser le mamelon, mais aussi recréer un mamelon absent (athélie), élargir l'aréole ou la rétrécir pour rétablir l'harmonie. À qui s'adresser? Faire confiance au bouche à oreille ou consulter l'ordre des médecins sur le site Internet: www.conseil-national.medecin.fr.

◇ Peut-on avoir plus de deux seins?

Oui et ce n'est même pas pathologique. En général, les cas de polythélie (plusieurs mamelons) ou de polymastie (plusieurs seins) passent inaperçus, la femme prenant son troisième appendice pour un grain de beauté, généralement localisé sous le sein ou l'aisselle. Ce n'est souvent qu'à l'occasion d'une grossesse, lorsque la poitrine gonfle brusquement ou que le «grain de beauté» fait mal, que le pot aux roses est découvert.

Chirurgie, qui fait quoi ?

La chirurgie plastique est une chirurgie de la peau et de l'enveloppe extérieure : oreilles décollées à reprendre, bec-de-lièvre, grains de beauté, brûlures, etc.
La chirurgie reconstructrice, encore appelée réparatrice, intervient après une maladie, un accident ou une déformation de naissance qui nécessite une réparation. Exemples : ventre déformé par plusieurs grossesses, reconstruction mammaire après cancer du sein, mamelon rentré, réparation du visage après accident de la route, morsure d'un chien...
La chirurgie esthétique s'adresse aux personnes en bonne santé, sans disgrâces majeures, mais qui ont le sentiment pénible qu'une partie de leur corps n'est pas en harmonie avec le reste. Son domaine d'intervention : paupières, lifting, lipo-aspiration, prothèses mammaires, microgreffes de cheveux, rides, nez, etc. Les opérations à visée purement « esthétique » ne sont pas prises en charge par la Sécurité sociale.
Pour trouver un chirurgien : Société française de chirurgie plastique reconstructive et esthétique et Société française des chirurgiens esthétiques et plasticiens – http://www.plasticiens.org.

◇ Que faire des poils disgracieux sur les seins ?

Il n'est pas rare de trouver un ou deux poils sur l'aréole. C'est souvent héréditaire. Il est déconseillé de les arracher (risque d'infection) ou de les couper (la repousse est plus drue). On peut en revanche les blondir à l'eau oxygénée (sous forme de lotion ou de crème) ou s'en débarrasser durablement grâce à l'épilation au laser.

◇ À quoi correspondent les petits grains disposés régulièrement autour de l'aréole?
Toutes les femmes en ont, on les appelle les tubercules de Montgomery; ils deviennent très visibles au cours de la grossesse et forment une sorte de pointillé autour du mamelon. Ce sont en fait des glandes sébacées qui sécrètent une substance graisseuse à l'odeur caractéristique pour chaque femme. Il ne faut pas percer les grains, ils peuvent s'infecter.

Un sexe qui fait mystère

Le sexe est constitué d'une partie externe, visible (la vulve et le tiers externe du vagin), et d'une partie interne, cachée (les deux tiers internes du vagin).

Les grandes lèvres sont charnues et recouvertes de poils. Les petites lèvres, plus internes, bordent l'orifice du vagin. Le clitoris, situé à la jonction supérieure des petites lèvres, forme un petit bouton plus ou moins développé. Sa seule fonction connue est de procurer du plaisir à la femme. Le tout forme ce que l'on appelle la vulve.

Le vagin a l'aspect d'un canal cylindrique, plus étroit dans la partie proche de la vulve. Il est fermé par l'hymen, une fine membrane, très souple et d'apparence très variable, avec un petit orifice en son milieu lorsqu'on est vierge. Les parois du vagin sont souples et parcourues de nombreux vaisseaux et terminaisons nerveuses, importantes pour le plaisir, surtout localisées dans le premier tiers (externe) du vagin. L'utérus le prolonge. C'est un sac en forme de poire destiné à recevoir l'embryon en cas de grossesse. Tout au fond, on trouve deux minces conduits, longs, fins et ondulants appelés trompes de Fallope. Ils captent l'ovule produit par l'ovaire et permettent sa migration jusqu'à l'utérus. Les ovaires ont une forme d'amande. Ils fabriquent non seulement les cellules sexuelles (ovules), mais aussi les hormones sexuelles féminines (œstrogènes et progestérone), de la puberté à la ménopause (voir schéma).

◇ Peut-on modifier la taille ou la forme de sa vulve?

Oui, certains chirurgiens se sont même spécialisés dans ce domaine. Ils réduisent ou augmentent la taille des lèvres, ou les «mettent à niveau» lorsque l'une des deux est plus grande que l'autre ou que les petites lèvres débordent les grandes. Certaines femmes, rares, peuvent avoir de si grandes lèvres qu'elles sont gênées par un pantalon trop ajusté. Pour elles, l'intervention est un soulagement, même si elles risquent de perdre un peu de plaisir dans la bataille. Aux États-Unis, la nouvelle tendance est au rajeunissement du sexe, notamment après un accouchement, pour le rendre mignon et juvénile ou pour retrouver le plaisir et la fonctionnalité d'antan. Attention aux abus et aux interventions inutiles: bien des femmes qui recourent à ces interventions (parfois plusieurs fois dans leur vie) ont une idée faussée de ce que le corps doit être et souffrent d'un vrai trouble du schéma corporel. Elles enlèvent «tout ce qui dépasse», et, pour couronner le tout, ont adopté la coupe minimaliste au niveau de l'épilation, ce qui révèle davantage les plus petites anomalies.

Et maintenant, des jeunes filles qui ont sans doute un peu trop regarder de films X veulent se refaire la vulve parce que celle-ci ne ressemble pas exactement à celle d'Ovidie.

Les organes génitaux externes

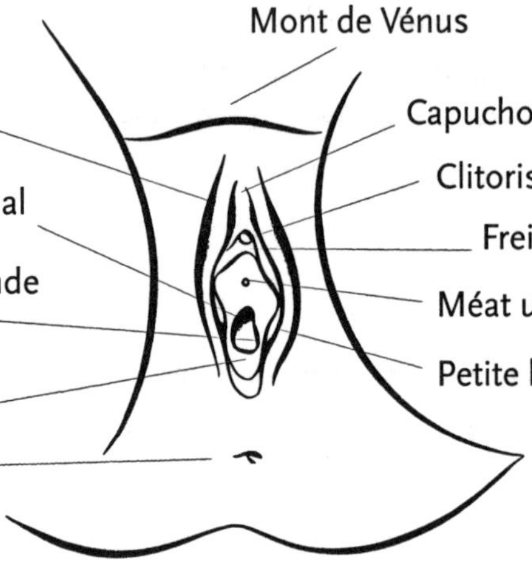

De haut en bas, ou d'avant en arrière, il y a trois orifices :

- L'orifice urinaire, ou méat urinaire, ou méat urétral. Il est séparé du clitoris et de l'entrée du vagin par une zone appelée vestibule.
- L'orifice vaginal. Il est séparé de la région anale par une zone appelée fourchette. L'entrée du vagin est bordée par l'hymen.
- L'orifice anal ou anus.

Ces trois orifices peuvent être contractés ou relâchés volontairement, car ils sont entourés d'un muscle puissant, le muscle pubococcygien, qui va du pubis au coccyx. Ce « hamac » musculaire constitue le plancher pelvien. Il ferme le petit bassin et supporte le poids de tous les organes qu'il contient.

Les grandes lèvres font 8 cm de long en moyenne et 1,5 cm de large ; les petites 3 cm de long et 1,5 cm de large.

Le clitoris fait tout juste 2 cm au repos et presque le double en cas d'excitation.

La partie interne

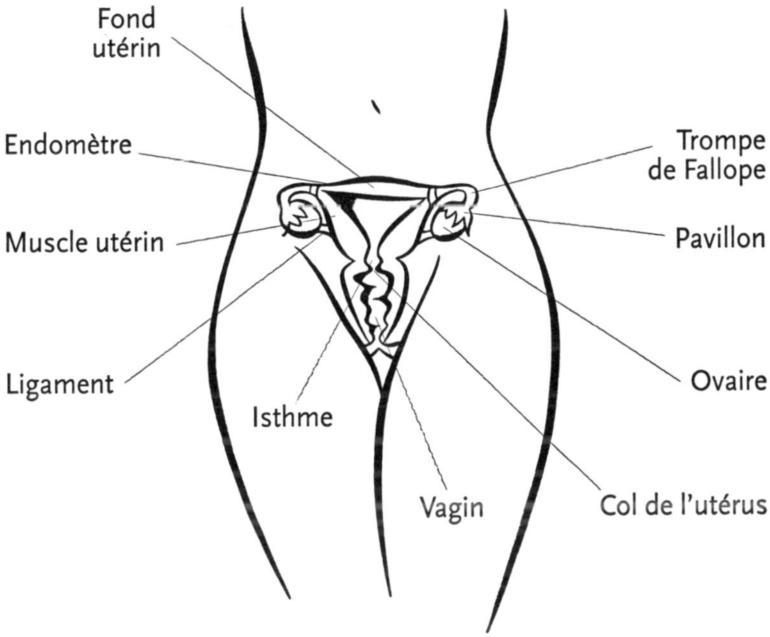

L'utérus comprend le col utérin, en haut du vagin, et le corps utérin, situé dans la partie basse du ventre, appelée pelvis ou petit bassin. L'utérus a la forme d'une poire, dont la petite extrémité, en bas, est le col. De chaque côté de la partie supérieure, au niveau des « cornes », s'ouvrent deux petits orifices qui mettent l'utérus en communication avec les trompes.

Le vagin fait 8 à 12 cm en moyenne et peut s'allonger de 50 % au cours de l'acte sexuel. Comme il est très souple, il peut s'élargir jusqu'à 10 cm en largeur ; ce n'est pas un hasard, il doit laisser passer la tête de bébé lors de l'accouchement et celle-ci fait 10 cm en moyenne aussi.

◇ Peut-on voir son hymen à l'œil nu dans une glace ?

Un œil exercé pourrait le voir chez une jeune femme vierge en écartant les grandes et les petites lèvres puisqu'il borde l'entrée du vagin à 2-3 cm de profondeur. De fait, il est plus facile à sentir qu'à voir, en le touchant avec le bout du doigt.

◇ J'ai un utérus rétroversé, est-ce gênant pour faire l'amour ?

L'utérus forme un angle d'environ 90° avec le vagin, mais il peut être incliné en avant vers la vessie (antéversé) ou en arrière vers le rectum (rétroversé). Ce n'est ni une anomalie, ni une maladie, et cela n'a aucune conséquence sur les relations sexuelles ; cela dit, certaines positions seront plus confortables et plus appréciées que d'autres.

◇ Le sexe féminin a-t-il une odeur particulière ?

À l'état normal et en l'absence de tout rapport sexuel, la muqueuse qui tapisse le vagin sécrète de l'humidité et élimine les cellules à renouveler. Au niveau du col de l'utérus, de la glaire est également libérée, surtout au moment de l'ovulation. Elle n'est pas sale, sa fonction est de favoriser une remontée des spermatozoïdes en vue d'une éventuelle fécondation lors des rapports. Tout cela donne donc au vagin son odeur naturelle, qui n'a rien de désagréable.

En cas de désir sexuel, le vagin se met à fabriquer une petite rosée lubrifiante destinée à faciliter le rapport, et deux autres glandes lui viennent en renfort, les glandes de Bartholin (situées entre les petites lèvres et l'hymen) et les glandes de Skene (situées autour de l'orifice urinaire). L'odeur et l'humidité libérées à cet instant sont très stimulantes pour l'homme, puisqu'elles sont le signe visible, externe, de l'excitation féminine.

◇ **Comment savoir si ses effluves intimes sont agréables ou pas ?**

Il existe un petit moyen tout simple : il suffit de sentir sa culotte ou d'effleurer sa vulve à l'intérieur avec le doigt et de renifler les sécrétions ensuite. Elles sont en général le fidèle reflet de « l'ambiance » locale. Mais encore faut-il effectuer ce geste régulièrement pour comparer par rapport à soi-même et savoir si c'est habituel. Un petit nombre de femmes détestent leur odeur pourtant normale, un peu comme celles qui ne sont jamais satisfaites par leur apparence et qui souffrent de dysmorphophobie.

Les vergetures

Au départ, les vergetures se manifestent par des petites zébrures pourpres et légèrement gonflées. Cette première phase inflammatoire est mal connue des femmes, d'où l'inquiétude de certaines à leur apparition. La couleur intense va peu à peu s'atténuer et tirer vers une teinte rosée. La seconde phase, mieux connue, est la phase cicatricielle. Là, les vergetures sont caractéristiques : lisses et brillantes, blanches et nacrées. L'épiderme aminci est légèrement creusé vers l'intérieur. Les stries apparaissent le plus souvent lors des grands chamboulements hormonaux comme la puberté et la grossesse, parfois après une prise – ou une perte – de poids excessive et rapide. Les fibres élastiques se raréfient et se cassent, le tissu collagène s'atrophie. Les peaux fines et fragiles sont plus exposées que les peaux épaisses. Enfin, chez la femme enceinte, les vergetures apparues au cours d'une première grossesse risquent de se marquer, de s'approfondir et de se colorer davantage.

Les questions

◇ **Peut-on prévenir les vergetures?**

La meilleure façon de ne pas trop «craquer», c'est de penser à boire abondamment pour hydrater et assouplir sa peau. Au cours de la grossesse, il faut surgraisser l'épiderme aux endroits où ça tire habituellement. Des crèmes hydratantes toutes simples font aussi bien l'affaire que les crèmes anti-vergetures plus chères.

◇ **Existe-t-il des moyens de soigner les vergetures?**

Certains lasers s'attaquent avec succès à cette indication, mais attention, seulement en cas de vergetures modérées. Les lésions ne disparaissent pas, mais sont très atténuées. En revanche, si de grosses stries balafrent le ventre, rien n'y fera, sauf une plastie abdominale...

La cellulite

Une majorité de femmes, même minces, sont concernées par la cellulite ou fameuse «peau d'orange». Les cellules graisseuses (ou adipocytes) sont compressées les unes contre les autres dans des sortes de logettes fibreuses du tissu conjonctif. L'état hormonal ou les troubles circulatoires peuvent provoquer la cellulite ou la majorer.

◇ **La cellulite sert-elle à quelque chose?**

Aussi curieux que cela puisse paraître, la réponse est oui. Toute cette graisse accumulée par les femmes dans des réserves a une raison d'être. C'est un «trésor de guerre» destiné à perpétuer l'espèce; ces graisses sont là pour le bébé à venir et ce n'est pas un hasard si les premiers stocks sont constitués à la puberté, lorsque la jeune fille devient potentiellement fertile.

◇ L'excès de cellulite est-il dangereux?

Non, c'est même plutôt l'inverse du point de vue des médecins tant qu'elle est localisée au niveau des cuisses. Mais l'excès de graisse sur le ventre augmente le risque cardio-vasculaire. Au-delà de 88 cm de tour de taille pour les femmes, on risque fort le syndrome métabolique (ou prédiabète).

◇ Toutes les méthodes anticellulite ont-elles un intérêt?

Non, pas toujours si l'on recherche le remède miracle. On trouve de tout au rayon anti-peau d'orange: des plantes, des crèmes, des massages (dont le fameux Cellu M6), des injections, des ionisations, des ultrasons, des aiguilles, des régimes, de la musculation, des médicaments, de la chirurgie... Beaucoup de ces techniques et remèdes sont inefficaces au long cours et ceux qui marchent ne peuvent tout régler à eux seuls. Il faudra toujours surveiller son alimentation et remédier à d'éventuels problèmes hormonaux ou circulatoires.

◇ Le sport est-il efficace?

Il brûle les graisses, tonifie les muscles, stimule la circulation sanguine et lymphatique. De plus, il raffermit la silhouette et atténue l'aspect «flageolant» de la peau, si déprimant.

L'effort doit être de moyenne intensité, car plus il est puissant et violent, plus l'énergie qui lui est nécessaire sera puisée dans les réserves de sucres, et non dans celles de graisses. Il doit être régulier et suffisamment long. La bonne formule: faire de la musculation ou pédaler sur un vélo d'appartement à vitesse moyenne pendant

30 à 45 minutes chaque jour, reprendre le chemin de la piscine, marcher quotidiennement et traiter les ascenseurs par le mépris.

◇ Que penser des crèmes amincissantes ?

Les femmes qui ont une peau d'orange récente, localisée sur de petites étendues (culotte de cheval, bras ou genoux), peuvent y recourir. Les formules à base de caféine par exemple ont fait la preuve de leur efficacité. On sait que cette substance favorise le déstockage des graisses et a une action anti-œdème. Mais il ne faut pas en espérer des miracles non plus : l'aspect peau d'orange sera atténué et la peau deviendra plus ferme, 1 à 3 cm seront perdus tout au plus.

◇ Que faire si la cellulite résulte d'une mauvaise circulation ?

S'il s'agit d'une insuffisance veineuse modérée, le traitement repose sur l'association de crèmes et de veinotoniques, de massages vasculaires, d'une gymnastique spécifique et de bas de contention. La mésothérapie ne fait pas fondre la graisse, mais elle améliore la circulation veineuse et lymphatique, elle a donc un effet positif sur l'aspect de la peau. Le drainage lymphatique optimise lui aussi la circulation, il décongestionne et fait dégonfler les jambes de manière spectaculaire. La peau d'orange sous la peau s'améliore nettement grâce au désengorgement des tissus. Toutefois, si, au bout de cinq ou six séances, aucune amélioration n'est constatée, c'est que le traitement n'est pas adapté.

◇ À qui s'adresse la chirurgie esthétique ?

La chirurgie esthétique est conseillée à celles qui ont toujours eu de la cellulite (depuis la puberté), qui ne sont pas nécessaire-

ment grosses et qui ont tout essayé sans succès. C'est la méthode la plus radicale et la plus efficace. La lipo-aspiration est la technique chirurgicale la plus pratiquée au monde (toutes interventions confondues). Elle consiste à aspirer en profondeur les petites cellules de graisse grâce à une canule qui pénètre par de petites incisions. La graisse de surface est relativement maintenue pour ne pas risquer l'aspect «tôle ondulée». Le résultat est-il définitif? Oui... à condition de ne pas reprendre de poids! Pendant le mois qui précède l'intervention, et afin de réduire le risqué d'embolie, la pilule contraceptive doit être arrêtée et une autre méthode contraceptive envisagée.

Les poils

Tous les follicules pileux réunis sur le corps produisent l'équivalent de 12 km de poils par an. C'est dire leur activité sans relâche. Mais toute cette énergie, pour quoi faire, à votre avis, puisque les poils ont perdu leur fonction ancestrale de tiède fourrure protectrice? C'est pour attirer l'œil sur les zones érogènes, évidemment, et flatter les narines des hommes, car les poils sont des postes avancés diffuseurs d'odeurs très appréciées! On trouve au niveau du pubis et des aisselles des glandes sudoripares vraiment spéciales. Au lieu de sécréter une sueur banale, elles émettent une substance laiteuse et des phéromones (hormones odorantes) qui excitent la libido.

Pourtant, malgré ces avantages indiscutables sur le plan de l'évolution des espèces, on voit de plus en plus de jeunes femmes se lancer dans la traque des poils. Une envie d'être propre, nette et lisse? Pas seulement. Pour le psychanalyste

Francis Hofstein, il y aurait là « une tentative de retour au paradis perdu que seraient l'enfance, la nudité, la pureté, une régression à un stade prépubertaire[1] ». Notre société rejetterait aussi la bestialité et certains fantasmes de violence érotique, illustrée par « la différence entre l'homme ours en peluche, au doux pelage, et l'homme gorille, velu, menaçant, fascinant ».

D'autres influences interviennent également dans ce désir frénétique d'être lisse, l'influence du porno ou de la religion (l'épilation du pubis est préconisée par l'islam). Résultat : des coupes minimalistes rectangulaires (façon ticket de métro), des tailles brésiliennes (la même chose avec un petit triangle au dessus), ou rien du tout, comme la petite fille, pure et virginale. Avant de se lancer dans l'épilation complète, prudence : jeune, un pubis dénudé peut être joli, mais avec l'âge, certaines femmes se plaignent d'avoir des lèvres plus distendues.

Les questions

◇ Pourquoi est-on très poilue ?

Les femmes un peu trop poilues ont les mêmes récepteurs hormonaux et reçoivent les mêmes qualités d'hormones que les autres. Alors, la différence s'explique soit par un excès d'hormones mâles circulantes, soit par une sensibilité particulière à ces hormones. Celles qui souffrent d'hyperpilosité fabriquent plus de poils partout, même aux endroits inhabituels (entre les seins, au-dessus des lèvres, etc.). Quand l'excès pileux est localisé (lèvre supérieure, aisselles, jambes), il suffit d'envisager une épilation au laser sur la zone concernée (80 % de la pilosité en moins après 5 à 8 séances). Lorsque la pilosité est diffuse, voire « pathologique », mieux vaut un traitement généralisé.

1. *Le Monde*, 12 octobre 2005. Francis Hofstein est l'auteur de *L'Amour du corps*, Odile Jacob, 2005.

◇ Pourquoi l'épilation au laser demande-t-elle tant de temps?

Le poil connaît trois périodes dans sa vie: une première, de croissance (phase anagène); une seconde, de repos (phase catagène); une dernière, de chute (phase télogène). La destruction définitive du poil ne peut avoir lieu qu'en période de croissance et, pour épuiser le capital pileux d'une zone, il faut plusieurs séances étalées sur un an, voire davantage. Le cycle complet du poil dure 6 à 18 mois selon les zones.

◇ J'ai un duvet sur les lèvres, le laser est-il efficace?

Les lasers à épilation sont souvent plus efficaces sur les peaux claires et les poils noirs. Pour ce qui est du duvet (celui au-dessus des lèvres par exemple), le dermatologue conseille rarement d'intervenir dans un premier temps, les lasers pouvant entraîner au début une stimulation de la pousse. Mieux vaut attendre que les poils soient plus visibles et plus forts. En patientant, on peut les éclaircir avec des préparations décolorantes à base d'eau oxygénée et autres. Par ailleurs, celles qui ne peuvent s'offrir des séances de laser ou qui ne le souhaitent pas peuvent appliquer la crème Vaniqa® (Lab. Shire, sur prescription médicale) qui freine la pousse du poil. Les Orientales l'utilisent beaucoup, mais attention à ne pas en étaler sur de trop grandes surfaces et indéfiniment à cause de possibles effets indésirables.

◇ Le résultat de l'épilation au laser est-il vraiment définitif?

Tout dépend de la zone traitée. Sur le maillot, les jambes, les aisselles ou le ventre, le résultat est excellent, mais sur des zones «hormonodépendantes» comme la lèvre supérieure, les seins ou le menton, il y aura des fluctuations en fonction des modifications hormonales (grossesse, ménopause, etc.). Il faut alors envisager des séances d'entretien une à deux fois par an puis de manière plus espacée par la suite.

◇ Peut-on traiter l'hyperpilosité sur tout le corps?

Face à une hyperpilosité pathologique (hirsutisme), un bilan hormonal s'avère indispensable ainsi qu'une échographie des ovaires. Si une cause est retrouvée, il suffit de la traiter (traitement anti-androgène associé à des œstrogènes notamment). Une fois la situation hormonale normalisée, il reste à faire disparaître les poils au laser. Pour la zone du visage, on dispose de nouveaux protocoles et d'un produit qui donnent maintenant des résultats très performants. Le médecin intervient en phase de croissance du poil avec des séances très rapprochées et parvient ainsi à éradiquer non plus 50 % de la pilosité mais 80 %. Puis il utilise une crème disponible (Vaniqa®) qui bloque une enzyme appelée la 5 alpha réductase et empêche la repousse du poil. Celle-ci s'utilise aussi bien en cas d'hirsutisme que de poils isolés sur le visage.

Si le trouble hormonal est léger, la pilule Diane® (ou son générique), qui contient des anti-androgènes à faibles doses, suffit.

◇ Les hormones sont-elles impliquées dans la chute des cheveux?

C'est souvent le cas. Quelques semaines après l'accouchement, certaines femmes peuvent perdre jusqu'au tiers de leur chevelure. D'autres fois, les cheveux tombent de manière diffuse après une fausse couche ou l'arrêt de l'allaitement. Heureusement, ces soucis sont réversibles et guérissent spontanément. Au moment de la ménopause, la carence hormonale entraîne la pousse de cheveux plus fins et plus rares, cela peut être freiné par le traitement hormonal substitutif de la ménopause (THM).

◇ En vieillissant, fabrique-t-on réellement moins de poils?

Oui, avec le temps, les poils vieillissent eux aussi, deviennent gris puis blancs. Les cellules de la base du follicule pileux, épuisées par des décennies de bons et loyaux services, cessent de fabriquer leur pigment noir, la mélanine. Le diamètre diminue et les structures deviennent de moins en moins vaillantes. Apparaît alors une cruelle différence entre les hommes et les femmes, à l'avantage de ces dernières. Chez les femmes, les poils du corps vont decrescendo avec la vie, alors que chez les hommes, c'est l'inverse. Une femme âgée aura peu de pilosité sur les jambes, pratiquement plus aux aisselles et au pubis. Son duvet sera tombé. En revanche, elle pourra développer des poils sur les lèvres supérieure et inférieure et au menton. Une femme ménopausée sur quatre se plaindrait ainsi de l'apparition de poils sur le visage[1]. Conséquence pratique de tout cela, si on entreprend une épilation des poils du corps au laser, avec le traitement, 95 % environ des poils auront disparu et avec le temps, ça ne repoussera jamais. Alors que pour le visage, il faudra y revenir tous les deux ou trois ans, car de nouveaux poils apparaîtront, sans doute sous l'effet des hormones mâles fabriquées en quantité infime par la glande surrénale (placée audessus des reins).

1. Étude Sofres-Gillettte sur 1 500 femmes.

Les odeurs

Les glandes sudorales eccrines (entre 2 et 5 millions d'unités) sont réparties sur tout le corps et principalement impliquées dans la régulation de la température corporelle. Elles sécrètent une sueur claire et aqueuse, mélange d'eau et de sel. Les glandes sudorales apocrines se trouvent essentiellement sur des zones pileuses comme les aisselles, les paupières, les seins et les organes génitaux. Leur activation est déclenchée par l'excitation sexuelle ou des émotions telles que la peur ou le stress. Le liquide sécrété est plus visqueux.

Les odeurs font partie du quotidien et sont l'un des ingrédients importants du désir. Pourtant, depuis quelques années, notre odorat est devenu chatouilleux, exigeant, quasi «contre-productif» si l'on s'en tient à l'acharnement que certaines mettent à gommer tout effluve avant l'amour. Or, toutes proportions gardées, les hommes ne dédaignent pas les petites odeurs bien typées sexuellement, elles les excitent. Tout le monde se souvient de la célèbre phrase de Napoléon à Joséphine après plusieurs mois de campagne: «Ne te lave pas, j'arrive!»

◇ Comment réduire les odeurs de transpiration?

L'eau et le savon sont particulièrement efficaces. On peut aussi jouer sur les vêtements. Les matières naturelles comme le coton, le lin et la soie permettent des échanges d'air et limitent la transpiration. Inversement, les matières synthétiques prêtent au confinement et piègent les odeurs. Une épilation régulière des aisselles est également conseillée, les poils étant des piégeurs d'odeurs. Enfin, des déodorants légers peuvent prendre le relais, si nécessaire. Les préventifs, encore appelés «anti-odeurs», agissent grâce à un agent antibactérien qui neutralise les micro-organismes responsables de la dégradation de la sueur et masque les effluves en formation. Ces produits s'adressent aux personnes qui transpirent peu car l'effet camouflage est de courte durée. Les capteurs d'odeurs sont les plus récents. Ils reconnaissent les substances chimiques malodorantes, les piègent dans leurs molécules et les suppriment. Cette formule est surtout utile pour les personnes qui transpirent modérément, mais dont l'odeur est désagréable. Leur action est limitée à cinq ou six heures maximum.

◇ Je transpire énormément quand je suis stressée ou pendant l'amour. Que puis-je faire ?

Pour une transpiration importante, on peut commencer par utiliser des antiperspirants (à base de sels d'aluminium et d'extraits de plantes à l'action astringente). Ils agissent directement au cœur du problème en limitant l'excès de sudation. Si ça ne suffit pas, la toxine botulique est une voie intéressante pour diminuer de façon importante l'hypersudation (aisselles en particulier). L'effet s'épuise au bout de 7 à 12 mois selon les cas et on peut recommencer les injections. Enfin, si tout cela ne convainc pas, on peut tenter la chirurgie qui consiste à retirer une partie des glandes sous les aisselles.

La peau

La peau est la plus étendue des surfaces sensorielles : 18 000 cm² chez un adulte. Elle reflète fidèlement ce qu'elle a vécu au plan psychique comme au plan physique, les émotions mais aussi les assauts répétés du temps, du soleil, du tabac, de l'alcool, de certains médicaments ou l'existence de maladies, sans parler des hormones qui peuvent aussi entrer en jeu (à la puberté, pendant la grossesse, à la ménopause).

Plutôt que d'être « mal dans sa peau » sans oser affronter le regard d'un homme ou d'un amoureux, mieux vaut consulter un spécialiste, le dermatologue, pour un véritable état des lieux. Pourquoi rester tourmentée des années durant par son apparence, alors que l'épiderme peut parfois être miraculeusement amélioré en quelques séances (acné, rosacée, etc.). Les traitements dermatologiques et la chirurgie esthétique ont accompli des progrès immenses ces dernières années.

Les questions

◇ Mes joues piquent des fards, existe-t-il un traitement ?

La rosacée est une maladie inflammatoire d'origine vasculaire qui touche plus particulièrement les blondes à peau claire. Elle peut se manifester par des rougeurs transitoires (flushes) ou permanentes au niveau du nez et des pommettes, des petits vaisseaux dilatés (stade d'érythro-couperose) ou des boutons inflammatoires. Cette maladie évolue par poussées, déclenchées pour certaines par des repas trop épicés ou alcoolisés, un changement brutal de température, un exercice trop soutenu... Et pour compliquer le tout, avec le temps, se surajoutent les bouffées de chaleur de la ménopause. Seul un dermatologue peut faire le diagnostic de la rosacée et proposer à chaque stade la solution la plus adaptée. Le traitement est efficace, il repose sur la prescription de médicaments antibiotiques à appliquer localement (émulsion, crème ou gel) ou à prendre par voie orale. Il peut être complété de quelques séances de lasers vasculaires très utiles dans cette indication.

Lors de cette affection, la peau est généralement sensible, il est donc préférable d'utiliser des nettoyants sans savon, de l'hydrater avec des crèmes fluides en évitant les textures trop grasses et occlusives. Les cosmétiques irritants (contenant de l'alcool ou des acides de fruit) sont déconseillés. Éviter aussi les gommages qui irritent la peau et déclenchent des rougeurs. Pour la protection solaire, préférer les indices 30 à texture fluide.

◇ Me voilà avec des boutons d'acné comme une gamine, c'est normal à mon âge?

Il peut s'agir de l'acné autour de la bouche de la femme adulte survenant au moment des règles, de l'acné rosacée dont on a parlé plus haut ou de l'acné qui resurgit lorsqu'on cesse de prendre sa pilule. Certaines pilules (Diane®, ses génériques et des formules apparentées) limitent les phénomènes acnéiques. Si on stoppe ces pilules, l'acné réapparaît car le frein anti-bouton n'existe plus. Parfois au contraire, c'est justement la prise de pilule ou de progestatifs aux effets un peu trop androgéniques qui stimulent l'apparition de boutons, d'une peau grasse, de poils, etc. (Le gynécologue les prescrit car ils soulagent très efficacement les douleurs dans les seins, mais c'est quelquefois au prix de certains effets secondaires.)

Il peut exister aussi des facteurs favorisant les éruptions occasionnelles de boutons (infections dentaires, sinusites, ou infections au niveau digestif). Les mécanismes de l'apparition de ces boutons étant différents, les traitements prescrits par le médecin le seront aussi. Le dermatologue les affinera en fonction du type de peau et de la sensibilité de chacune.

Les bizarreries de la nuit

Le corps se permet parfois des facéties le soir qui laissent tout étonnée voire franchement désarmée, surtout que le cher et tendre dort tout à côté. Heureusement, ces ennuis s'expliquent et se soignent le plus souvent.

◇ Je grince des dents, je n'ose envisager de passer toute une nuit avec lui...

Le stress est souvent en cause dans le fait de grincer des dents la nuit, donc tout ce qui peut contribuer à se détendre est bon à prendre : yoga, méditation, sport... Mais là ne s'arrête pas le conseil. Pour lutter contre l'usure dentaire inexorable et le gonflement des muscles de la mâchoire disgracieux à force d'être hypertrophiés, le remède souverain (aux résultats prouvés scientifiquement) est l'injection de toxine botulique (autrement dit de botox) dans les muscles idoines. Le succès est assuré en une seule séance presque une fois sur deux (plus on est jeune, plus c'est efficace du premier coup). Sinon, le médecin stomatologue ou le chirurgien maxillo-facial renouvellera l'injection à la demande tous les ans ou tous les deux ans pour maintenir les résultats.

◇ J'ai le pied qui remue, ça le réveille. Que faire ?

Le « syndrome des jambes sans repos » n'est pas une partie de plaisir, pour soi comme pour le dormeur à proximité. À peine couchée, des impatiences avec picotements se manifestent au niveau des jambes (ou des bras), avec sensations de brûlures, contractures, agacements, énervements, décharges électriques, engourdissement, qui rendent la position immobile pénible.

Il faut se lever, se masser, bouger les jambes, essayer de se rendormir. Et lorsqu'on y parvient enfin, le plus souvent des mouvements des pieds et des jambes entraînent des micro-éveils sans que le dormeur s'en rende compte. Ils sont responsables d'une grande fatigue au réveil. 8,5 % des personnes souffrent de ce trouble, avec sans doute une composante génétique. La fréquence de cette affection augmente aussi avec l'âge, certains troubles (comme l'anémie et des anomalies du métabolisme du fer), et dans certaines situations comme la grossesse ou la prise d'antidépresseurs. Les myorelaxants, les antiparkinsoniens ou les antiépileptiques améliorent nettement ces symptômes désagréables.

Un contact : l'Association française pour les personnes ayant le syndrome des jambes sans repos – 03 88 30 37 24 – http://www.afsjr.fr – afsjr@afsjr.

Et un site pour tous les troubles du sommeil : http://www.reseau-morphee.org.

◇ Je ronfle, ça me tracasse vis-à-vis de lui. Que faire ?

Plusieurs organes sont impliqués dans le ronflement : la langue, le voile du palais (situé au fond de la gorge) et le nez. L'air passe mal et des turbulences surviennent dans les zones de rétrécissement. Il existe des petites et des grandes solutions, à choisir selon l'importance ou l'origine de la gêne. Inutile de faire chambre à part pour le soulager, mais quelques remèdes de bon sens : modérer l'alcool qui relâche temporairement les tissus et transforme un doux zéphyr en tornade nocturne. Modérer aussi la cigarette qui, elle, entraîne un relâchement durable des tissus du voile du palais (les fumeuses ronflent en moyenne une dizaine d'années avant les non-fumeuses). Perdre du poids est souvent salutaire.

Plus on est enveloppée, plus la base de la langue est épaisse, et moins l'air circule facilement. Chaque kilo perdu représente un gramme de langue en moins, ce qui a un impact décisif pour certaines. Les bandelettes nasales, souvent utilisées par les sportifs pour mieux s'oxygéner, écartent les ailes du nez et augmentent le flux d'air. Elles ont un effet positif sur certains types de ronflements. Les aérosols ont une incontestable utilité, pas pour supprimer la chose, mais pour réduire significativement les décibels et rendre plus supportable le ronflement. Restent les grands moyens : la chirurgie classique, le laser et le traitement du ronflement par radiofréquence, avec des résultats très inégaux et des récidives possibles. Aucun traitement n'est la panacée, le choix dépend des indications de départ.

Les hormones

Que font-elles, d'où viennent-elles ?

Les organes ont besoin de communiquer entre eux. Pour cela, il leur faut des messagers chimiques, les hormones. C'est le sang qui les transporte à distance, vers leurs organes cibles. Elles pénètrent au cœur des tissus et se fixent sur les récepteurs cellulaires, exactement comme des clés s'adaptent à une serrure. Elles provoquent ainsi à l'intérieur de chaque cellule une réaction en chaîne. Une fois que l'action a été effectuée, les hormones sont libérées à nouveau dans la circulation sanguine où elles rejoignent le foie qui va les détruire. Leurs constituants sont recyclés sur place sous d'autres formes utiles à l'organisme. Lorsque des troubles se manifestent dans ces réactions minutieuses et complexes, c'est l'endocrinologue qu'il faut consulter ou bien le gynécologue (plus particulièrement concerné par les hormones sexuelles).

Les hormones qui font la femme

Les deux hormones féminines par excellence sont les œstrogènes et la progestérone. Leurs récepteurs sont disséminés partout sur l'organisme, si bien qu'elles ont des effets très variés selon l'endroit où elles vont se fixer préférentiellement. Les excès d'œstrogènes se manifestent par des symptômes qui rappellent les troubles prémenstruels : gonflements, rétention d'eau, tension douloureuse des seins, irritabilité, hypersensibilité... Les déficiences en œstrogènes se traduisent par de la fatigue, une déprime, des bouffées de chaleur ou encore une sécheresse vaginale qui peut gêner les relations sexuelles.

La progestérone est surtout là pour tempérer les effets des œstrogènes. On considère qu'elle est plutôt relaxante.

Les ovaires produisent aussi des androgènes, c'est-à-dire des hormones mâles, en très faible quantité bien sûr, juste ce qu'il faut pour stimuler la libido. En cas de troubles de l'ovaire, trop d'hormones mâles peuvent être sécrétées, on parle d'hyperandrogénisme (pilosité excessive, acné). La glande surrénale, située juste au-dessus des reins, produit, elle aussi, d'infimes quantités d'androgènes.

4

L'AMOUR, AVANT, PENDANT, APRÈS

Quand il s'agit de faire l'amour, les hommes et les femmes ne fonctionnent pas pareil. Prenez les hommes. Ils ont de la chance ! Dès leur puberté, ils découvrent l'orgasme, sans même l'apprendre, par pur instinct. Leur corps sait. Chance encore, puisque cet orgasme est valorisé et encouragé par l'éducation, comme étant un signe de virilité et d'affirmation de soi. Côté féminin, ce n'est pas ça du tout. La plupart des femmes ne parviennent à la jouissance qu'au bout de quelques mois ou années d'apprentissage et, socialement parlant, il n'a pas toujours été convenable d'être une « jouisseuse ».

C'est un fait, les femmes ont une longueur de retard. Elles connaissent moins bien leur anatomie, donc leur fonctionnement, donc leur mode d'accès au plaisir. Il leur faut patiemment éduquer leur corps et, pour cela, couper le cordon ombilical avec la famille, mettre à distance les tabous et interdits de leur éducation. Laisser croire aux adolescentes ou aux jeunes femmes que « le vertige de l'amour », voire « l'empire des sens » sera forcément au rendez-vous les premières fois crée des inquiétudes et la crainte d'être anormale. Celles qui connaissent d'emblée le cataclysme sensuel sont l'exception, même si les femmes d'aujourd'hui apprennent de plus en plus vite et de plus en plus tôt, grâce au changement des mentalités et à la médiatisation du sexe.

La réussite et le plaisir amoureux dépendent de conditions simples en apparence, mais pas si évidentes à mettre en œuvre. Il faut savoir s'abandonner tout entière, donc savoir lâcher prise. Ce qui veut dire oublier ses principes (« Si ma mère me voyait »), oublier son travail, oublier les enfants dans la pièce à côté, oublier tout, ne penser qu'à ça. La connivence et l'intimité des corps imposent cet abandon à 18 ans comme à 60. Ensuite, il faut accepter de « jouer le jeu » le temps du rapport, sans se sentir « dominée », « salie » ou « maladroite ». Enfin, il faut faire preuve d'un « égoïsme partagé ». Pour se faire du bien, il est vital de penser à soi, d'oublier l'habitude du plaisir de l'autre (et seulement lui), de laisser de côté la sempiternelle passivité ou neutralité bienveillante des femmes, voire la notion de devoir ou, pis, de sacrifice.

L'orgasme décodé

Que l'on soit femme ou homme, un rapport se décompose en quatre phases physiologiques précises qui se suivent : la phase d'excitation, la phase en plateau, l'orgasme, puis la phase de résolution.

→ La phase d'excitation

Lorsqu'une femme « mouille », c'est qu'elle est excitée. Cette lubrification vaginale est l'équivalent de l'érection chez l'homme. Elle a pour fonction de faciliter la pénétration et de la rendre plus agréable. Une adolescente ou une jeune femme peut être lubrifiée en quelques secondes, une femme ménopausée peut, elle, être excitée en trois ou quatre minutes. Attention : cette lubrification est fragile ! Elle peut brusquement cesser à cause d'un stress ou d'une pensée désagréable (peur d'être surprise, parole ou geste déplaisant, etc.). Cette « panne sèche » rend alors le rapport plus difficile.

La montée du désir s'accompagne d'autres transformations physiques : les seins prennent du volume, les mamelons se redressent. Les grandes lèvres s'écartent de l'orifice vaginal. Les petites lèvres gonflent, se gorgent de sang et rougissent. Elles enveloppent le pénis et le caressent. Le corps s'embrase et se couvre de taches rouges, au niveau de la poitrine notamment et du visage. Le cœur palpite. L'adrénaline grimpe et entraîne une phase de tension agréable.

→ La phase en plateau

C'est la période de plaisir et de maintien de l'excitation. On retrouve ici tous les symptômes précédents, généralement accentués. Le vagin s'allonge de 50 % par rapport à sa taille de départ et il s'élargit. L'utérus poursuit son élévation. Les seins ont atteint leur volume maximum. Cette phase dure quelques minutes.

→ La phase d'orgasme

Une sorte d'euphorie douce envahit les femmes de la tête aux pieds. Certaines décrivent une sensation de bien-être, un peu comme lorsqu'on est dans du coton ou sur un nuage. D'autres évoquent une boule de feu qui irradie doucement en elles. Le déclenchement du plaisir a lieu dans la zone sexuelle, mais il s'étend à l'ensemble du corps par vagues (3 à 12 contractions toutes les 0,8 seconde).

Les contractions orgasmiques entraînent des sensations supplémentaires chez le partenaire, puisqu'elles caressent le pénis. L'utérus se contracte aussi.

Au cours de l'orgasme précisément, une minorité de femmes peuvent avoir une émission de liquide par jets saccadés, comparable à une mini-éjaculation (voir, plus bas, les « femmes-fontaines »).

→ La phase de résolution

Elle correspond à une phase de détente et de diminution très progressive de la tension sexuelle. Le clitoris retrouve sa taille initiale, le vagin rétrécit et reprend sa couleur normale, l'utérus redescend, les seins dégonflent, les mamelons aussi. La respiration et le rythme cardiaque s'apaisent. Certaines femmes peuvent légèrement transpirer, au niveau du dos, des hanches ou de la poitrine. Cette phase est plus ou moins lente (1 à 2 minutes), mais forcément moins rapide que chez l'homme.

Dans cette période, beaucoup d'amoureuses réclament un contact tendre avec leur partenaire. Elles souhaitent se sentir accompagnées jusqu'au bout.

Pour une minorité, cependant, la phase de résolution s'avère plus brutale. Ces femmes peuvent être très satisfaites de leur orgasme, mais n'ont pas du tout envie de recommencer, elles se sentent complètement « vidées ». Elles préfèrent cesser tout contact après l'amour. Elles ont parfois besoin de somnoler. Chacun chez soi, un peu comme pour les hommes.

Femmes ou hommes, quelles différences pendant l'amour ?

→ D'un point de vue physiologique

Les femmes ont une phase d'excitation et une phase en plateau très progressives, donc ont besoin d'un temps plus long pour atteindre l'orgasme, en théorie. Voilà pourquoi il est important de prolonger les caresses et les préliminaires (10 à 20 minutes dans l'idéal). Une enquête a montré qu'au bout de ce temps, la probabilité de jouissance était optimale.

L'intensité du plaisir au cours de l'orgasme féminin descend lentement, avec habituellement une moindre envie de dormir après l'amour que les hommes.

5 à 10 % des femmes n'ont pas du tout de période réfractaire, elles peuvent avoir plusieurs orgasmes d'affilée sans faire de pause. Quant aux hommes, il leur est impossible d'être en érection aussitôt après le plaisir. Leur période réfractaire est très courte à l'adolescence (quelques minutes), mais beaucoup plus longue avec la maturité (jusqu'à 36 heures).

→ D'un point de vue psychologique

L'expérience prouve qu'avec les années – et la routine –, les ébats amoureux peuvent être perçus très différemment selon les sexes. Côté garçon, faire l'amour est plutôt vécu comme une détente. L'acte sexuel dilue toutes les tensions, canalise l'énergie et permet de se sentir mieux. C'est aussi le moyen de prouver sa tendresse et de montrer avec des actes ce que l'on ressent. Côté fille, surtout lorsqu'on est mariée avec travail plus enfants, l'acte peut être considéré comme une fatigue supplémentaire, un exercice coûteux en énergie et en temps. Et pour ce qui est de la tendresse, pas besoin de se mettre au lit, on l'exprime avec des mots ou avec des attentions pas forcément sexuelles.

Cela a des conséquences directes : les hommes (qui fonctionnent bien sexuellement), dans une relation de couple ou non, peuvent avoir envie de faire l'amour n'importe quand, lorsqu'ils sont excités, heureux, et même lorsqu'ils sont déprimés ou énervés. Les femmes, elles, taquinent de préférence Éros lorsqu'elles sont détendues et épanouies.

La plupart des hommes aiment faire appel aux fantasmes pour stimuler leur libido et renforcer leur plaisir. Les femmes – pas toutes – semblent moins à l'aise dans ce domaine. Cette plongée dans l'imaginaire peut leur sembler moins spontanée, voire impossible. Certaines estiment que laisser vagabonder leur esprit vers des pensées érotiques forcément transgressives est une trahison, voire quelque chose de pas très convenable.

Et pour le septième ciel, on fait comment ?

Puisque le cerveau est le premier organe sexuel, côté psy, trois idées forces à retenir : l'égoïsme partagé, les pensées agréables, l'envie du plaisir.

L'égoïsme partagé se résume à cette logique élémentaire : plus on pense à l'autre, plus on néglige ses propres sensations, moins on a de plaisir, et si on n'a pas de plaisir, l'homme en a moins aussi, c'est le cercle vicieux. Si l'on pense à soi, on a du plaisir et du coup ça lui fait plaisir, c'est le cercle vertueux. Pour avoir du plaisir, mieux vaut se concentrer sur soi et ses propres sensations. Certaines femmes y arrivent très bien, d'autres pas vraiment. Elles sont bloquées par des pensées parasites, des gestes qu'elles ne s'autorisent pas, des idées qu'elles se font sur l'orgasme (le clitoridien est moins bien que le vaginal par exemple ; du coup, elles méprisent ce plaisir facile pour elles et n'accèdent jamais à l'autre).

Un clou chasse l'autre. Comme on ne peut penser à deux choses en même temps, si on installe des pensées voluptueuses dans son esprit, on est sûre que les idées parasites seront délogées faute de place. On majore ainsi ses propres sensations.

Enfin, pour jouir vraiment, il faut accepter de se sentir soumise au plaisir (ce qui est différent de se sentir soumise à l'homme). Si, pendant le rapport, on s'abandonne à des fantasmes de soumission ou de domination par exemple, autant les accueillir sans honte. Après le rapport, on redeviendra la femme bien élevée qu'on est. S'accrocher au septième ciel nécessite d'y mettre un peu de bonne volonté et quelques talents de comédienne. Non pour simuler, mais pour amplifier le jeu en assumant ses désirs et ses instincts. Après tout, il faut admettre l'animalité qui est en nous. Les humains sont les descendants de Lucy, ils ne peuvent renier un inconscient influencé par l'instinct.

→ Côté physique : le plaisir vient de la stimulation directe des zones érogènes

Les zones érogènes sont dispersées un peu partout sur le corps et sont spécifiques à chacune. Pour atteindre l'orgasme, il faut les repérer et savoir guider son partenaire lors des préliminaires (les premières fois du moins). Discrètement, lorsqu'il effleure de ses mains, de sa bouche ou de son sexe les parties sensibles, ou de manière plus appuyée et directive, car il n'est pas forcé de savoir ce qui plaît à l'une ou à l'autre. Certaines connaîtront le paradis par simple frôlement des seins ou du clitoris, alors que d'autres seront émues par la caresse de l'intérieur des cuisses ou de l'oreille. À chacune de déchiffrer sa carte du Tendre et d'en informer qui de droit.

→ Et le fameux point G?

Toutes les femmes en possèdent un. Il se situe sur la face antérieure du vagin (voir schéma). On peut essayer de le sentir soi-même en étant assise ou accroupie et en introduisant un ou deux doigts 4 ou 5 cm au-dessus de la vulve (cela représente environ deux phalanges) en direction du ventre. Première surprise, à l'intérieur, c'est un vrai champ de bataille, la paroi vaginale n'est pas lisse, mais recouverte de stries, ce qui peut compliquer le repérage. Sous l'effet des stimulations, le point magique se gorge de sang, bombe un peu sous le doigt et atteint la taille conséquente d'un euro. Son habituelle sensibilité vient de sa structure : c'est un noyau fibreux très innervé, bourré de corpuscules de volupté. Cependant, les femmes ne répondent pas toutes de la même manière. Certaines sont réactives à sa stimulation au point que le bonheur vient facilement, les autres trouvent cela agréable, mais sans plus, alors il ne faut pas en faire toute une histoire. Chez ces dernières, la satisfaction peut venir de zones moins classiques comme le noyau fibreux central du périnée. Il s'agit de la région comprise entre le vagin et l'anus qui s'étend sur 3 à 4 cm de long. D'autres femmes sont plus sensibles à la caresse de l'anus lui-même. Cet endroit potentiellement érogène est à l'origine de sensations délectables, à condition d'être parcouru très délicatement.

Le point G

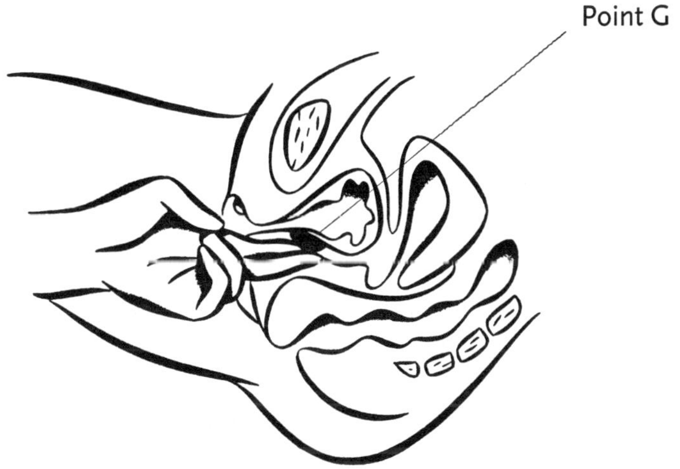

Les quatre « points G »

Si l'on se réfère à la philosophie des yogis tantriques[1] et à leur connaissance minutieuse de la carte du Tendre, on s'aperçoit qu'autour du fameux point G il existe en fait trois autres points de volupté. Le premier se situe à 1 cm environ au-dessus du point G, sur la même face antérieure du vagin. Les deux autres se trouvent de part et d'autre du point G, sur les parois latérales du vagin. Les Occidentales et leur partenaire qui ont appris à repérer ces zones de plaisir peuvent se laisser stimuler. En fonction des femmes, ce sera plutôt un mouvement circulaire, pour d'autres un mouvement latéral plus ou moins rapide, ou encore une succession d'appuis, de pressions différentes, tout cela déclenchant la découverte du plaisir.

1. *Le Tao ou l'Art d'aimer*, éd. Guy Trédaniel, traduit en 1991.

Les positions de l'amour

Chaque couple a ses positions favorites, parfois rituelles. Certaines d'entre elles encouragent les confidences et le face-à-face, d'autres facilitent l'accès aux différentes zones érogènes ou accélèrent l'orgasme, d'autres encore aident les hommes à mieux contrôler leur éjaculation ou à compenser un sexe très petit. États de l'art sur les positions les plus habituelles ou les plus « efficaces » en terme de plaisir.

Le missionnaire

→ La position classique dite du missionnaire

C'est la préférée des couples, sans doute pour sa simplicité et le face-à-face qui permet à la fois le baiser et les confidences amoureuses : la femme est sur le dos, jambes écartées, l'homme est au-dessus. Elle ne permet pas la stimulation du point G chez celles qui y sont sensibles, puisque le pénis passe dessous pour aller se nicher au fond du vagin. Deux variantes pour contourner la chose : relever ses cuisses et placer ses genoux sous les aisselles de son amant, les pieds dirigés vers ses fesses, ainsi l'axe de rotation du vagin bascule et le pénis rencontre automatiquement la zone enchantée. Une autre plus acrobatique : placer ses deux jambes au-dessus des épaules de son homme.

→ La position d'Andromaque

L'amoureuse est assise, cuisses écartées ou à califourchon, au-dessus de son homme. Elle peut légèrement se renverser en arrière, ce qui aboutit à une stimulation maximale de son point G.

Cette position permet de prendre le dessus physiquement et symboliquement. Elle offre la possibilité de s'exprimer pleinement en réglant soi-même l'orientation de son buste, l'angle et la profondeur de pénétration, le rythme des mouvements. La contraction du vagin stimule encore plus fort son partenaire. C'est une manière de mener la danse alors qu'il reste passif, d'être à l'écoute de ses propres sensations et de son plaisir.

La position d'Andromaque est très utile pour les femmes qui ont du mal à atteindre l'orgasme dans l'attitude classique, car elle permet de se caresser le clitoris. Le monsieur n'est pas laissé pour compte, il est stimulé par la vision du corps féminin qui s'active; de plus, il contrôle beaucoup mieux son éjaculation, ce qui a un intérêt pour les amants trop pressés. Cette position est aussi intéressante lorsque l'on sent mal le pénis de son partenaire, car il lui suffit d'introduire son sexe (même s'il n'est pas complètement rigide) 5 cm seulement dans le vagin.

Andromaque

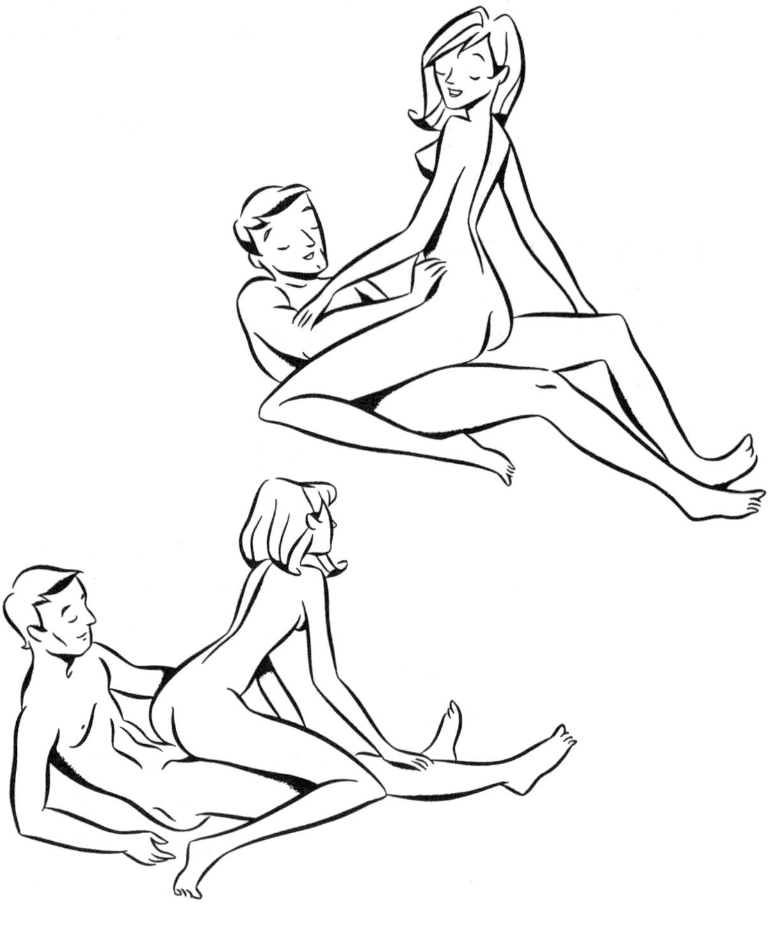

⇢ La levrette

La femme est à genoux, son partenaire la pénètre par l'arrière en introduisant son pénis dans le vagin. (Deux variantes possibles : elle est allongée sur le ventre avec son amant couché par-dessus ; elle est à califourchon sur lui et lui tourne le dos). C'est la position naturelle par excellence, sans doute celle de nos ancêtres australopithèques, dont la petite Lucy. Le couple fait l'amour à quatre pattes de manière animale.

La levrette

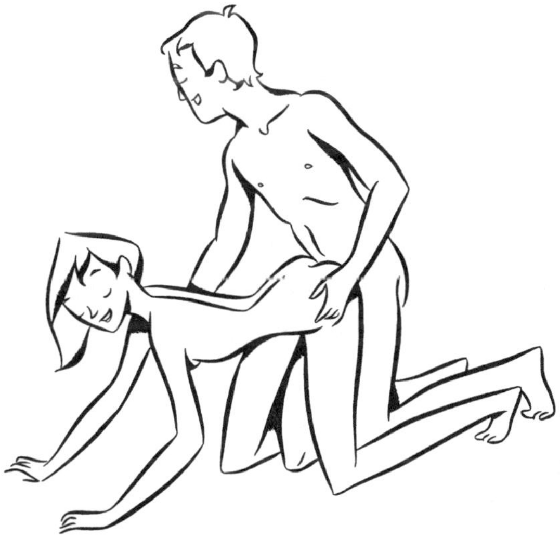

Ces différents équilibres permettent d'obtenir une pénétration profonde et sensuelle. Dans la position originelle, l'homme bute directement sur le point G, c'est le chemin idéal pour le plaisir de chacun. Elle permet aussi une stimulation manuelle des seins et du clitoris. Les hommes adorent souvent, car ils voient leur partenaire de dos dans toutes ses rondeurs et sa sensualité, la taille, les fesses, les cuisses exposées et stimulantes... Certaines femmes apprécient, elles se sentent libérées du regard de l'homme et moins observées qu'en face à face. Comme cette position se pratique aussi bien nu qu'habillé, on peut y jouer où on veut, pas nécessairement dans un lit. Elle est indolore pour les femmes qui ont une rétroversion utérine (utérus penché vers l'arrière et non vers l'avant). Elle peut enfin se compléter par la position dite de « la brouette ». Un petit effort d'imagination, et l'on y arrive, même sans schéma...

→ La position latérale

Les deux amants sont tous les deux sur le côté. L'homme fait face à la femme ou, au contraire, la prend par l'arrière.

Cette position est prometteuse, mais la marge de manœuvre masculine reste limitée. Avantage quand même : c'est la moins fatigante pour les deux partenaires, elle est très utile chez la femme enceinte, les personnes en surpoids ou les fêtards épuisés.

La position latérale peut avoir de très nombreuses variantes, en particulier l'emboîtement réciproque. Mais le plus simple c'est de commencer par la position du missionnaire (l'homme sur la femme) et de basculer tous les deux sur le côté. Cette orientation permet une bonne stimulation du point G avec un accès facile à toutes les autres zones érogènes (seins et bouche avec la bouche, fesses avec les mains). En outre, le dialogue est plus facile. Enfin, si la femme croise les jambes, elle peut augmenter sa stimulation clitoridienne. Sans doute l'une des positions les plus riches en sensations.

Position latérale

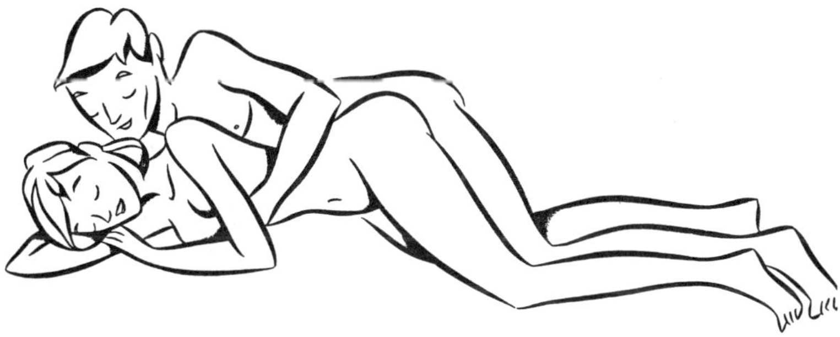

→ L'amour assis

L'homme est assis jambes allongées et pénètre la femme qui, face à lui, écarte les jambes en s'arc-boutant autour de ses épaules. Cette position permet de fougueuses causeries et une stimulation appuyée des seins et de la bouche. Variations sur le même thème : la femme est assise sur son partenaire, lequel est lui aussi assis. La pénétration vaginale se fait par l'arrière.

Ou encore, elle est assise au bord du lit, le corps droit, ou renversée sur le lit, et lui la pénètre à genoux, il a alors une vue imprenable sur son sexe offert, ce qui est très excitant. Ces différentes « interprétations » ont les avantages incomparables de la position d'Andromaque vue plus haut, elles sont recommandées aux femmes qui ont du mal à atteindre l'orgasme et aux hommes qui ont du mal à contrôler leur éjaculation.

L'amour assis

→ L'amour debout

Les deux amants sont debout. Ils peuvent se faire face (soit la femme serre le pénis entre ses cuisses, soit elle lève une jambe ou les deux pour se faire pénétrer). L'homme peut aussi être derrière elle. La pénétration se fera donc par l'arrière, le corps de l'amoureuse étant droit ou penché en avant. Cette orientation favorise une stimulation manuelle du clitoris ou des seins.

Les polissonneries debout, à genoux ou assis, sont des «fantaisies» au sens le plus noble du terme, puisqu'elles permettent de s'aimer ailleurs que dans un lit. Remède souverain pour stimuler l'imaginaire et échapper à la routine.

L'amour debout

La masturbation ou stimulation clitoridienne

Elle se pratique seule, dans l'intimité, ou accompagnée lors du rapport sexuel. Beaucoup de femmes ne découvrent cette pratique que tardivement. Dans l'enquête CSF 2008, entre 18 et 25 ans, seulement une femme sur deux a tenté l'expérience au moins une fois dans sa vie, proportion qui atteint son maximum entre 35 et 39 ans, avec 68 % des femmes qui ont essayé. La confiance et l'expérience aidant, elles s'autorisent enfin ces caresses sur elles pour provoquer ou majorer leur plaisir. Lorsque le premier rapport Hite sur la sexualité féminine est paru en 1976, il a connu un succès immense dans le monde. Pour la première fois, les femmes découvraient que la masturbation était plus répandue qu'elles ne l'imaginaient (nombreuses étaient celles qui se pensaient seules à la pratiquer) et, surtout, que la plupart d'entre elles avaient du plaisir par la stimulation clitoridienne, alors que beaucoup pensaient qu'il fallait forcément une pénétration vaginale et un coït pour jouir. « Pendant des siècles, on a dit que les femmes avaient *du mal* à avoir des orgasmes, que leurs orgasmes étaient loin d'être aussi forts, aussi réels que ceux de leurs congénères masculins ; que les hommes éprouvaient plus facilement des plaisirs sexuels, que leurs orgasmes étaient plus violents, écrit Shire Hite[1]. [...] La présente enquête[2] montre que la majorité des femmes, même si elles apprécient le coït, ont besoin d'une stimulation spécifique de la vulve ou du clitoris pour atteindre le septième ciel. »

1. *Le Nouveau Rapport Hite*, Robert Laffont, 2002.
2. Enquête menée par Shire Hite sur 3 000 femmes pendant quatre ans.

82 % des Américaines interrogées ont dit qu'elles se masturbaient; parmi elles, 95 % parvenaient sans peine à l'orgasme, autant qu'elles le voulaient. Ce qui amène Shire Hite à cette conclusion: l'aisance des femmes à jouir en se masturbant seules contredit totalement leur incapacité prétendue à se «mettre en route» ou à parvenir régulièrement à jouir. En vérité, les femmes sont très capables de plaisir, à condition qu'elles acceptent ce genre d'explorations très personnelles. Et c'est là que le bât blesse: celles qui le font agissent encore souvent dans la culpabilité, la honte ou la peur. Les interdits et les tabous sont tenaces, surtout dans la «vieille Europe». Les réticences exprimées par les femmes en consultation sont de différents ordres: «J'ai essayé, mais cela ne m'a rien fait.» C'est vrai, le plaisir ne vient pas instantanément comme si l'on appuyait sur un interrupteur. Il faut tenter, recommencer, apprendre, se connaître pour créer de nouveaux réflexes et érotiser progressivement cette zone-là. Au cours du rapport sexuel, la stimulation clitoridienne a sa place aussi: il peut y avoir intromission vaginale et stimulation simultanée du clitoris, ce qui permet du plaisir avec (ou malgré) la pénétration vaginale.

«Si je me masturbe, mon mari va croire qu'il ne sert à rien», craignent d'autres femmes. C'est bien souvent le contraire qui se produit. L'homme est très souvent excité de voir sa partenaire se caresser, parfois il n'ose pas le demander, c'est tout. Pour le (ou se) rassurer complètement, on peut lui dire: «Tu m'excites tellement que j'ai envie de me caresser.» Rien à voir, on en conviendra, avec: «Je suis tellement frustrée que j'ai besoin de me satisfaire.»

«C'est dangereux de se masturber.» Cette croyance a la vie dure. Cette pratique ne rend ni fatiguée, ni anémique, ni boutonneuse, ni sourde, ni même stérile. Le seul vrai danger des caresses en solo est la tentation de fonctionner « en circuit fermé ». Comme on trouve ça plutôt bon, facile, pratique et rapide, on ne se donne même plus la peine de proposer une nuit d'amour à son Roméo. Et là, c'est embêtant. Pour lui, comme pour son couple.

La pénétration anale ou sodomie

D'après l'enquête CSF 2008, 9,2 % des femmes et 14,2 % des hommes déclarent cette pratique « souvent » ou « parfois ». Et 37,3 % des femmes et 45,1 % des hommes » l'ont tentée « au moins une fois dans la vie » ce qui est nettement plus élevé que les chiffres établis dans l'enquête ACSF de 1993, avec environ un tiers des hommes et un quart des femmes hétérosexuels déclarant l'avoir fait au moins une fois. Si l'on s'en tient aux nombreux témoignages recueillis dans l'enquête de Janine Mossuz-Lavau en 2002[1], la sodomie se banalise. Les hommes sont particulièrement demandeurs à cause des sensations nouvelles : « C'est plus serré », « plus intense », « plus intime ». Certains ont même l'impression que leur femme devient leur maîtresse lorsqu'elle accepte ce type de relation. La pénétration anale est avant tout une nouvelle manière d'aller plus loin, de ressentir autrement. Certains sont particulièrement excités à l'idée de dominer leur partenaire et de la posséder par tous les orifices. D'autres sont stimulés par la transgression de l'interdit. Pour les femmes, ces motivations jouent aussi sans doute, mais s'y ajoute une composante spé-

1. *La Vie sexuelle en France*, La Martinière, 2002.

cifiquement féminine : c'est un geste d'amour, d'abandon ou de soumission ; en donnant cela aussi à leur partenaire, elles donnent tout, absolument tout ce qu'elles ont. Certaines disent aussi aimer être « prise par-derrière », car elles le vivent comme un viol fantasmatique (elles aiment imaginer l'idée d'être forcées, mais seulement l'imaginer). Certaines refusent pourtant à cause de la douleur, des tabous, de l'animalité qu'implique pour elles cette pratique qu'elles réprouvent.

Quoi qu'il en soit, si un homme réclame cette faveur, sa partenaire peut accepter ou refuser, sans forcément conclure qu'elle a affaire à un pervers sexuel ou à un sadique bestial...

La bisexualité

De même qu'on peut aller à la rencontre de soi avec la masturbation, on peut aller à la rencontre des autres femmes, comme soi, pour découvrir de nouvelles sensations. Et retourner aux hommes ensuite. Passer alternativement de l'un à l'autre, sans se fixer.

Les bisexuelles explorent à la fois les deux faces opposées de la sexualité : l'homosexualité et l'hétérosexualité. Sont-elles plus heureuses, plus accomplies, plus complètes ou, au contraire, ambiguës, indécises, insatisfaites, ambivalentes, et pour tout dire incapables d'un engagement profond, ou simplement irrésolues à renoncer à leur désir de maternité (qui passe forcément par les hommes) ? La question reste posée. À chacune de savoir où elle se situe. Freud, le premier, souligne la permanence de la bisexualité[1] : « Notre libido à tous hésite

1. Dans *Névrose, psychose, perversion*, PUF.

normalement la vie durant entre l'objet masculin et féminin [...] il faut un certain temps pour que la décision portant sur le sexe de l'objet d'amour s'impose définitivement. » Il écrit aussi : « Je m'habitue à considérer chaque acte sexuel comme un événement impliquant quatre personnes. » Il signifie par là que chaque être humain abrite sa part de masculin et de féminin. Certaines vont au bout de cette logique et passent à l'acte, surtout à l'adolescence et durant les premières années de leur vie sexuelle ; d'autres, plus nombreuses, en restent aux fantasmes ou rejettent violemment l'idée de l'homosexualité qu'elle implique.

69 chiffres sur l'amour

Les films pornos et les sites Internet

20,4 % des femmes (et 52 % des hommes) ont vu « souvent ou parfois » un film pornographique. 3,6 % des femmes (et 30,3 % des hommes) ont déjà visité un site classé X, avec une prédilection entre 20 ans et 34 ans.

La masturbation

17,9 % des femmes (et 40,3 % des hommes) l'ont pratiquée « souvent ou parfois » au cours des douze derniers mois. 60,1 % des femmes (et 91,4 % des hommes) l'ont essayée « au moins une fois dans leur vie ».

La fellation

52,8 % des femmes (et 56,4 % des hommes) l'ont pratiquée « souvent ou parfois » au cours des 12 derniers mois. 80,4 % des femmes (et 83,3 % des hommes) l'ont tentée

« au moins une fois dans leur vie » (ce qui confirme la progression importante depuis ces vingt dernières années).

Le cunnilingus

57,6 % des femmes (et 61,4 % des hommes) l'ont pratiqué « souvent ou parfois » dans les douze derniers mois, les plus jeunes étant les plus friands de ces pratiques. 85,5 % de femmes (et 85 % des hommes) l'ont tenté « au moins une fois dans leur vie ».

La pénétration anale

9,2 % des femmes (et 14,2 % des hommes) l'ont pratiquée « souvent ou parfois » dans les douze derniers mois. 37,3 % des femmes (et 45,1 % des hommes) l'ont tentée « au moins une fois dans leur vie ».

L'amour avec objet

15 % des Français ont utilisé un sex-toy, 11 % des liens, 32 % un préservatif spécial (anneau vibrant, texturé, etc.).

L'amour à plusieurs

1 % des femmes (et 7 % des hommes) ont déjà fait l'amour à plusieurs (ce qui ne veut pas dire que cette pratique soit régulière).

Les professions les plus sexy

Les pompiers avec 16 %, les médecins (16 %), les mannequins (14 %) et les masseurs (13 %).

L'amour avec un partenaire du même sexe

4 % des femmes et des hommes de 18 à 69 ans déclarent avoir déjà eu des pratiques sexuelles avec un partenaire du même sexe (ce qui ne signifie pas qu'ils sont homosexuels exclusifs ou bisexuels). 0,1 % des femmes (0,5 % des hommes) n'ont eu des rapports sexuels qu'avec une personne de même sexe.

L'amour « libre »

24 % des femmes (et 34 % des hommes) déclarent avoir vécu au moins une période de relations sexuelles en parallèle avec d'autres partenaires.

L'amour au bout de combien de temps ?

19 % des Français déclarent avoir eu un rapport lors de la première rencontre, 26 % la première semaine, 25 % le premier mois, 18 % le premier trimestre, 5 % dans les six mois, 2 % dans l'année, et encore 2 % au-delà d'un an.

L'amour « sans importance »

18,5 % des femmes déclarent avoir eu une relation sexuelle avec une personne « sans importance », comprenez sans l'aimer (c'est le cas pour 41,2 % des hommes).

L'amour sans lendemain

44 % des Français ont eu une nuit de sexe sans lendemain.

L'amour un peu plus tard

À 18-19 ans, 25 % des femmes (21 % des hommes) n'ont pas encore eu de rapports.
À 20-24 ans, c'est 13 % des femmes (8 % des hommes).
À 25-29 ans, 3 % des femmes (4,5 % des hommes).
À 30-34 ans, c'est moins de 2 % des femmes (et des hommes).
Après 40 ans, c'est moins de 1 % pour les deux sexes.

L'absence d'activité sexuelle

Un cinquième des hommes entre 18 et 24 ans ne manifestent d'intérêt ni pour la sexualité ni pour le couple. Ça représente tout de même 2 hommes sur 10. Entre 18 et 35 ans, ils sont 6,2 % d'abstinents sexuels (3,5 % des femmes).

Sources : Francoscopie 2005, enquête CSF 2008.

L'homosexualité

Depuis 1973, l'homosexualité n'est plus considérée par l'OMS (ou le DSM IV, la bible des psychiatres anglo-saxons) comme une maladie mentale, mais tout simplement comme le choix d'aimer autrement, d'user de son corps dans un registre différent qui n'exclut ni l'amour, ni la tendresse, ni la fidélité. Elle implique des pratiques sexuelles spécifiques. Entre femmes, la masturbation et les caresses peuvent amener à l'orgasme et les relations peuvent se compléter de l'introduction de doigts ou d'objets dans le vagin. Le corps entier est offert aux caresses, au désir et à l'excitation, l'acte sexuel n'est pas concentré sur l'aspect génital et phallique de la pénétration.

Les femmes vivent plus facilement que les hommes le partage de leur intimité corporelle. Elles connaissent depuis toujours les amitiés amoureuses, les frôlements, les massages, les jeux de filles où l'on se coiffe interminablement, on se maquille, on se déguise... Dans l'intimité des autres femmes, elles parviennent à se rassurer et à calmer leurs angoisses (comme c'était le cas déjà avec leur mère lorsqu'elles étaient enfants), même si la rivalité et la jalousie féminines existent.

Les hommes ont un rapport plus agressif – ou du moins plus tonique – avec leur corps. Il n'y a qu'à voir ce qui se passe dans les vestiaires de sportifs. Les allusions machistes et homophobes fusent naturellement, comme s'il fallait ne pas attirer le moindre doute sur sa virilité. Ceux qui ont un penchant pour les autres hommes se sentent féminisés, ce qui dans leur inconscient est une forme de castration pas du tout rassurante. La transgression est plus brutale dans l'homosexualité masculine que féminine.

Certaines lesbiennes savent depuis toujours qu'elles sont attirées par les filles et que les garçons ne les intéressent pas vraiment. Enfants, elles avaient plutôt des «amoureuses» que des amoureux, ce qui amusait leurs parents – au début. D'autres aimaient les garçons, mais seulement pour leur ressembler ; on les traitait souvent de «garçons manqués» avec leur dégaine, leur gestuelle, leur goût de l'action, du défi et de la compétition.

Contrairement aux garçons efféminés, les petites filles qui restent entre elles ou qui adoptent les comportements du sexe opposé n'inquiètent ni les parents ni l'entourage.

À l'adolescence, elles sont encore relativement tranquilles. C'est facile de sortir entre copines et de partager le même studio.

La vraie difficulté sociale commence à l'âge où il devient convenable de former un couple et d'avoir des enfants. L'entourage se fait alors plus pressant. Il incrimine d'ailleurs davantage une timidité sexuelle qu'une homosexualité délibérée. Mais soi-même on a des doutes. Les amies ont toutes eu des expériences avec des garçons, on n'en a eu aucune, ou alors tellement décevante. Pas eu de plaisir, pas de sentiments, pas de désir. On se demande si toutes les filles passent par là au début ou si on est anormale, frigide, malade, étrange, incompétente, ignorante... Il faut du temps pour comprendre que ce sentiment d'affection pour la meilleure amie est en fait un vrai sentiment amoureux voire un désir exclusif. Lorsqu'on est initiée à la sexualité par une lesbienne qui a déjà fait le chemin, le déchiffrage est plus rapide. Cette première expérience peut faire découvrir des joies et des sensations voluptueuses intenses. Soit cela entraîne une révélation apaisée et l'envie de recommencer, soit cela produit un trouble et une angoisse qui font se refermer, par peur d'affronter le regard social.

Toutefois, depuis une vingtaine d'années, les expériences homos sont bien mieux acceptées. Les filles franchissent plus facilement le cap, par curiosité, pour « ne pas mourir idiotes », par attrait, pour comparer et se situer, par peur des hommes alors qu'avec une femme, elles se sentiront mieux comprises.

Il n'existe pas un profil unique de lesbiennes, pas plus qu'il n'y a de profil unique d'homos. Comme l'explique le philosophe Didier Éribon, « il y a chez elles les *butchs*, très masculines, les *fems*, très féminines, les *fashion victims*, et celles qui ne se soucient guère de la mode, les couples d'amoureuses, et les dragueuses[1] ».

Les femmes jeunes qui viennent consulter sont partagées entre leur désir homosexuel plus ou moins assumé et leur désir d'enfant difficile à assouvir dans ce contexte. De fait, beaucoup deviennent bisexuelles pour réaliser ces deux aspirations contradictoires.

Comment se protéger du regard social et de sa propre ambivalence destructrice ? Une bonne manière est de contacter des associations de lesbiennes, de vivre en groupe, entre soi, pour se soutenir, pour franchir plus vite les différentes étapes qui mènent à sa vérité. Une autre façon d'apprendre à s'accepter consiste à recourir à une psychothérapie pour y voir plus clair. Peu à peu, on se familiarise avec sa différence, on l'assume, et surtout, on fait les deuils nécessaires : celui de n'être pas l'enfant rêvé de ses parents, celui d'avoir un certain type de relations avec son entourage, celui de ne jamais avoir d'enfants (sauf si l'on choisit d'avoir une relation sexuelle avec

1. *Le Nouvel Observateur*, n° 2012, du 29 mai au 4 juin 2003, dossier « Ce que les gays ont changé ».

un homme, de se faire inséminer, ce qui est autorisé en Belgique par exemple, ou de recourir à l'adoption).

La vie à deux d'un couple stable de lesbiennes ne présente pas de différences notables avec la vie à deux d'un couple hétérosexuel, et tout ce qui est dit dans cet ouvrage à propos de la relation sexuelle ou amoureuse reste valable à peu de choses près. Il suffit de remplacer *le* partenaire par *la* partenaire et chacune s'y retrouve.

Les pratiques sexuelles particulières

Elles portent aussi le nom de paraphilies ou de déviations sexuelles. Une déviation peut être une simple fantaisie sexuelle ou un vrai problème pathologique. De fait, tout le monde peut être, ponctuellement, à un moment ou un autre, voyeur, exhibitionniste, masochiste ou sadique. On peut aimer jouer certaines petites comédies intimes excitantes sans que cela prête à conséquence. Ce qui fait la différence entre un(e) déviant(e) d'un jour et un(e) vrai(e) déviant(e), c'est la répétition de ce comportement, et surtout l'impossibilité de trouver du plaisir autrement. C'est aussi le fait de vivre ses fantasmes. La déviation a besoin d'un passage à l'acte et d'une mise en scène, sinon l'excitation sexuelle demeure insuffisante.

Certaines déviations sont peu glorieuses, voire franchement criminelles : la zoophilie (relation avec un animal), l'urophilie (jeux d'urine), la pédophilie (l'adulte impose des relations sexuelles à des enfants ou des adolescents à peine pubères), etc.

Les comportements particuliers sont-ils pathologiques et se soignent-ils ? Tant qu'on n'impose pas ses « lubies » à une personne qui les réprouve et que l'on peut vivre aussi sa sexualité comme tout le monde, la réponse est non ; en revanche, si c'est impossible, s'il faut vraiment voir ou se montrer, faire mal ou avoir mal, il y a problème et il faut se soigner au moyen d'une psychothérapie. Le thérapeute aidera à découvrir pourquoi on fonctionne ainsi et comment on peut sortir de ce cercle vicieux.

Ne vous laissez pas endormir !

Autrefois, le bien et le mal étaient édictés par la religion. Et chacun essayait de régler sa sexualité sur les normes proposées. À présent, c'est la société qui a pris le relais, via la télévision, le cinéma, la pub, les romans, Internet. Ce sont eux qui donnent le ton à la nouvelle « morale » sexuelle. Seulement voilà, ces médias mettent en avant les comportements les plus extrêmes (rapports sadomasos, échangisme, bisexualité, « tournantes », etc.). Chacun finit par croire qu'ils sont courants, alors que ces usages sont le fait d'une minorité agissante ou militante, de vies particulières ou exceptionnelles. D'où l'idée fausse qu'avec son partenaire, on est toujours en retard d'une expérience. D'ailleurs, une enquête[1] apporte un éclairage tout à fait intéressant sur la question. Les personnes interrogées, à qui l'on demandait : « Depuis ces dernières années, pensez-vous que les pratiques sexuelles ont changé ? », répondent massivement oui à 63 %. Selon 69 % des femmes, les pratiques très libres qui se seraient développées sont le sadomasochisme, l'échangisme, la bisexualité. Ce chiffre est à peine moindre pour les hommes avec 65 %. Et lorsqu'on interrogeait ces mêmes personnes sur ce qu'elles adoptent

1. « Les habitudes sexuelles de Français de 40 ans et plus », Yves Morvan, directeur d'études Louis Harris, Pfizer, mars 2003.

pour elles-mêmes, on constate un rejet massif de ces expériences particulières. On assiste donc à un décalage flagrant entre l'idée qu'on se fait de la sexualité des autres (de plus en plus débridée) et ses habitudes personnelles, plus conventionnelles. Toutes les pratiques ne sont pas rejetées pour autant : parmi les usages les plus fréquemment mentionnés, on retrouve la fellation, le cunnilingus, la position 69, la masturbation de son (ou sa) partenaire. Phénomène confirmé par la récente enquête CSF 2008.

Au sein du couple, ce décalage (entre ce que l'on pratique et ce que les autres font) est renforcé lorsque l'homme veut faire de sa partenaire un objet pour son plaisir. Un nombre croissant de femmes acceptent les demandes les plus extravagantes, car la culture ambiante le favorise, voire le suscite. Si on est vierge à 18 ans, on est la dernière des dernières, si on n'a pas trois orgasmes d'affilée, on est un « mauvais coup », si on refuse l'amour à trois ou l'échangisme, on est coincée... Résultat : ces femmes ont peur de décevoir, d'être considérées comme des idiotes, comparées aux autres, de ne pas être à la hauteur. Elles acceptent par amour ou par aveuglement.

Eh bien non ! Il faut être libre de choisir sa manière de se tenir au lit et ne pas gober sans discuter les diktats du « sexuellement correct » proposés par certains médias ou déballés par son partenaire.

Aux femmes de ne pas se laisser impressionner. À elles de déterminer elles-mêmes ce dont elles ont envie, ce qui leur plaît, quitte à essayer (par curiosité) et à renoncer (parce qu'elles ont une opinion éclairée). En tout cas, il ne faut jamais oublier qu'un vrai pervers utilise sa partenaire comme un objet de désir, jamais comme un sujet de désir. Autrement dit, il aime l'objet, pas la personne. Et cela change tout.

Sur la sexualité en général

◇ Comment connaît-on la sexualité dans tous ses détails ?

Eh bien, parce que des chercheurs sont allés voir. Dans les années 1960, Masters et Johnson, deux Américains, ont interviewé et filmé des centaines de couples (hétérosexuels, homosexuels). Ils ont placé des capteurs, ausculté, analysé, mesuré tout ce qui pouvait l'être. Ils ont été les premiers à considérer la sexualité humaine comme un objet d'étude scientifique comme un autre. Leurs travaux ont eu une portée considérable : non seulement ils ont répondu à une certaine curiosité, mais ils ont permis de comprendre les différences hommes-femmes et de traiter certains troubles sexuels dont on appréhende désormais mieux l'origine physique ou psychologique.

◇ Quelle est la fréquence habituelle des rapports sexuels ?

L'échange affectif et la qualité comptent davantage que la quantité si l'on se place du point de vue des femmes et d'hommes de plus en plus nombreux. La question ne devrait donc pas se poser en termes de défi, de capacité ou de performance, et encore moins de normalité. Selon l'enquête CSF 2008, les hommes et les femmes déclarent avoir 9 rapports sexuels par mois, sachant qu'un nouveau couple (quel que soit l'âge des partenaires) fait plus souvent l'amour qu'un couple installé dans la durée. Après quinze ans de vie conjugale, les femmes sont deux fois plus nombreuses à déclarer moins de trois rapports sexuels par mois.

◇ Combien de temps dure le rapport sexuel ?

Selon Francoscopie, 27 % des couples interrogés disent 30 minutes, 14 %, 20 à 25 minutes, 14 %, 15 minutes, 11 %, moins de

10 minutes, 9 %, une heure, 8 %, 30 minutes à une heure, 3 %, plus d'une heure. Là, les données sont plus réalistes à condition de parler de la relation en entier, des premières étreintes au dernier soupir de plaisir. Cependant, si l'on s'en tient à la durée de la seule pénétration, mieux vaut faire profil bas: 5 à 10 minutes tout au plus, montre en main.

◇ Le désir et l'envie de séduire sont-ils d'origine hormonale?

Le déclenchement du désir est avant tout émotionnel et psychologique, mais il existe aussi un soubassement hormonal. On sait que, chez la femme, si le taux d'hormones féminines est totalement effondré (pour cause de maladie au niveau de l'hypophyse par exemple), le désir disparaît. C'est vrai aussi en cas de dépression ou d'hypothyroïdie sévère.

Le désir, ça se passe dans la tête

L'alchimie du désir démarre, comme beaucoup d'autres choses, dans la tête. Pour celles qui ne sont pas effrayées par quelques petites explications techniques, voici le « chemin du désir » dans le cerveau et le rapport entre les émotions et la bonne marche du cycle.
L'hypothalamus est une zone capitale, c'est de lui que partent tous les ordres en direction de l'ensemble des glandes de l'organisme. Qu'il y ait émotion ou pas, il agit sur une autre glande, l'hypophyse, qui agit à son tour sur les glandes sexuelles féminines, les ovaires, grâce à deux hormones hypophysaires, la FSH et la LH. C'est ainsi qu'est mise en place une boucle interactive entre les ovaires et le

cerveau. Si les ovaires sécrètent trop d'hormones, le cerveau les stimule moins ; en revanche, s'ils sont paresseux, le cerveau multiplie les ordres d'activation des ovaires. Autrement dit, les ordres vont dans les deux sens. Les places stratégiques se résument à trois relais : hypothalamus-hypophyse-ovaires. Le système limbique, appelé aussi cerveau primitif ou cerveau des émotions, est très proche de l'hypothalamus, avec lequel les échanges sont nombreux. Il peut intervenir à tout moment dans ce circuit à trois relais. Ce qui explique bien des bizarreries chez la femme : l'absence soudaine d'ovulation suite à un choc ou un voyage en avion, les règles en avance ou en retard à cause d'une violente émotion, les infertilités inexpliquées, la survenue précoce de la ménopause après un traumatisme, etc.
C'est dans le cortex (ou cerveau supérieur) que se trouvent les aires du toucher, de l'odorat et du goût impliqués dans l'érotisme et le désir. Les ordres partent du cerveau et sont acheminés par la moelle épinière. Celle-ci est parcourue de nerfs moteurs qui interviennent directement sur la fonction sexuelle grâce au système parasympathique (plutôt relaxant, favorisant l'excitation et la lubrification vaginale) et au système sympathique (plutôt stresseur, déclenchant la production d'adrénaline et pouvant aboutir à l'absence de lubrification chez la femme).

Sur les habitudes amoureuses

◇ Faut-il coucher dès le premier soir ?

Voilà bien une question que les femmes se posent depuis la nuit des temps. D'un côté, il y a celles qui trouvent que cela fait « Marie-couche-toi-là », pas très sérieux donc. Au lieu de s'offrir sans condition, elles préfèrent se faire désirer pour éprouver la motivation du garçon. D'un autre côté, il y a les pragmatiques qui pensent qu'«il vaut mieux battre le fer quand il est encore chaud» (autrement dit, il vaut mieux tenir que courir). Elles n'ont pas tort non plus, une rencontre tient parfois à la magie de l'instant, et qui peut jurer que, le lendemain, celle-ci ne se sera pas volatilisée ?

◇ Est-il classique de n'aimer faire l'amour que le soir (ou le matin, ou de cinq à sept)?

Certaines ont leurs heures pour être heureuses et n'en démordent pas, d'autres sont plus souples et s'adaptent aux circonstances, l'idée étant quand même d'arriver à se synchroniser avec son partenaire. La fameuse heure de la sieste «crapuleuse» remporte 22 % des suffrages chez les femmes et 13 % chez les hommes. L'amour le matin fait un tabac côté filles avec 38 % et ne reçoit que 12 % des voix côté garçons. Étonnant, car ils sont naturellement en érection le matin et sécrètent davantage de testostérone, mais peut-être sont-ils déjà branchés sur leur journée de travail. L'heure de ralliement pour tous les couples, c'est le soir au coucher pour 73 % des femmes et 48 % des hommes.

◇ Est-il normal de n'arriver à faire l'amour que dans une seule position?

Oui et non. Avec le temps, on devrait pouvoir adopter plusieurs positions au cours de l'acte sexuel. Mais les premières années, en période «d'apprentissage», il est bien naturel de préférer les postures simples ou celles qui sont les plus efficaces en termes de plaisir.

Avec le temps aussi, certains couples parfaitement accordés l'un à l'autre finissent par reproduire toujours les mêmes jeux, pour les sensations procurées et peut-être aussi pour des raisons symboliques. La position choisie met en jeu la pudeur, l'imaginaire, le domaine affectif. Certains préféreront adopter des attitudes plus ou moins dominantes, plus ou moins actives ou passives, plus ou moins dénudées... Les femmes sont très sensibles aux attitudes qui les mettent en valeur et peuvent refuser certaines figures libres, simplement parce qu'elles sont désavantageuses.

◇ À quoi servent les différentes positions de l'amour?

En tout cas pas à faire de la gymnastique ni à accomplir des performances sportives! Ces postures permettent de varier les plaisirs et de stimuler certaines zones plutôt que d'autres. Elles aident aussi à aboutir à l'orgasme plus facilement, à améliorer des troubles comme l'éjaculation précoce chez son partenaire ou la diminution, voire l'absence d'orgasme chez soi. Mieux, elles visent l'harmonie du corps et de l'esprit. La tradition hindoue, qui a donné naissance au Kama Sutra, livre presque aussi célèbre que la Bible, considère le corps comme l'expression de la spiritualité et non du péché.

◇ Quelles sont les positions les plus pratiquées?

Selon Francoscopie 2005, la position du missionnaire est la préférée des Français avec deux tiers des suffrages, devant la position inverse (39 %).

◇ Pourquoi certaines femmes préfèrent-elles l'amour dans le noir?

Une femme sur deux ou presque aime l'obscurité qui protège, voile les corps et adoucit les imperfections. La lumière, c'est un peu comme un projecteur braqué sur soi, les caresses les plus intimes sont révélées «au grand jour». Cela peut inhiber et rendre honteuse, comme si on prenait conscience de ce qui se passe, alors que le «voyeur», lui, est excité par le spectacle nu.

L'animal qui sommeille en nous

Nos préférences sexuelles sont incontestablement guidées par des signaux imperceptibles et biologiques, estime le psychiatre et éthologiste Boris Cyrulnik. Dans le cadre d'une émission sur « la biologie du coup de foudre », lui et son équipe avaient présenté à des hommes deux photos de la même femme, l'une non retouchée, l'autre avec les pupilles dilatées. Ils étaient attirés par cette dernière, jugée plus séduisante et « réceptive ». De même, si, dans une salle d'attente, l'on vaporise sur une chaise des phéromones masculines, immanquablement, c'est vers cette chaise que se dirigent les femmes qui entrent pour s'y asseoir. Il y a donc des signaux qui échappent à notre conscience et qui, pourtant, sont intensément perçus par l'autre. La dilatation des pupilles, le gonflement des lèvres, la rougeur des pommettes, la forme du corps avec les rondeurs des épaules, des seins, de la taille, des gestes... Les hommes sont particulièrement sensibles à la rondeur des femmes, à qui bien sûr cela n'a pas échappé : le maquillage accentue les pommettes du visage, les Wonderbra font pigeonner les seins, les faux culs galbent les fesses ; à toutes les époques et dans toutes les civilisations, on retrouve des leurres qui déclenchent un signal d'hyperféminité. Les femmes, elles, sont sensibles aux épaules larges, aux fesses rondes, mais ce qui les émeut le plus, des expériences l'ont montré, ce sont les signes sociaux : l'élégance, la posture, la manière de parler. D'un côté la rondeur signe de fertilité, de l'autre, la carrure protectrice évoquant l'appartenance à un milieu social.

Ces symboles de la féminité ou de la masculinité, associés au plaisir et à la sensualité, sont par ailleurs largement véhiculés par l'art et la publicité, comme en écho à notre instinct biologique.

◇ Est-il dangereux de voir des films pornos régulièrement ?

Non, cela n'a pas de répercussions particulières sur la sexualité tant que l'on sait qu'il ne s'agit là que d'une toute petite partie des jeux érotiques, tant que le film ne devient pas indispensable pour les rapports en couple et que ces images ne sont qu'un moyen parmi d'autres d'augmenter ou d'accélérer l'excitation, tant que tout le monde est branché sur la même longueur d'onde (si on est dégoûtée, inutile de poursuivre, l'effet obtenu pour soi sera l'inverse de celui désiré), tant qu'on le fait (aussi) pour s'amuser ou pour s'instruire.

◇ Faut-il accepter l'éjaculation faciale ?

On fait les choses à deux, parce qu'on en a envie et qu'on en tire du plaisir. Certains couples ont cette pratique qui les excite. D'autres n'y voient que dégoût et humiliation pour la femme et, de fait, cette question renvoie à ce qui se pratique dans les films pornographiques. Ce qui importe, au fond, c'est comment on joue avec l'autre. Dans une phase d'extrême excitation, il y a beaucoup de petites expériences qu'on accepte plus volontiers, alors que, dans des moments plus neutres, elles paraîtront tout simplement impensables.

◇ Avaler le sperme, est-ce sale ?

Personne ne peut l'imposer et, si on accepte, c'est parce que c'est excitant pour les deux partenaires. Il y a vingt ans, les femmes confiaient en consultation : « Il y a des choses que je ne peux pas faire », et c'était la fellation. Et les hommes allaient au bois pour une petite gâterie. Aujourd'hui, films pornos aidant, les limites ont été repoussées. Les femmes acceptent bien mieux cette pra-

tique (toutes les grandes enquêtes le prouvent), voire la goûtent avec plaisir, mais toutes n'avalent pas le sperme pour autant. Elles peuvent le dire sans honte. Au plan de l'hygiène, le sperme n'est ni sale ni dangereux, à condition que l'homme ne soit pas atteint d'une infection sexuellement transmissible.

◇ Peut-on avoir des rapports pendant ses règles ?

Pourquoi pas si on y trouve de l'agrément ? Rien ne l'interdit au plan sexuel ni physiologique à condition de ne souffrir d'aucune infection sexuellement transmissible. On ne risque pas d'avoir plus mal, d'augmenter les saignements ou de provoquer une inflammation locale, puisque le sang des règles vient d'en amont, de la muqueuse de l'utérus. Le problème est surtout d'ordre culturel et religieux. De nombreuses femmes n'aiment pas faire l'amour en fin de cycle parce qu'elles ne sont pas au mieux de leur forme, qu'elles se sentent « impures » ou que c'est une période taboue. Les hommes ne sont pas spécialement partants. Ils respectent le plus souvent cette période de « no man's land » biologique.

◇ Peut-on rester toute la nuit sans se laver après l'amour ?

Oui. Le sperme est sain, il n'y a aucun danger à le conserver en soi. De plus, le vagin est « autonettoyant », certaines cellules (les bacilles de Döderlein) sont prévues pour faire le ménage et assurer sa défense contre les germes les plus banals. Le reste est affaire de confort. Au pire, si son partenaire avait une IST avec des microbes nocifs dans son sperme, quelques instants seulement suffiraient pour l'infection, alors se laver ne changerait rien…

Hommes, femmes, ce qu'ils préfèrent vraiment

En tête des pratiques préférées, vient la pénétration vaginale (chez les hommes à peine un peu plus que chez les femmes). Les caresses mutuelles sont appréciées du côté des hommes aussi, ce qui est l'une des surprises de l'enquête CSF 2008. Les femmes préfèrent le cunnilingus, les hommes la fellation, chacun préférant recevoir ces caresses que de les donner. Les messieurs sembleraient être un peu plus altruistes puisque beaucoup (surtout autour de la trentaine) affirment prendre plus de plaisir à caresser le sexe de leur partenaire avec la bouche.

Sur le fonctionnement féminin

◇ Le plaisir et le désir vont-ils forcément ensemble?

Ils peuvent être indépendants l'un de l'autre pour la femme comme pour l'homme. Il y a seulement une génération, on avait coutume de dire que les femmes prenaient surtout du plaisir en en donnant à leur mari; depuis, les choses ont changé. D'après l'enquête CSF 2008, quatre femmes sur cinq refusent les relations sexuelles quand elles n'en ont pas le désir (chiffre encore plus marqué chez les jeunes femmes). Traduisez qu'elles ne se forcent plus. Et elles ne se donnent même plus la peine de trouver une excuse (migraine, fatigue, ou soucis), seule la génération des 60 ans et plus use de cette stratégie (dans 10 % des cas). Cette indubitable avancée fémi-

niste peut toutefois poser problème au bout du compte, car «l'appétit sexuel vient en mangeant». Et si les amoureuses picorent, elles auront de moins en moins faim. Sur le plan physiologique, le plaisir répétitif entraîne le désir et l'entretient. Les «Je ne veux pas, c'est ton problème» (version femme) ou «J'en ai très envie, tu dois le faire» (version homme) sont l'un et l'autre aussi pernicieux pour le couple. À chacun de trouver son équilibre dans le respect de l'autre et de son désir, ce qui est délicat, on vous l'accorde.

◇ Faut-il attendre d'en avoir réellement envie pour faire l'amour ?

Voir réponse précédente, plus cette remarque : il faut bien faire la différence entre le «rapport parfait» et «le rapport vite fait». Le premier est un idéal vers lequel on essaie de tendre. C'est le cas lorsqu'on est très amoureuse ou complice ou, tout simplement, qu'on n'a pas eu de relations sexuelles depuis longtemps. Ce rapport s'anticipe, il dure, on y repense. Il est loin de se produire tous les quatre matins. Le rapport «vite fait» n'est pas moins respectable et utile pour le couple dans la vie quotidienne. En deux temps, trois mouvements, il permet de diluer les tensions, d'assouvir les envies, de se retrouver sur l'oreiller, de reprendre le contact... Et la bonne surprise, c'est que, parfois, on se prend au jeu du «je-le-fais-pour-te-faire-plaisir». Et on découvre le «j'ai-du-plaisir». Ce qui donne envie de recommencer spontanément.

◇ Risque-t-on des petites «fuites» pendant l'amour si on stimule trop le clitoris ou le point G ?

C'est impossible, sauf cas particulier (incontinence majeure). Il existe une sorte de verrou physiologique qui empêche l'émission d'urine au cours de l'acte sexuel. Les filets nerveux, au niveau du bas-ventre, sont excités pendant le rapport et provoquent des contractions de la vessie, même si elle est vide, d'où l'impression d'avoir une envie pressante. De nombreuses femmes font ainsi des allers-retours aux toilettes dès les premières montées du désir, avant se lancer, surtout si elles sont un peu nerveuses ou inquiètes.

◇ Est-il habituel d'avoir toujours mal au début de la pénétration?

Non, a priori, il n'y a pas de raison d'avoir mal. Si c'est le cas, c'est peut-être que la pénétration est trop rapide, sans préludes ni préparation. Or les préliminaires permettent justement l'excitation, donc la lubrification. Pour améliorer celle-ci, on peut utiliser ponctuellement des gels lubrifiants à base d'eau, à étaler à l'entrée du vagin ou sur le préservatif. Ces produits sont vendus en pharmacie ou en grande surface. Les corps gras comme la vaseline ne sont pas recommandés car ils rendent poreux le latex.

◇ Est-il normal d'avoir la peau de la vulve à vif après un week-end très amoureux?

Cela arrive à de nombreuses femmes. L'irritation est due aux frottements répétés. Quelques précautions : suspendre un peu les ébats, n'utiliser que du savon sans savon pour la toilette, appliquer une crème adoucissante et cicatrisante (Cicalfate®, Homéoplasmine®, Dermocuivre® ou une huile comme le Véa Olio®...), porter des sous-vêtements en coton, éviter les collants et les pantalons serrés. Et dans ce genre de circonstances intenses, penser à varier les positions de l'amour.

◇ Dans notre couple, on préfère l'amour sans pénétration, est-ce vraiment normal ?

Vous n'êtes pas les seuls, c'est même l'une des surprises de l'enquête CSF 2008. 30,4 % des femmes déclarent avoir « souvent » ou « parfois » des rapports sexuels sans pénétration. Ce chiffre atteint 33,4 % pour les hommes ! Dans la pratique clinique, on s'aperçoit que cela ne signifie pas pour autant l'absence de plaisir ni de vie sexuelle. On peut fonctionner parfaitement (et son partenaire aussi) mais préférer les caresses et la complicité. Pour certaines femmes, cette sexualité peut paraître moins agressive, plus douce et plus à l'écoute de l'autre. Quant à l'homme, il peut choisir provisoirement cette manière d'être pour faire plaisir à sa partenaire, ou agir ainsi pour son propre compte. Il est alors plus à l'écoute de ses sensations, il cesse enfin d'être dans le défi et la virilité triomphante, apanage d'un monde particulièrement stressant.

◇ Jusqu'à quel âge peut-on faire l'amour ?

À tout âge en théorie, il suffit d'être en bonne santé et d'en avoir envie. Une patiente consultait encore à 88 ans. Elle faisait l'amour au moins une fois par semaine et semblait toute chagrinée que son mari de 91 ans commence à fatiguer. Elle a eu ce mot délicieux : « Vous savez comment sont les hommes, Docteur, ils n'osent pas vous parler. » Deux Français de 96 ans et 94 ans sont entrés dans le livre des records. Pourquoi ? Ils venaient de se marier et avaient visiblement beaucoup de complicité amoureuse. Elle était « célibataire » depuis quarante ans !

◇ Le désir est-il plus fort à certains moments du cycle?

C'est loin d'être systématique. De plus, le calendrier change selon les femmes et, chez la même femme, d'un cycle à l'autre. Toutefois, certaines repèrent une envie exacerbée du 10e au 14e jour du cycle, juste avant ou pendant l'ovulation, au moment de plus grande fertilité. Des femmes disent avoir moins de désir juste avant les règles, lorsqu'elles souffrent d'un syndrome prémenstruel.

Sur le fonctionnement masculin

◇ Que désirent les hommes?

Les hommes aiment, par-dessus tout, la disponibilité sexuelle fréquente, voire permanente, les dessous sexy, la complicité érotique, les variations sur le même thème. En clair, ils apprécient les stimulations tous azimuts (vue, ouïe, toucher, odorat, etc.). En revanche, ils détestent être excités pour rien, la passivité, qu'on les culpabilise pour leurs désirs ou leurs fantasmes.

◇ Que se passe-t-il dans la tête d'un homme en pleine action?

On pourrait poser la question au sien, d'homme nu, et on aurait sans doute pas mal de surprises. Cela étant, le magazine Cosmopolitan *a mené l'enquête en février 2008. Réponses en vrac au fil des mâles: «Dans quoi je me suis embarqué?» «J'ai horreur qu'on me bande les yeux.» «Je déteste qu'on me tartine de Nutella.» «Et ce machin qui vibre, je ne veux même pas savoir ce que c'est.» «Je ne pense à rien, j'agis. C'est ça, le secret d'un amant hors pair.» «Elle fait semblant ou c'est du vrai?» «Je pense à la tête que je fais. Vision d'horreur! Mes traits défor-*

més dans la glace sous l'emprise du plaisir, c'est pas joli à voir.» «Si seulement je pouvais garder mes chaussettes ! J'ai une malformation des orteils qui me complexe beaucoup, surtout depuis qu'une fille m'a demandé un jour si j'avais fait de la figuration dans le gang des pieds palmés.» «Elle me trouve trop petit, je suis sûr qu'elle me trouve trop petit. J'imagine toujours qu'elles vont me faire une réflexion sur la taille de mon sexe, mais ce n'est jamais arrivé.» «Je pense à ma réputation, les filles parlent beaucoup trop !» «Je me pose dix mille questions : et si elle n'atteignait pas l'orgasme ? Et si mon coloc rentrait à ce moment-là ? Et demain matin au réveil, si elle n'était plus là ?» «Dieu existe : c'est pas tous les jours que je me retrouve au lit avec une fille !» Et puis, au cabinet, les confidences de cet homme marié : «Moi, je pense à ma femme. C'est elle qui alimente tous mes fantasmes depuis trente ans.» Allons, tout n'est pas perdu, au lit finalement, ils sont bien moins sûrs d'eux qu'on ne l'imagine !

◇ Pourquoi mon fiancé a-t-il toujours envie de dormir après l'amour ?

La plupart des hommes ont un irrésistible besoin de s'assoupir après l'orgasme. Non parce qu'ils ont eu «ce qu'ils voulaient» et se désintéressent de leur partenaire. C'est physiologique. La chute brutale de la tension entraîne un besoin de repos imminent. Cet état traduit au sens propre comme au figuré le sentiment d'«avoir été vidé», d'avoir «les jambes coupées». Alors, un peu d'indulgence ou de patience !

◇ Un homme peut-il avoir mal au cours du rapport sexuel?

Non, il ne devrait pas souffrir du tout, sauf si son prépuce est un peu serré, son frein un peu trop court, sa partenaire trop peu lubrifiée ou... très maladroite.

◇ Les hommes préfèrent-ils les bombes sexuelles?

Certes, ils aiment bien les belles filles, mais ils ont avant tout besoin de se sentir en confiance avec elles. Et depuis 1968, la pilule, et la libération des femmes, l'identité masculine a été sérieusement ébranlée. Bon nombre de mâles se sentent de plus en plus stressés, déstabilisés, remis en question, surtout par des partenaires exigeantes et désirantes. Les voilà qui ont peur de ne pas être à la hauteur quand «la femme propose». Certains montrent alors leur vulnérabilité et se bloquent. C'est le retour du bâton ou la version moderne et masculine du fameux: «Pas ce soir, chérie, j'ai une migraine.»

◇ Les hommes sont-ils émus par les femmes qui hurlent (gémissent) au lit?

Les hommes aiment bien les «son et lumière», soit. Mais inutile d'en faire trop quand même, certains peuvent être déstabilisés (voire paralysés) par une débauche de cris et de chuchotements. Ceux qui sont excités le font très vite savoir, à chacune de tâter le terrain. En tout cas, prudence avec un inconnu.

◇ Comment donner vraiment du plaisir à un homme?

Les femmes peuvent se dire: «Je vais le caresser partout puisque, moi, j'aime ça.» Pour une fois, mieux vaut ne pas appliquer le principe: «Fais aux autres ce que tu aimerais qu'ils te fassent.»

Les hommes, au moins à leurs débuts, ont un plaisir plutôt localisé, situé autour de la zone génitale. Ils aiment bien qu'on aille assez vite droit au but, directement vers le pénis. Mais il ne faudrait pas en rester là pour toujours. Car, une fois éduqué, le corps prend goût aux plus subtils effleurements. Il faut lire le vibrant plaidoyer du sexologue Gérard Leleu pour qu'ils se fassent enfin caresser à leur mesure. C'est un morceau d'anthologie amoureuse. Un pur bonheur à lire au premier degré comme au second. « L'homme, écrit-il, est facilement satisfaisable : bander, pénétrer, éjaculer, cela se fait en trois coups de reins. Les hommes apparemment s'en contentent et les femmes les croient comblés ainsi. Mais prenez garde, mesdames : ce n'est qu'une apparence. Les hommes sont également des êtres sensuels et tendres. S'ils paraissent ne rien attendre d'autre que le coït et s'ils ne réclament ni caresses ni douceurs, c'est que plusieurs siècles de répression pèsent sur eux et les condamnent à brandir cette image de virilité incompatible avec l'abandon et les jeux de peau. Soyez certaines que s'ils osaient, ils seraient aussi friands que vous de toutes ces choses. [...] Je le dis solennellement : donnez-leur plein de caresses, et pas seulement sur leur verge, mais sur tout le corps. Pour le sexe, s'il vous plaît, un peu plus de fioritures, de ciselures et de délicatesses, bref d'imagination seraient les bienvenues. Mais ce n'est pas tout ; au plus secret de leur intimité, entendez leurs rêves [...] Pour le corps, mesdames, je vous en prie au nom de tous les miens, caressez-le-nous des cheveux aux orteils et de la nuque aux talons, caressez notre visage, notre cou, notre dos, notre thorax, notre ventre, nos fesses, nos pieds. Nous aimons ça, même si nous ne le savons pas toujours. Parole d'homme. Et parole d'honneur : nous vous le rendrons au centuple[1]. »

1. Gérard Leleu, *Traité du désir*, Flammarion, 1997.

◇ Mon partenaire me réclame des caresses anales : a-t-il des tendances homosexuelles ?

Non, la zone anale et la zone péri-prostatique sont érogènes chez tous les hommes. Ils peuvent donc être parfaitement hétérosexuels et prendre du plaisir à la chose sans forcément avoir une attirance inconsciente et inavouée pour les autres hommes.

◇ Mon mari ne peut jouir qu'en me prenant par derrière, cela cache-t-il des tendances homosexuelles ?

La sodomie est une pratique en soi, qui ne masque aucun refus particulier de la féminité. L'homme peut simplement trouver plus excitant d'avoir son pénis très serré derrière, plutôt que de l'introduire dans un vagin plus relâché (surtout après plusieurs grossesses ou la ménopause).

◇ Il me demande de voir des films X, est-il pervers ou ne suis-je pas suffisamment excitante ?

Ni l'un ni l'autre sans doute. Les hommes sont très sensibles aux stimulations visuelles, c'est un fait. Les films pornos sont de ce point de vue très efficaces. Certaines femmes n'apprécient pas ces images qu'elles trouvent dégradantes et bestiales. Il faut pourtant dissiper un malentendu. Qu'est-ce qui excite vraiment les hommes dans ces films : de les voir humiliées, dégradées et dominées ? Ou au contraire désirantes, excitées, heureuses et satisfaites ? C'est bien sûr le deuxième cas. Le principal aphrodisiaque des hommes, c'est la jouissance féminine ! Ces images les rassurent sur leurs propres compétences, même si c'est par écran interposé. Et cela change tout, on n'est plus dans une guerre des sexes où il s'agit de dominer l'autre, mais dans une réassurance de soi et dans une quête de sensualité et de plaisir partagés.

Quelle partenaire dans la «vraie vie» oserait exprimer son désir d'une manière si convaincante!

◇ Pourquoi les hommes ont-ils toujours envie d'aller plus loin en amour?

Dès que l'habitude ou la routine s'installe, les hommes ont tendance à s'ennuyer au lit. Pour ressentir les mêmes émois, certains ont besoin de s'étonner, de tenter des expériences nouvelles, de prouver, d'aller plus loin, toujours plus loin. «Au début, il me disait ses fantasmes, ensuite il a voulu que nous voyions des films X, maintenant, il veut acheter des gadgets dans un sex-shop», confie Emma. Exactement ce qui se passe dans la jubilatoire comédie Sept ans de mariage[1]*. De quoi finir par croire qu'en rentrant du boulot, on devrait organiser une petite «partie fine» pour le repos du guerrier ou une friandise de ce genre. Que l'on se rassure, pas besoin d'en arriver là pour se faire aimer et lui faire plaisir. Au fond, les hommes, dans leur grande majorité, se contentent de surprises toutes simples, à condition qu'elles le surprennent vraiment: enfants expédiés chez la grand-mère, dessous sexy rien que pour eux, massages et effleurements sur tout le corps, mots crus chuchotés à l'oreille et, surtout, rien ne les excite davantage que de voir leur femme folle de désir pour eux. Écrit comme ça, cela peut sembler encore très fade et peu convaincant, mais imaginez sa tête s'il ne vous a jamais vue avec un string, ou si vous lui faites son premier strip-tease, il peut la perdre...*

1. De Didier Bourdon, avec Catherine Frot, sur les écrans en 2003.

Sur les différentes zones érogènes

◇ Quelles sont les zones les plus sensibles?

Chez la femme, les zones érogènes sont dispersées sur tout le corps: la vulve, le vagin, les fesses, la poitrine, le cou, le dos, la tête, le creux de l'oreille, les pieds... Chez l'homme, au moins au début de sa vie sexuelle, elles sont essentiellement regroupées autour des organes génitaux (surtout le gland et les testicules).

Au niveau de ces zones siègent de très nombreux capteurs sensoriels appelés «corpuscules de volupté». Ces derniers transmettent l'information agréable au cerveau grâce à des relais nerveux. Cela dit, que l'on soit femme ou homme, le système nerveux associé au plaisir s'éduque tout au long de l'existence. Une zone peut devenir érogène grâce à l'apprentissage. Un exemple: si l'on se fait caresser le clitoris et l'oreille en même temps, le creux de l'oreille peut devenir une source de plaisir intense... par association de sensations et, même, par un véritable conditionnement pavlovien.

◇ Toutes les femmes sont-elles sensibles du clitoris?

Toutes les femmes ne sont pas semblables. 80 % réagissent à la stimulation du clitoris (certaines à leur propre stimulation uniquement) et les autres pas du tout, sans être pour autant anormales. Il existe aussi des femmes trop sensibles de cette zone, et ce trop n'est pas un mieux, car les caresses directes deviennent douloureuses. Pour elles, mieux vaut donc préférer les approches détournées avec, par exemple, des petits mouvements d'étirement sur la peau du pubis juste au-dessus du clitoris, ce qui provoque un bien-être supportable. Des positions comme la levrette permettent de pénétrer le vagin sans toucher le clitoris. L'homme peut aussi adopter une variante du missionnaire : il est face à sa partenaire, mais s'appuie sur ses bras (un peu comme pour des pompes) afin de ne pas écraser la zone sensible. En dernier recours, et en cas de véritable douleur du clitoris (clitoridodynie), un traitement psychologique est souhaitable, éventuellement associé à des traitements locaux, hydratants, lubrifiants, voire anesthésiants.

Les zones les plus érogènes

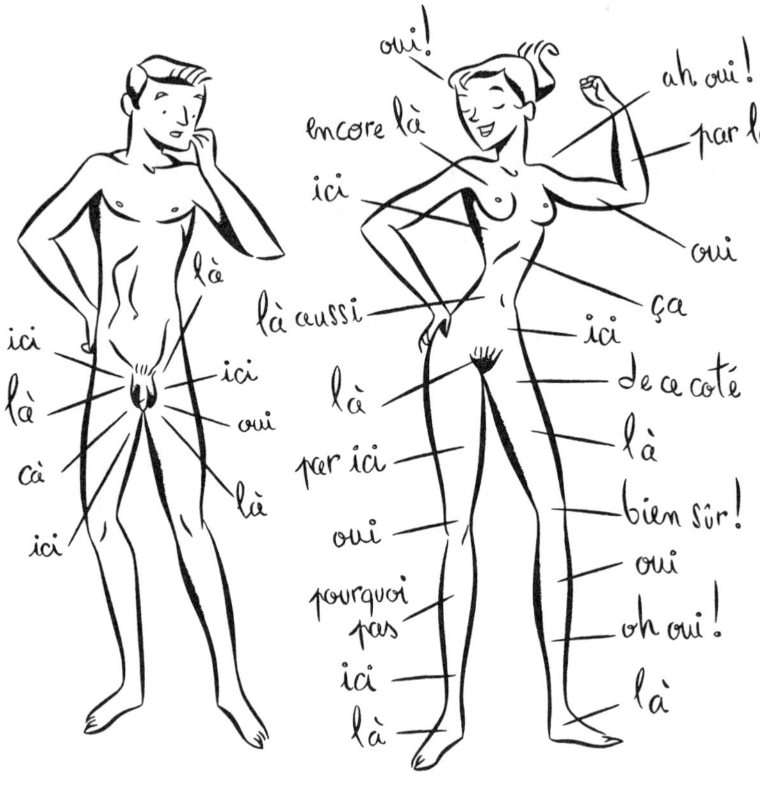

Comme des bêtes ?

Parfois, les comparaisons peuvent nous en apprendre beaucoup sur nous-mêmes. Il suffit d'observer un quadrupède dans la nature pour avoir cette révélation lourde de conséquences : les mâles cachent leurs attributs sexuels entre leurs pattes, alors que les femelles les exposent à tout-venant, leurs orifices offerts aux regards dès qu'elles lèvent la queue. Les bêtes font l'amour par-derrière, ce qui n'incite pas au badinage. Avec l'évolution, l'homme devenu bipède, ce redressement a tout bousculé. Ses « parties » précieusement cachées se sont trouvées au grand jour. La femelle, devenue femme, elle, a tout caché en se redressant, ce qui a eu les conséquences que l'on sait sur la sexualité humaine... L'amour face à face a permis la rencontre de l'autre et la conversation.
Les Scores records des animaux[1], comparés à l'homme, nous apprennent aussi que les plus grosses bêtes ne sont pas les plus gâtées question sexe. La preuve, chez l'éléphant, l'accouplement dure 20 secondes chrono, mais la girafe fait les prolongations pendant 30 minutes et la souris... 12 heures d'affilée pendant 13 nuits de suite. Qui dit mieux ? Le lion peut-être, il a été observé à copuler 86 fois en une journée !
Les animaux se reproduisent selon un calendrier bien précis afin de se reproduire au meilleur moment de l'année pour que les descendants survivent. Chez l'homme, la reproduction est totalement déconnectée de la sexualité. On fait l'amour par plaisir, par amour, par devoir, par « hygiène », pour faire des enfants... Cette liberté a eu des répercussions inespérées : la génitalité est devenue sexualité avec l'avènement de l'érotisme et de la sensualité.

1. De Dominique Léonie, éd. Hors Collection, 1998.

◇ La sodomie est-elle dangereuse pour la personne qui se fait pénétrer?

Cette pratique est sans danger à condition d'une préparation douce et d'une bonne lubrification (gel intime notamment)[1]*. Le muscle du sphincter est élastique et souple. Il peut se dilater en cas de stimulation agréable. La femme doit évidemment être consentante et l'inclure dans ses jeux sexuels comme une variante possible au plaisir. Le risque de relâchement du sphincter (incontinence anale) évoqué par certains médecins, de fuites de gaz (météorisme) ou de fissures anales est contredit par la réalité sur le terrain lorsque tout se passe sans forcing, même après une pratique étalée sur des années. En revanche, le risque de transmission des IST augmente. Lorsque l'anus est sec, l'effraction entraîne des petits saignements, ce qui majore les incidents. La précaution indispensable: utiliser un préservatif, surtout lorsqu'on change de site de pénétration (de l'avant à l'arrière ou l'inverse).*

Sur l'orgasme

◇ Les femmes ont-elles vraiment plus de mal à avoir des orgasmes que les hommes?

Tout dépend de quoi on parle. Si c'est d'orgasme clitoridien, les femmes se débrouillent très bien toutes seules et peuvent prendre du plaisir par la masturbation après quelques essais. En revanche, s'il s'agit d'un orgasme obtenu par pénétration, il faut parfois du temps et un certain apprentissage. Certaines connaîtront leur première jouissance de cette manière à 30 ou 35 ans seulement.

1. D'après la communication sur la sexualité anale du Dr Pierre Coulom (proctologue), Congrès de gynécologie de Tarbes, octobre 2002.

Pourquoi cette injustice physiologique ? Parce que de nombreuses femmes ont encore une piètre idée de leur anatomie intime et n'ont jamais osé s'examiner attentivement. Les hommes, eux, ont un pénis visible et éloquent. Telle caresse ou telle stimulation provoque tel effet. Ils l'ont beaucoup touché, ne serait-ce que pour faire pipi. L'orgasme passe par cette connaissance de soi et, de fait, les garçons ont… une bonne longueur d'avance.

◇ Pourquoi l'orgasme se dérobe-t-il certaines fois ?

Les raisons classiques habituellement invoquées sont la fatigue, le stress, la brièveté du rapport ou des préliminaires, le blocage physique ou psychologique, le moment ou l'endroit qui ne conviennent pas, le partenaire qui s'y prend mal, la position inadaptée.

◇ Les femmes peuvent-elles avoir des orgasmes en plein rêve, comme les hommes ?

Oui. Ces orgasmes surviennent durant le sommeil, aussi bien dans une période de plein épanouissement sexuel que dans une longue traversée du désert, marquée par la frustration et le manque. Il suffit de se réveiller au milieu de la nuit pour découvrir ce plaisir inattendu. Indépendamment du côté agréable de la chose, il est utile de savoir que ces sensations nocturnes existent. Certaines femmes sont persuadées d'être anorgasmiques, or, si elles ont ces voluptés nocturnes, c'est qu'elles ne sont pas complètement frigides. Elles signifient par là que pour jouir, elles doivent avoir la conscience endormie (voir chapitre 5, « Les troubles de l'amour »).

◇ Toutes les femmes sont-elles égales devant la jouissance ?

Non, de la même manière que nous ne naissons pas avec les mêmes dispositions génétiques, la même mémoire ou le même compte en banque, nous n'avons pas les mêmes capacités physiologiques au plaisir. Mais, comme toute fonction, l'orgasme s'éduque et se travaille. Les récepteurs sensoriels le plus souvent sollicités sont aussi les plus renforcés.

◇ On parle toujours des préliminaires, mais moi, je m'ennuie si ça dure trop longtemps... La faute à qui ?

C'est peut-être le partenaire qui est malhabile ou la femme qui est trop experte. Comme disent volontiers les sexologues, l'orgasme est une compétence acquise à l'ancienneté. Lorsqu'on s'est masturbée très jeune et régulièrement ou lorsqu'on a eu une vie amoureuse bien remplie, on a eu le temps d'érotiser son vagin et de créer un véritable réflexe conditionné : « stimulation = plaisir ». Les femmes qui démarrent au quart de tour ne sont pas les plus nombreuses, mais elles existent et peuvent jouir en trois minutes chrono comme les hommes. Elles n'ont pas besoin de préludes insistants et s'ennuient parfois pendant les prolongations. Celles qui se contenteraient volontiers d'un petit « coup vite fait » peuvent le suggérer adroitement à leur partenaire, sans le vexer s'il s'évertue à montrer tout son savoir-faire. On peut aussi apprendre à retarder son orgasme (voir chapitre 5, « Les troubles de l'amour »).

◇ À quoi reconnaît-on un orgasme ?

De nombreuses femmes se le demandent en effet. Est-ce une simple contraction ? un immense sentiment de jouissance ? un soulagement ? tout cela à la fois ? Par définition, l'orgasme est une détente après une tension sexuelle, il est généralement accompagné de plaisir. On est loin des représentations habituelles. Le déclenchement a lieu dans la zone sexuelle, mais il s'étend à l'ensemble du corps par vagues chez les vaginales et cer-

taines clitoridiennes (on parle d'orgasme diffus). Une sorte de bien-être se répand dans tout le corps. D'autres femmes ont en revanche un orgasme plus localisé (parfois très intense, mais parfois limité à une sensation de «décharge», «petite crampe» ou «chatouillis»). Une même femme peut connaître alternativement les deux types d'orgasmes.

✧ L'orgasme vaginal est-il meilleur que le clitoridien?

Comme son nom l'indique, l'orgasme clitoridien est provoqué par des caresses au niveau du clitoris, avant, pendant ou après la pénétration, il concerne 80 % des femmes. Alors que l'orgasme vaginal est généralement le résultat d'une stimulation du vagin (au niveau «des points G» ou de leurs environs) et d'une pénétration, il concerne 20 % des femmes. Il est parfois très difficile, même pour les principales intéressées, de savoir si elles sont vaginales ou clitoridiennes et, au fond, cela importe peu, car, contrairement à ce qui se dit, le plaisir vaginal n'est pas plus complet, étendu ou profond que le clitoridien, qui lui serait fugitif, superficiel et limité. Tout dépend du moment, des femmes et de leurs partenaires. Pour que les choses soient bien claires: orgasme vaginal n'est pas synonyme d'orgasme diffus puisque celui-ci peut être déclenché au niveau du vagin et rester localisé. En fait, la méprise vient de la sémantique: «vaginal» signifie «déclenché par le vagin», «clitoridien» signifie «déclenché par le clitoris» de manière directe ou indirecte (frottement pubis contre pubis). Et la diffusion de l'onde de plaisir dépend, elle, de très nombreuses variables neurosensorielles et psychologiques. À cela s'ajoute le fait qu'un orgasme vaginal nécessite la pénétration, donc la fusion des deux corps, alors que cela n'est pas indispensable pour le clitoridien, d'où le mépris habituel vis-à-vis de ce dernier... On peut aller plus loin encore et dire que la reproduction n'est assurée qu'avec le vaginal, il est donc forcément le meilleur. Etc.

◇ L'orgasme dépend-il de l'homme ou de la femme?

Avec beaucoup d'humour, le Dr Gérard Leleu classe les amants en deux catégories: ceux qui pensent qu'«il n'y a pas de femmes frigides, il n'y a que des hommes malhabiles» et ceux qui affirment qu'«il n'y a pas de verge magique, c'est à la femme de mériter son orgasme». Entre les altruistes qui se battent la coulpe et les machos moralisateurs, il y a une place pour les deux affirmations. Il ne suffit pas à la femme d'attendre bien sagement que tout vienne sans effort, elle doit y mettre du sien, guider son amant sur la route du plaisir, prendre des initiatives... bref, se montrer responsable et concernée. Inversement, il ne suffit pas à l'homme de bander, de pénétrer et de donner trois coups de reins pour satisfaire sa compagne en lui miaulant quelques mots à l'oreille. Il lui faut jouer, tour à tour, de la force et de la tendresse, de la douceur et de l'animalité, de la surprise et de la complicité. Il y a du travail... plutôt agréable!

◇ Mon mari s'inquiète que je pleure pendant l'orgasme, que lui dire?

L'orgasme est une émotion forte, il n'est donc pas si étonnant que cette émotion soit accompagnée de larmes. On pleure bien de bonheur... Dans le cas présent, on manifeste un lâcher-prise total, on «laisse couler», il devrait être fier de sa femme et de lui.

◇ Peut-on améliorer son orgasme?

Pour toutes celles qui disent que leur orgasme est une «petite contraction ridicule», très localisée, et qu'il n'y a vraiment pas de quoi grimper aux rideaux, voici un moyen qui peut améliorer les sensations aussi bien des femmes que des hommes. Ce n'est pas une recette. Il faut parfois tenter l'expérience plusieurs dizaines de fois avant que cela soit réellement efficace. Lorsque l'on sent venir les premières contractions orgasmiques au niveau du bas-ventre, bouger la tête (à gauche, à droite, en avant, en arrière, la rentrer dans les épaules, tout est possible du moment que la tête est en mouvement). Ainsi, on perd conscience de son environnement spatial, on ne sait plus où sont le haut, le bas, et cela crée un influx nerveux qui remonte le long de la colonne vertébrale. Du coup, c'est comme si l'orgasme (la chaleur, la sensation) irradiait dans tout le corps et était démultiplié. Une série de frissons agréables s'empare de soi.

On peut aussi associer la stimulation du clitoris à la pénétration du vagin, si on pense ne pas avoir un orgasme suffisamment complet par la pénétration seule. Les sensations seront peut-être faiblement intenses au début, mais elles finiront par prendre de l'ampleur grâce à un « conditionnement » du vagin au plaisir.

◇ Peut-on avancer son orgasme ?

Pour y parvenir, il faut savoir précisément ce qui se passe dans son corps. Certaines femmes jouissent lorsqu'on sollicite une partie précise de leur anatomie (clitoris, mamelon ou petites lèvres, par exemple). C'est un peu l'effet « gâchette ». Il suffit de solliciter cette zone pour déclencher la sensation délicieuse au moment voulu. Mais, si l'orgasme vient de la stimulation d'une région cachée (dans le vagin, par exemple), les choses se compliquent. Quelle est la zone exacte concernée : le point G ? une zone voisine ? Il faut essayer de le découvrir. Et ce n'est pas tout, pour mettre le turbo, il faut submerger son esprit de pensées agréables et se concentrer sur ses sensations.

Les sex-toys se dévoilent

Fini les jouets érotiques cantonnés à l'anonymat des ventes par correspondance ou aux sex-shops. Maintenant, ils envahissent les pharmacies, parapharmacies et grands magasins en disant plus ou moins leur nom. Avec Sonia Rykiel, le petit canard de notre enfance s'est transformé en vibromasseur et le rouge à lèvres en petit joujou vibrant et fouisseur. Les boules de geisha à introduire dans son intimité ont réactualisé les tac-tac des cours de récré (rappelez-vous, ces deux boules tenues par un cordon). Les anneaux se sont mis à vibrer autour des préservatifs, caressant le clitoris et procurant des sensations voluptueuses au partenaire. Quant aux lubrifiants, ils ne servent pas qu'à faire glisser le sexe de son homme, mais à déclencher des perceptions insolites, chauffantes ou refroidissantes. On peut même imaginer être stimulée à distance grâce au petit œuf vibrant de Yoba. Ce joujou à introduire dans le vagin est relié à une télécommande. C'est le partenaire qui l'active quand bon lui semble à quinze mètres de distance, au restaurant, au cinéma, avec sept programmes de vibration pour varier les plaisirs... http://yobaparis.com.

◇ Les sex-toys permettent-ils d'améliorer ses sensations ?

Oui, si on arrive à apprivoiser l'objet. Le principe est d'obtenir du plaisir par la vibration dans les endroits habituellement sensibles chez la femme, autour du clitoris. Même celles qui n'osent pas la masturbation peuvent apprécier l'objet qui fait tout pour elles. Mais attention à ce que l'amusement et la fantaisie légère de la découverte ne donnent pas dans la pratique systématique, car l'orgasme s'éduque et se conditionne : à force, on pourrait ne plus pouvoir prendre de plaisir que comme cela. Il faut juste le savoir… À tenter les jours de fêtes, non ?

Arithmétique du sexe

Combien de partenaires ?
À la date de l'enquête CSF 2008, les femmes déclarent avoir eu 4,4 partenaires au cours de leur vie alors que c'était 4 en 1992 et 1,9 en 1970. Les hommes, eux, en déclarent 11,6, chiffre stable depuis les années 1970. Tous âges confondus, 34 % des femmes (16 % des hommes) n'ont eu qu'un seul partenaire au cours de leur vie et à l'autre extrémité, 5 % des femmes (21 % des hommes) affichent plus de 15 partenaires. À titre indicatif, Rocco Siffredi, la star du porno, se vante d'avoir allongé dans son lit 3 000 conquêtes !

L'orgasme au rendez-vous ?
Selon l'enquête CSF 2008, 34,6 % des femmes déclarent obtenir systématiquement un orgasme.

Et les simulateurs ?
Selon Francoscopie 2005, 28 % des Français (surtout des Françaises) avouent avoir déjà simulé l'orgasme.

Et le sentiment dans tout ça ?
À l'affirmation « on peut avoir des rapports sexuels avec quelqu'un sans l'aimer », 36 % des femmes (près de 64 % des hommes) répondent « d'accord ». Ce qui signifie, a contrario, que deux tiers des femmes imaginent ne pouvoir avoir de relations intimes sans un sérieux penchant pour l'autre et qu'un tiers des hommes font a priori du sentiment pendant l'amour.

◇ Le petit lapin vibrant et tournant, c'est vraiment mieux?

Le canard (et ses génériques) était un joujou sympathique destiné à caresser le clitoris. Le lapin, lui, monte un cran au-dessus et fait fureur sur les sites spécialisés (au point que ce serait le sex-toy le plus vendu). Il vibre sur le clitoris à l'extérieur et simultanément tournoie à l'intérieur dans le vagin. Les femmes sont affolées, le haut, le bas, elles ne s'y retrouvent plus sans avoir rien à entreprendre. Un véritable manège enchanté. Il faut savoir qu'après tout ça, on prend le risque de s'autosuffire et de trouver son compagnon pas très vibrant ! Au fond, l'idéal ne serait-il pas de jouer à deux ?

PS : le look du lapin n'est pas très excitant, du genre sexe recouvert de papules avec deux petites oreilles pour caresser le clitoris. Ça vous tente ?

◇ Peut-on retarder son orgasme?

De la même façon que certains hommes sont des éjaculateurs prématurés, certaines femmes jouissent très vite, quelques secondes après la pénétration. On pourrait estimer que c'est une chance, tant de femmes se plaignant du contraire. C'est pourtant un problème, car, du coup, le partenaire se retrouve à jouer tout seul et continue de stimuler le vagin, ce qui n'est plus aussi agréable pour la femme puisqu'elle est moins lubrifiée après son plaisir. Heureusement, il existe des solutions (voir chapitre 5, « Les troubles de l'amour »).

◇ Comment faire pour parvenir au plaisir en même temps?

L'homme parvient au septième ciel quatre fois plus vite que sa partenaire. S'il n'a pas de problème d'éjaculation prématurée ou retardée, il lui est plus facile de se synchroniser sur son plaisir à elle, à condition qu'elle le tienne au courant de son état d'avancement : « Attends un peu... tu peux venir », etc. Aucune technique là-dedans, rien que de la connivence. Chacun pense à lui sans oublier l'autre. C'est encore de l'égoïsme partagé. En tout cas, c'est le moyen le plus sûr de connaître l'orgasme simultané.

◇ Trop de désir ou de sentiment peut-il faire rater l'orgasme ?

C'est habituellement l'inverse qui se passe, mais il arrive que le plaisir d'être ensemble ou l'enthousiasme fasse passer l'autre au premier plan : à force de s'oublier, on laisse échapper la félicité de son corps.

◇ Peut-on perdre connaissance pendant l'orgasme ?

Non. Si on a parlé de « petite mort » à son propos, c'est parce qu'on pouvait perdre conscience de son environnement (le haut, le bas, le temps) pendant quelques fugitives secondes. Il s'agit en fait d'un étourdissement de l'amour assimilable à un lâcher-prise.

◇ Existe-t-il une éjaculation féminine ?

Oui, même si elle est peu fréquente. Les « femmes fontaines », comme on les appelle, ont une lubrification très intense dès le début de l'excitation (draps, voire matelas trempés) et pas seulement au cours de l'orgasme. Cette particularité biologique est parfois mal vécue, avec honte et inhibition. Il ne faudrait pas. Les femmes concernées sont tout ce qu'il y a de plus normal dans leur singularité. Des messages repérés sur le Net montrent des hommes très excités par cet écoulement généreux. Le seul traitement serait d'inhiber la lubrification – donc le désir – à l'aide d'anti-hormones mâles, ce qui serait vraiment dommage, non ?

Sur les rêves et les fantasmes

◇ La fréquence des rêves érotiques est-elle liée à l'insatisfaction sexuelle ?

Les rêves ne se commandent pas. Ils reflètent simplement l'imaginaire pendant le sommeil. Ils surviennent aussi bien chez celles qui ont une sexualité épanouie avec un homme qu'elles aiment et qu'elles désirent, que chez celles qui ont des doutes, des manques ou des frustrations et qui l'expriment alors. Dans les deux cas, les rêves érotiques sont structurants et positifs, puisqu'ils permettent d'avouer certaines attentes ou de libérer des tensions.

◇ À quoi servent les fantasmes ?

Les fantasmes sont un peu les caresses de l'esprit. Ils permettent d'apprivoiser des situations et des comportements que l'on pense difficiles à maîtriser. On s'autorise tout ce qui, dans la réalité, paraît impensable, impossible à tenter. Leur autre utilité, un peu comme les rêves, est de libérer les tensions sexuelles inassouvies. Il n'y a pas de honte à fantasmer, ni de culpabilité à avoir, quelles que soient ses pensées. Toutefois, certaines sont perturbantes, car elles mettent en scène des images parfois violentes, des scènes d'amour à plusieurs ou avec un autre homme, et l'on redoute un éventuel passage à l'acte. Or les fantasmes ne sont pas faits pour être réalisés, mais pour fabriquer de l'excitation ou encore pour revivre ses émotions et ses désirs. Pour certains couples au long cours, ils sont un moyen simple de renouveler le plaisir sexuel, sans recours à des solutions plus radicales (nouveaux partenaires, échangisme, etc.).

◇ Les hommes et les femmes ont-ils les mêmes fantasmes ?

En partie seulement. Comme les femmes ont un sexe interne et caché, leurs fantasmes sont plus souvent tournés vers l'accueil et le recevoir (caresses, baisers, soumission, viol, etc.). Elles sont aussi plus cérébrales, donc sensibles aux parfums, à la musique, à la notion d'interdit, à l'amant imaginaire...

Les hommes, eux, ont un sexe externe, les fantasmes sont davantage tournés vers la possession et la puissance (la femme qui n'en peut plus de désir et de plaisir, la domination, la multiplication des partenaires, etc.). Ils sont aussi plus visuels et génitaux, donc particulièrement stimulés par la vision du sexe ou des scènes érotiques (magazines, films X).

◇ Pourquoi a-t-on certains fantasmes plutôt que d'autres ?

Le choix du fantasme peut être lié à un souvenir d'enfance qui a provoqué une intense émotion sexuelle. On a fixé cette image ou cette sensation dans sa mémoire, on l'a oubliée et, avec l'adolescence et l'érotisation du cerveau, l'image est revenue, parfois de manière obsédante. On cherche alors à reproduire ce même environnement (en rêve ou en vrai) pour retrouver la même émotion.

« *Quand Alice avait 7 ou 8 ans, elle a regardé par le trou de la serrure et vu sa tante lestement chevauchée par son oncle à l'heure de la sieste. Cela a provoqué chez elle une indescriptible émotion. Ce secret, conservé toute sa vie, s'est métamorphosé en fantasme. À présent, lorsqu'elle fait l'amour, elle est excitée par le simple fait d'imaginer qu'elle est observée à son insu.*

◇ Faut-il avouer ses fantasmes ?

Toute vérité n'est pas bonne à dire, même si l'autre peut tout comprendre. Les fantasmes font partie de notre jardin secret. Certains sont à garder. Dire à son chéri que l'on rêve de galipettes avec son patron (voire son meilleur ami) peut le choquer et créer une grande incompréhension. Et puis, leur signification est parfois moins simple qu'il n'y paraît. Dans son célèbre roman Les Mots pour le dire, *Marie Cardinal parle de son fantasme de faire l'amour avec un chien. Une pensée qui l'horrifie, évidemment, et qu'elle mettra des années à avouer à son psychanalyste. Pour découvrir, au bout du compte, la clé du mystère : le regard d'un chien pendant l'amour ne pouvait ni la juger, ni l'humilier, ni la blesser... Un fantasme peu sexuel.*

◇ Est-il normal de ne pas avoir de fantasmes ?

Certaines femmes ignorent qu'elles pourraient fantasmer, que d'autres femmes le font avec plaisir et qu'elles y puisent le piment de leur sexualité. Leur imaginaire est bridé du côté sexuel. Elles sont dans la réalité et cette réalité leur paraît suffisante. Rien à y redire, si leur relation est épanouissante et si leur compagnon y trouve son compte. En revanche, si elles ont du mal à jouir (ceci entraînant cela), certaines gagneront sûrement à découvrir leurs fantasmes en lisant de la littérature érotique soft pour commencer (les éditions Harlequin exploitent d'ailleurs ce filon) ou en regardant des films sensuels. Elles découvriront sans doute que ce sont souvent les mêmes types de scènes qui les stimulent et font écho à leurs fantasmes enfouis ou refoulés.

Les principaux fantasmes

Côté hommes
– Faire l'amour dans la nature : 53 %
– Être initié au sexe par une femme sans tabou : 37 %
– Faire l'amour avec deux femmes : 36 %
– Avoir une maîtresse exotique : 34 %
– Faire l'amour avec une inconnue sans se parler ni se revoir : 29 %
– Avoir un harem prêt à assouvir tous ses désirs : 27 %

Côté femmes
– Regarder un couple faire l'amour : 32 %
– Regarder deux femmes faire l'amour : 14 %
– Faire l'amour à plusieurs : 11 %
– Avoir une relation avec une autre femme : 10 %

Les fantasmes d'échangisme, les pratiques sadomasos, les orgies, l'exhibitionnisme évoqués le plus souvent dans les médias viennent loin derrière.
Par ailleurs, 60 % des hommes estiment qu'il faut réaliser certains fantasmes pour avoir une vie sexuelle épanouie et 26 % pensent qu'ils sont faits pour ne pas être réalisés.

Source : Gérard Mermet, Francoscopie 2003, *Larousse.*

Sur les préférences sexuelles

◇ **J'ai rêvé que je faisais l'amour avec ma meilleure amie. Suis-je homosexuelle ?**

Non, ce genre de rêve est très fréquent et ne préjuge en rien de son orientation sexuelle. Certaines clés utilisées dans les rêves sont des métaphores de ce que l'on ressent dans sa vie. Après une dispute ou un conflit conjugal, on peut se sentir incomprise, mal aimée et s'endormir sur l'idée qu'une femme, elle, au moins, comprendrait, qu'elle serait sensible aux mêmes choses que soi, ce qui donne ce type de pensées érotiques.

Cela dit, le rêve est la voie royale de l'inconscient (comme disait Freud) et signale peut-être aussi un désir inavoué pour les femmes. Mais, là encore, on n'est pas homosexuelle pour autant. Il y a loin de la coupe aux lèvres. La sensualité, la complicité entre femmes, tout cela crée une attirance très naturelle qui reste de l'ordre du fantasme.

◇ J'ai eu une expérience avec une fille quand j'étais ado, suis-je une lesbienne refoulée ?

Le fait d'avoir eu un ou des rapports homosexuels à l'adolescence est relativement classique, surtout pour les filles. À cette période, on est dans une quête d'identité, on cherche son double, et l'on se découvre au fil des expériences. Les contacts physiques résultent de la promiscuité féminine très grande, des amitiés amoureuses et... de la peur de franchir le pas avec un garçon. Mais en général, une fois qu'on s'est lancée pour de bon avec un homme, les relations hétérosexuelles s'installent durablement et le doute est balayé. Toutefois, si on a renouvelé et apprécié les expériences, on peut se poser la question.

◇ Avec les hommes, je n'ai pas de plaisir ; avec les femmes, si. Suis-je frigide ?

Lorsqu'on est frigide, l'absence de désir sexuel et de plaisir s'exprime aussi bien avec un homme qu'avec une femme. On n'a ni envie de faire l'amour, ni fantasmes, ni plaisir, quelle que soit la nature des caresses reçues. En revanche, si avec un homme exclusivement on n'a pas de plaisir, soit il s'y prend mal (par exemple, pas de caresse clitoridienne), soit on a une préférence homosexuelle puisque l'on ressent un bonheur sexuel ou des fantasmes avec une femme.

◇ Y a-t-il toujours des signes annonciateurs de son homosexualité ?

Pas toujours, et si on les retrouve, c'est dans l'après-coup, souvent au cours d'une thérapie. Connaissant ses véritables préférences sexuelles, on relit son passé autrement, on se dit : « Mais c'est bien sûr, si je me comportais ainsi avec Untel ou Unetelle, c'est parce que j'étais déjà lesbienne sans en avoir conscience... » Et voilà comment on revisite son histoire en lui donnant du sens.

◇ L'homosexualité est-elle génétique (voire héréditaire) ?

Sûrement pas, même si quelques travaux très approximatifs essaient de réduire l'homosexualité à une simple mutation génétique contre laquelle on ne pourrait rien, puisque ce serait « la faute aux gènes ou aux hormones ». Selon certains, l'homosexualité est un vrai choix, affectif, psychologique et social, malheureusement difficile à assumer à cause de la norme sociale. Mais pour d'autres qui l'expriment clairement en consultation, on ne choisit pas son attirance sexuelle, le seul choix qui s'impose à une personne homosexuelle, c'est de s'accepter ou non. Selon l'étude CSF 2008, 4 % des femmes et des hommes de 18 à 69 ans déclarent avoir déjà eu des pratiques sexuelles avec un partenaire du même sexe (ce qui ne signifie pas qu'ils sont homosexuels exclusifs ou bisexuels). 0,1 % des femmes (0,5 % des hommes) n'ont eu des rapports sexuels qu'avec une personne de même sexe. En réalité, les chiffres sont sans doute supérieurs.

◇ L'éducation est-elle responsable des choix sexuels ?

La préférence sexuelle dépend de très nombreux facteurs, et parmi eux, les parents et leur éducation ont eu peut-être une influence.

Mais, au fond, est-il si important de savoir que c'est en partie « la faute » de la mère qui discrédite sans cesse le père et le méprise, la faute du père ressenti comme trop autoritaire et violent ? L'envie de retrouver symboliquement dans sa compagne une mère idéalisée trop distante et pas assez tendre ? Il y a autant d'homosexualités que de trajectoires de vie et chacun fait avec son histoire.

◇ Pourquoi préfère-t-on les femmes ?

Pour simplifier, les psychanalystes évoquent deux grandes problématiques de l'homosexualité féminine bien différentes l'une de l'autre :

1. La mère est le premier objet d'amour et reste l'unique objet d'amour. La petite fille puis la jeune fille s'inscrit dans la continuité de ce lien. Au lieu de rêver du prince charmant (d'abord incarné par son père), elle s'efforce de retrouver sa mère (ou du moins l'image idéalisée qu'elle en a) dans sa partenaire ; les caresses avec cette dernière répètent l'impossible amour avec la mère. L'idéalisation dont elle fait l'objet protège contre l'ambivalence que l'on éprouve vis-à-vis d'elle (à chaque fois qu'il y a fusion ou amour, il y a aussi haine et rejet). Ce sentiment double de la fille à la mère est sans doute à l'origine de la virulence de la jalousie assez souvent présente dans les rapports entre lesbiennes.

2. La peur des hommes vécus comme menaçants ne quitte jamais la petite fille devenue femme qui se défend de « l'intrusion-

effraction » du pénis considéré comme violeur[1]. *Cette thématique est d'ailleurs reprise par le noyau dur de certaines féministes américaines radicales.*

◇ On n'est pas comme les autres, alors est-on normale quand même ?

Cela signifie quoi au juste « être normale » ? Est-ce d'être comme la majorité des gens et d'adopter les façons de faire, de penser ou d'aimer du plus grand nombre ? Ou est-ce d'être fidèle à soi-même, de ne pas trahir ses désirs et ses aspirations, de ne pas tricher ? Si c'est cette deuxième proposition, alors oui, on est normale.

◇ Si l'on a des doutes, à qui en parler ?

Avant tout, il est indispensable d'apprivoiser pour soi cette réalité pour mieux la dire et mieux la vivre. Au clair avec soi-même, il est plus facile d'affronter les sarcasmes ou la peine des autres.

Le choix de l'homosexualité dépend avant tout de soi. Si l'on va consulter un médecin ou un psy, l'objectif n'est pas d'affirmer son homosexualité ou de rester dans l'hétérosexualité, c'est d'être enfin heureuse ou sincère avec soi-même. On n'en est plus au temps du déconditionnement négatif où, aux États-Unis, les « malades » recevaient des décharges électriques délivrées par leur médecin en visionnant des images érotiques d'homosexuels.

◇ Et si l'on a une homosexualité honteuse ?

Si ce que l'on a entendu dire sur les homos et les lesbiennes finit par entraîner le dégoût de soi-même, si l'on se sent honteuse, il faut bien comprendre que ces propos sont faux, ni la société ni

1. D'après le psychanalyste Jacques André dans *La Sexualité féminine*, PUF, « Que sais-je ? », n° 2876.

personne n'a le droit de vouloir que l'on se haïsse. On est normale, on n'est pas la seule au monde à être ainsi, et on a droit au même respect que n'importe qui d'autre, à commencer par sa propre estime personnelle. Les comportements homosexuels font partie des comportements amoureux. Ils font partie de la personne mais ne la résument pas. Si les autres n'acceptent pas cette manière d'aimer, c'est leur problème ! De toute façon, il est difficile de passer toute une vie à faire «comme si...», à «être ce que l'on n'est pas». Feindre de vivre une vie hétérosexuelle jugée plus normale alors qu'on est «lesbienne» dans l'âme est une souffrance indicible. Les hommes peuvent être des amis, des confidents, mais pas des amants et le rejet sexuel va parfois jusqu'au dégoût. L'homosexualité est une façon d'être, pas de faire. Elle va bien au-delà d'une simple pulsion. Dans ces conditions, il est plus que nécessaire de trouver une aide psychologique pour se débarrasser de sa culpabilité et de sa honte, pour lui donner un sens et se sentir dans sa vérité. Cela dit, un certain nombre de femmes vivent une vie classique avec mari et enfants. C'est après le divorce et un long questionnement qu'elles se découvrent et vivent dans un second temps une relation homosexuelle enfin révélée, acceptée et assumée. C'est le thème de films comme Gazon maudit.

◇ Faut-il annoncer son homosexualité à ses parents ?

Les parents font rarement preuve d'originalité face à cette situation. Ils sont surpris, dans le déni ou carrément effondrés. Certains minimisent la situation, d'autres refusent de l'affronter et préféreraient ne pas savoir, d'autres encore culpabilisent et se demandent quelle erreur éducative ils ont commise. Quelques-uns font du chantage affectif, d'autres coupent les ponts, telle-

ment l'idée leur paraît insupportable (surtout parce qu'il leur faudra affronter le jugement et le regard des autres)... Rares sont ceux qui sortent le champagne pour fêter l'événement. Alors, avant d'aller à la confrontation, mieux vaut réfléchir, affûter ses arguments, se préparer à l'éventualité d'un conflit voire d'une rupture (provisoire ou définitive). Si, au bout du compte, on choisit de l'annoncer, le ton a son importance. Si on présente la chose de manière catastrophée comme une mauvaise nouvelle, ils la prendront de manière catastrophée aussi, comme une mauvaise nouvelle. Si, en revanche, on aborde le sujet de façon plus neutre, mais ferme et assurée, ils comprendront que la question n'est pas négociable et qu'on ne leur demande pas leur avis : « J'ai une grande nouvelle à vous annoncer : je quitte mon mari, j'aime une femme. Je sais que c'est dur pour tout le monde, mais maintenant je suis vraiment heureuse, ne vous inquiétez pas ! »

◇ Faut-il le dire à ses enfants ?

L'immense difficulté est là. Oui, il faut le dire. Mais avec tact, en douceur, en choisissant ses mots, en respectant leur père, sans entrer dans le détail de sa sexualité. Il faut en rester aux idées, évoquer le droit à la différence, la nécessité d'être soi-même, le fait qu'on n'a pas à juger quelqu'un sur ses préférences sexuelles, que le choix du plus grand nombre n'est pas forcément le meilleur pour soi. Au fond, ce qui compte pour les enfants, c'est que leur mère les aime. C'est là-dessus qu'il faut insister, sur l'amour filial qui demeure inchangé, et sur le fait qu'on n'a pas forcément choisi ce qui nous arrive. Après, il y aura sans doute une autre bataille à gagner, leur faire accepter de vivre avec la nouvelle compagne.

Les questions que vous posez

◇ **Quand et comment le leur dire?**

L'idéal serait de l'annoncer avant qu'ils ne l'apprennent par les autres. Ce n'est pas toujours possible. Lorsque le moment paraît le mieux choisi, à l'occasion d'une émission sur l'homosexualité à la télé ou d'un film qui vient de sortir, la vérité peut être amenée très progressivement, en posant des questions ouvertes: «Qu'as-tu pensé de tout ça? Que ferais-tu si tu avais des amis homosexuels? Et cela te ferait quoi que je sois comme ça?» Petit à petit, l'enfant en vient à la conclusion qui s'impose; c'est de la maïeutique, c'est lui qui va formuler cette vérité de lui-même.

Normal ou déviant?

Dans la très grande diversité des comportements sexuels des hommes et des femmes, on peut distinguer quatre situations différentes qui vont du normal au pathologique:

Les fantasmes

Ils restent dans le domaine de l'imaginaire, ils sont tous normaux, même ceux que l'on estime peu glorieux, humiliants, voire effrayants (imaginer des rapports violents, des amours homosexuelles, pédophiles ou animales, par exemple). Il n'y a pas à culpabiliser de les avoir. Ils restent dans le domaine de l'intime, ils ne dérangent personne. Leur seule fonction est de créer de l'excitation. Ceux qui font une psychothérapie en découvrent parfois le sens. Une vie fantasmatique riche est toujours positive.

Le comportement symbolique

Le fantasme va alimenter le comportement symbolique, il y a une mise en acte «douce» de celui-ci. Celle qui rêve de supplices sadomasos dans sa tête va se satisfaire, dans la réalité, de demander à son partenaire d'accepter d'être attaché au lit ou de l'attacher (signe de soumission) ou encore de porter des accessoires excitants. Ce goût est une habitude répétée, mais il reste normal.

Les comportements occasionnels
Une fois de temps en temps, on essaye une pratique (amour à trois, échangisme, etc.), parce que l'occasion s'y prête, qu'une rencontre le favorise, mais on n'en a pas besoin pour être capable de jouissance.

Les comportements exclusifs
Là, on entre véritablement dans la déviation pathologique. Pour obtenir de l'excitation, on est forcé de mettre en œuvre un certain type de scénario (fétichisme, sadomasochisme, exhibitionnisme, etc.).

Sur les dopants sexuels

◇ Existe-t-il des substances qui augmentent le plaisir ou le désir chez les femmes ?

Oui, la plupart sont des médicaments destinés à traiter des troubles du désir ou du plaisir chez la femme (voir chapitre suivant). Maintenant, si la question est « existe-t-il des dopants pour augmenter son plaisir ou son désir lorsque tout va bien ? », la réponse est plus délicate.

En fait, le premier organe sexuel est le cerveau. Tous les aphrodisiaques vendus comme tels s'appuie sur la fantasmagorie du moment, et dans ce domaine aussi, il existe des modes : le gingembre, le candula, etc. Dans un autre registre, le Libidopatch® (Ophrys Médica) commercialisé depuis quelques années donne des résultats étonnants chez certaines femmes. Son principe: l'aromathérapie. L'odeur vient titiller le circuit neuro-olfactif, le message est envoyé au cerveau. Mais pour cela, il faut respirer le patch toutes les heures. Voici pourquoi ça marche: on ne pense plus qu'à ça, on intègre la sexualité dans sa préoccupation du moment, c'est quasi de l'hypnose positive. Le gel «Play O» de Durex, vendu en grande surface depuis peu, se targue de faciliter l'orgasme chez la femme. Il suffit de l'appliquer sur les parties intimes externes. Afflux sanguin, sensation de chaleur, voilà la promesse. Une belle idée en tout cas.

◇ Certains traitements peuvent-ils diminuer le désir chez la femme?

Oui. Les antidépresseurs et les tranquillisants «endorment» le désir et retardent l'orgasme de façon tangible, vrai aussi pour quelques traitements hormonaux, des progestatifs (qui assèchent le vagin), les analogues de la LH-RH (qui provoquent une ménopause artificielle réversible).

◇ Que penser des «pilules de l'amour» qui circulent dans les soirées?

Prenons l'ecstasy. C'est du MDMA, une substance chimique psychoactive mise au point en 1912 pour l'armée avec pour but d'amplifier certains effets des amphétamines. La composition des cachets vendus n'est même pas toujours certaine. Le MDMA peut être absent ou mélangé à d'autres substances comme des amphétamines, des antidouleur, des anabolisants, de la caféine, de l'amidon, des détergents, du savon... L'effet recherché par les utilisateurs est un regain d'énergie (la fatigue se volatilise et l'on peut danser jusqu'au bout de la nuit) et une facilité de contact (les défenses et les interdits tombent, on se sent libre, pleine de compréhension pour les autres, ouverte, tolérante, amoureuse). Les sens sont éveillés, le corps relaxé. Les effets immédiats sont relativement minimes, quoique l'ecstasy puisse être mortelle dès la première fois (dans 1 cas sur 12 000). C'est après que cela se gâte. Cette drogue a des effets neurotoxiques à plus ou moins long terme. Trois ou quatre jours après la prise, on peut se sentir anxieuse ou dépressive ou incapable de concentration. Selon Jean-Pol Tassin, neurobiologiste au Collège de France, l'ecstasy accélère la destruction des neurones modulateurs de l'humeur, les troubles pouvant rester silencieux des semaines, voire des années[1].

◇ Qu'est-ce qu'on appelle « drogues du violeur » ?

Autre pilule de l'amour sur la sellette, le GHB ou le Gamma OH, encore connu sous le nom de Grievous Bodily Harm. *Il se présente sous forme de poudre ou de granulés totalement inodores et sans saveur à dissoudre théoriquement dans l'eau, mais aussi bien dans l'alcool. C'est en effet un anesthésique détourné de son usage médical pour ses propriétés euphorisantes, et surtout pour des objectifs inavouables car, consommé avec de l'alcool, il efface les réflexes et la mémoire comme le Rohypnol® ou le Rivotril®, surnommés « drogues du violeur*[2] *». La personne, ne se souvenant de rien, devient une victime idéale (elle peut aussi bien signer un chèque à un inconnu que faire l'amour avec lui). Les policiers ont été alertés afin d'être sensibles à tous les éléments d'amnésie lors des dépôts de plainte pour viol. C'est pour lutter contre ces risques que, depuis l'été*

1. *Libération*, 12 avril 2003.
2. Deux substances anxiolytiques de la famille des benzodiazépines habituellement utilisées comme tranquillisant ou somnifère.

2003, en France, les discothèques conseillent aux consommateurs (consommatrices) de ne pas quitter leur verre des yeux, et certaines servent les boissons dans des verres munis d'un couvercle, afin de limiter les risques d'administration de GHB.

Savoir plus, risquer moins

Pour connaître les drogues qui circulent, leurs effets et leurs dangers avec, en plus, la possibilité de poser des questions, consulter le site Internet http://www.drogues.gouv.fr.

Drogues Info Services : 0 800 23 13 13, 7 jours sur 7 de 8 h à 2 heures du matin. Appel anonyme et gratuit. Renseigne sur toutes les substances psychoactives, alcool, tabac et médicaments compris. Appel d'un portable au 01 70 23 13 13 au coût d'une communication locale.

Écoute cannabis : 0 811 91 20 20 de 8 h à 20 heures, 7 jours sur 7. Appel anonyme, coût d'une communication locale depuis un poste fixe.

Écoute alcool : 0 811 91 30 30 de 14 h à 2 heures du matin. Appel anonyme au coût d'une comnucation locale depuis un poste fixe.

5

LES TROUBLES DE L'AMOUR

On parle souvent des « pannes sexuelles » de l'homme, rarement de celles de la femme. Et pourtant, elles existent bel et bien, mais se manifestent autrement : absence de désir ou de plaisir, absence d'orgasme, amour qui fait mal, phobie de la pénétration. Dans le langage de tous les jours, on enferme tous ces soucis – à tort – dans un seul mot-valise : frigidité. Les spécialistes font une distinction entre toutes ces pathologies, car elles ont des origines différentes et des traitements bien distincts.

Les troubles du désir et du plaisir

Ces troubles sont plus fréquents qu'on ne l'imagine et regroupent aussi bien l'absence durable (au moins six mois) d'envie de faire l'amour, que la difficulté à jouir (orgasme trop long, trop rapide ou carrément absent).

Dans l'esprit populaire, une femme frigide refuse toute allusion sexuelle et se montre incapable d'érotisme et de jouissance. Cela serait inscrit dans sa nature, une fois pour toutes, comme un trait de caractère indélébile : « Non portée sur le sexe.» Il n'en est rien: la plus douée des amantes peut connaître des pannes de plaisir ou de désir à certaines périodes difficiles de son existence, la plus inhibée des femmes peut se découvrir un jour des dispositions insoupçonnées pour l'amour. Autant dire que beaucoup de femmes peuvent être concernées. D'où vient le problème?

La frigidité est-elle la conséquence d'un «ennui mécanique», d'une maladie d'organes, d'une déprime des sens? Les hormones sont-elles délivrées en quantités inadaptées? La vulve entière ou une partie du sexe est-elle anormale ou détraquée? En réalité, dans la majorité des cas, la frigidité est d'origine psychique, sans relation avec une anomalie physique ou une quelconque douleur. Ce trouble intimement lié à la personnalité est souvent amplifié par des conflits conjugaux ou des difficultés psychiques (dépression, mauvaise image du corps, fixation obsessionnelle, deuil impossible à faire, etc.).

→ Pourquoi cette indifférence sexuelle?

La frigidité affecte plutôt des femmes jeunes, immatures, influencées par des modèles d'éducation rigides et stricts, ou perturbées par des premières expériences difficiles (attouchements, inceste, viol, etc.). La méconnaissance du corps joue toujours un rôle amplificateur. Bon nombre de jeunes femmes inexpérimentées pensent qu'il suffit d'une pénétration pour trouver l'orgasme. Or la jouissance est difficile à obtenir par ce seul moyen pour une majorité d'entre elles, puisque les autres zones érogènes ne sont pas suffisamment sollicitées. Alors, il faut reprendre les choses à leur commencement. Apprendre à marcher avant de courir, ce qui veut dire apprendre la géographie de son plaisir avant de parvenir à jouir. Dans l'excellent film *Oui, mais...*[1], Gérard Jugnot, le psychothérapeute de service, rassure la jeune héroïne de 17 ans qui se croit frigide parce qu'elle n'a pas eu de plaisir lors de son premier rapport sexuel ! Pour la convaincre, il utilise cette métaphore très juste : lorsqu'on commence à apprendre ses premiers mots d'anglais, on n'en est pas bilingue pour autant dès le lendemain. Avec l'amour, c'est pareil, il faut du temps.

À chaque nouvelle étreinte, le corps se libère et apprend à s'émouvoir. Les préludes amoureux doivent permettre une lubrification suffisante. Ils sont encore plus nécessaires avec les timides, les complexées, les rescapées d'expériences sexuelles douloureuses.

Le partenaire a, lui aussi, sa part de responsabilité. Il peut provoquer ou entretenir un blocage sexuel, avec les débutantes comme avec les autres. Pour peu qu'il s'abandonne avec maladresse, souffre d'éjaculation prématurée ou bien d'érection instable, le rapport laissera un goût de frustration et d'amertume. Si la fois suivante aussi, cela se passe mal, l'engrenage de la peur sera enclenché. Parlons encore des hommes qui pratiquent le sexe comme une hygiène et « se soulagent » à dates fixes. « Mais si encore il avait de l'imagination et de la générosité, se lamente Margot en consultation. Avec mon mari, c'est labourage et pâturage, comment voulez-vous que j'y trouve mon compte ! » Les préliminaires, les caresses, les mots tendres, connaît pas. Fioritures jugées inutiles par son homme. Alors, Margot ne jouit plus depuis vingt ans et son mari est persuadé qu'elle prend du contentement depuis tout ce temps, puisqu'il en trouve un peu aussi. Inversement, depuis quelques années, certains hommes se

1. D'Yves Lavandier, 2001.

sont mis à considérer l'orgasme de leur partenaire comme indispensable, pas nécessairement par altruisme d'ailleurs, mais parce que cela les stimule directement et leur permet de penser qu'ils sont de bons amants. Cette obligation de prendre du plaisir à tout prix est devenue inhibitrice pour bien des femmes qui se sentent observées et attendues.

Les conflits conjugaux entrent naturellement en ligne de compte. Même si l'esprit passe l'éponge, le corps, lui, n'oublie pas. Il est plus facile de lancer: « Pas ce soir, chéri, j'ai une migraine » que: « Je n'ai pas envie de toi. »

Enfin, la routine alimente la frigidité. Comment résister à cinq, dix, vingt ans de vie commune ennuyeuse et conserver l'émerveillement des premiers temps ou l'attachement qui donne l'envie de s'unir encore? se demandent certaines femmes. La consommation excessive d'alcool, de tabac, de tranquillisants, d'antidépresseurs et autres substances soporifiques n'arrange rien à leur affaire.

→ Les moyens de sortir de l'engrenage

Toutes ces peines d'amour doivent inciter le couple à consulter s'il y a souffrance de l'un ou l'autre des partenaires. Les solutions existent, au cas par cas, suivant la situation de chacune.

> « *Pour Clémence, une sexothérapie est nécessaire. La jeune femme de 35 ans vit en couple avec l'homme de sa vie, le père de ses enfants. Pourtant, rien ne va plus. Elle a de moins en moins d'orgasmes mais n'ose rien lui avouer pour ne pas le blesser. Elle feint la jouissance, et hésite à avoir des relations qui la stressent. Comment peut-on devenir*

frigide alors qu'auparavant tout allait bien et qu'elle est amoureuse ? s'interroge-t-elle.

« *Nina, elle, a 42 ans. Elle raconte comment, insidieusement, elle s'est retrouvée dans un lit sans plaisir ni émotion particulière. Elle vit seule avec parfois des aventures. Son problème : à chaque nouvel amant, au moment de faire « ça », son esprit ne peut s'empêcher de la transporter dans un supermarché, caddy en main, et là, selon les qualités érotiques de son partenaire, elle remplit son panier, quelquefois un peu, souvent complètement. Elle parvient de moins en moins à être satisfaite.*

Pour ces deux femmes, la thérapie consiste à faire le point et à voir précisément là où le bât blesse. Avec cet homme précis, ou tous les hommes en général ? Après un événement particulier (premier enfant, etc.) ? Parfois, une simple information ou quelques entretiens suffisent à dénouer le problème, à parler de ce qui n'a jamais été dit, à réfléchir sur soi-même tout en regardant son couple (ou celui de ses parents s'il sert de modèle) avec plus de distance. D'autres fois, le travail est plus long et une psychanalyse peut être suggérée.

Et pour la routine, comment en sortir ? Certaines surmontent très bien cette difficulté toutes seules, sans l'aide d'un thérapeute. Leur secret est simple : elles ont envie d'avoir envie. Un beau jour, elles prennent conscience de leur situation et ne s'y résignent plus. Elles décident alors de prendre le « taureau par les cornes » et de retrouver le chemin du désir. Elles ne rejettent pas seulement la faute sur l'autre, c'est peut-être un peu la leur aussi.

Alors elles décident de s'étonner, et d'étonner leur homme. Pas forcément en l'entraînant au bout du monde ou en se lançant dans des expériences radicales. Elles imaginent de simples rendez-vous au café du coin, volés sur le quotidien, ou des dîners en tête à tête pour recréer la complicité perdue. Parfois, elles expulsent la télévision de la chambre, énergiquement, car elle hypnotise et endort le couple. À ce propos, une étude italienne leur a donné plus que raison. La sexologue Serenella Salomoni a percé les secrets d'alcôve de 523 couples qui avaient installé le petit écran dans leur chambre à coucher. Résultats : les couples font deux fois moins l'amour passant de 8 rapports mensuels à 4. Chez les seniors, l'influence du téléviseur s'avère encore plus néfaste : les rapports chutent de 7 à 1,5 par mois[1] !

Parfois la télévision n'est pas en cause mais... ce sont les enfants. Pour preuve ce témoignage stimulant publié dans le magazine *Elle*[2] : « Quand l'été arrive, je n'attends plus que ça, ce petit rituel que j'ai établi avec mon mari, il y a plusieurs années, et que je ne sacrifierais pour rien au monde. Pendant une semaine, on part tous les deux dans notre maison du Sud, laissant derrière nous les enfants et les soucis du quotidien. Là, c'est comme si la terre s'arrêtait de tourner. On débranche les portables, on jette nos montres, on enlève nos vêtements ! Et on vit nus 24 heures sur 24 comme des amoureux échoués sur une plage. » Après vingt-cinq ans de mariage, avec une ribambelle d'enfants, certaines femmes arrivent donc à prendre encore du plaisir avec leur mari. À condition, bien sûr, de s'en donner les moyens.

1. *Corriere della Serra*, 16 janvier 2005.
2. Anne-Cécile Sarfati, « Pourquoi fait-on plus l'amour en été ? », propos recueillis par Camille Fournier et Clarisse Verrier, *Elle*, 4 août 2003.

Orgasme non synchro

On peut avoir du désir et du plaisir et ne pas se sentir tout à fait normale pour autant. Certaines vont trop lentement, d'autres, trop vite.

Une femme qui peine à jouir pense trop. Soit elle a du mal à faire le vide dans sa tête et se laisse absorber par des pensées parasites démotivantes, soit, au contraire, elle est obsédée par son orgasme et en oublie de se laisser aller à ressentir ce qui se passe en elle. Du coup, elle reste désespérément bloquée sur sa phase en plateau. Le conseil (comme pour l'anorgasmie) : ne plus se focaliser sur sa frustration, qui est un frein, mais repenser aux caresses qui font du bien et aux fantasmes stimulants pour soi.

L'orgasme précoce est aussi un problème. Il signale sans doute une bonne érotisation du clitoris ou de l'entrée du vagin. Mais, à force de jouir trop vite, le corps mémorise cette sensation et la reproduit de manière réflexe, comme lors de l'éjaculation prématurée pour l'homme. Lorsque le plaisir survient quelques secondes à peine après la pénétration, le soupirant reste seul en course pour aller au bout de son orgasme, ce qui est nettement moins motivant pour lui et aussi pour soi. Ses stimulations insistantes peuvent devenir irritantes, voire insupportables. Comment sortir du piège ? Il faut « reprogrammer son orgasme », se conditionner à la retenue grâce à de nouvelles sensations agréables : dès que le frôlement ou la caresse sur la zone réactive deviennent trop excitants, tout arrêter puis reprendre, jusqu'au moment désiré pour venir... C'est un peu la technique du « stop and go » utilisée par les hommes. L'apprentissage de ces exercices répétés se fait souvent à deux et nécessite une vraie complicité du couple, avec du savoir-faire chez l'amoureux aussi.

Les douleurs de l'amour

Les femmes se plaignent parfois d'avoir mal pendant les rapports (dyspareunies), ce qui gâche leur plaisir et leur orgasme, et, à la longue, peut les conduire à des relations plus brèves et plus espacées.

Pour elles, la chose est certaine, cela ne se passe pas que «dans la tête»: au départ, toutes les dyspareunies s'appuient sur une souffrance physique, superficielle ou profonde, décrite en termes de plaie, de brûlure ou de déchirure, à soigner absolument. Un examen minutieux du médecin est nécessaire afin de trouver le traitement approprié. Lorsque la douleur se chronicise (au-delà de six mois), une prise en charge psychosomatique devient souhaitable.

L'approche psychosomatique

Le cerveau entretient avec tous les organes des liens intimes, troublants, parfois paradoxaux. Cela tient sans doute à son histoire et à la manière dont il s'est sophistiqué au cours de l'évolution des espèces. Le cerveau le plus primitif ou cerveau «reptilien» comprend juste le tronc et le cervelet. C'est le cerveau de l'instinct: il détermine le niveau de vigilance et régule les fonctions de base nécessaires à la survie. Au-dessus de lui se trouve le cerveau intermédiaire, encore appelé système limbique. Il a des prolongements et des connexions dans tout le corps. Il contrôle le rythme cardiaque, la respiration, la pression artérielle, la glycémie, etc. C'est aussi le cerveau des émotions, voilà pourquoi la joie, la peur, la colère, la honte s'ex-

priment par des réactions physiques : accélération du rythme cardiaque, respiration coupée, boule dans la gorge, ventre noué, transpiration, etc.
Enfin, le cortex ou cerveau supérieur, caractéristique de l'*homo sapiens*, recouvre les deux hémisphères cérébraux. Il est le siège du langage, de la mémoire et de la réflexion, mais aussi des sensations et du contrôle des mouvements. Quand la surcharge émotionnelle déborde et devient non maîtrisable à un moment donné, elle peut favoriser un processus somatique « au coup par coup ». L'organe, sous l'effet de la contrainte qui persiste, se met à mal fonctionner : la peau est le siège d'allergie, la tête de migraine, les organes sexuels de brûlures, mycoses ou infections à répétition. L'investigation psychosomatique consiste à rechercher dans la vie du patient et dans son histoire les événements susceptibles d'avoir déclenché la maladie : les conflits conjugaux, familiaux ou professionnels, les changements de situation, etc.
Le processus somatique, dont l'expression visible est le symptôme, ne doit pas être l'arbre qui cache la forêt. Ce qui compte, c'est bien de renouer ce lien cassé entre le malade et son histoire, son entourage, etc. Pour y parvenir, des traitements médicaux sont associés à des thérapies brèves de quelques séances, de l'hypnose, de la relaxation ou des psychothérapies plus longues. Ces différents moyens mis en œuvre aident à cesser la répétition, c'est-à-dire à limiter les récidives, atténuer progressivement les symptômes et, même, les faire disparaître.
Le « choix » de l'organe a-t-il un sens symbolique ? On peut considérer que le terrain ou l'hérédité sont une sorte de fragilité organique qui prédispose à tel trouble plutôt qu'à tel autre, en cas de vulnérabilité psychique. On peut aussi imaginer que la personne « cible » inconsciemment l'organe de son choix pour dire quelque chose : le mal de dos ou la migraine ne seraient qu'une façon de freiner une activité physique ou sexuelle que l'on trouve contrai-

gnante, pour ne rester que dans la sphère sexuelle (« on en a plein le dos » de la relation, elle est « prise de tête », etc.). Une chose est sûre, il n'y a pas de profils types, n'importe quelle personne peut développer n'importe quelle maladie psychosomatique. Chacune, en fonction de son histoire et de son terrain biologique, peut s'exprimer avec tel ou tel symptôme et, éventuellement, en changer au fil du temps.

→ Toutes les raisons d'avoir mal

Certains médicaments, certaines maladies, tout comme certaines situations, peuvent être à l'origine de douleurs plus ou moins intenses pendant le rapport sexuel. La pilule favorise chez les femmes prédisposées une hyperacidité vaginale avec la prolifération de champignons à l'origine d'irritations vulvaires. Un herpès génital externe peut expliquer des frictions et une pénétration extrêmement pénibles (voir chapitre 9, « IST, sida : comment s'en protéger ? »). Les douleurs plus profondes sont provoquées par un fibrome, une inflammation des trompes, une endométriose ou un kyste de l'ovaire (voir chapitre 8, « Les problèmes médicaux des femmes »). On rencontre aussi des cas de « pseudo-vaginisme » avec des contractions réflexes a minima des muscles du vagin qui peuvent rendre le rapport inconfortable ou douloureux pour les deux partenaires, sans empêcher la pénétration.

Chez la femme ménopausée non traitée, la relative sécheresse vaginale est parfois responsable de rapports difficiles, faciles à améliorer grâce au traitement hormonal de la ménopause ou au traitement non hormonal.

« *Comme bien des femmes, les douleurs de Manon sont venues après l'accouchement et l'épisiotomie. Neuf mois ont passé, mais, depuis, elle ressent toujours une hypersensibilité au niveau de la fourchette vulvaire, vers le bas. À l'examen médical, la cicatrice est normale, la vulve l'est aussi. L'origine psychologique du trouble est probable, bien que la jeune femme reste persuadée qu'elle souffre de son épisiotomie et de rien d'autre. Elle présente des signes manifestes de dépression masquée : la douleur dont elle se plaint, sa fatigue permanente, l'envie de rien, des difficultés à dormir. Tout se passe comme si le geste chirurgical subi avait inscrit dans son corps une mémoire douloureuse. Grâce à l'approche psychosomatique, Manon raconte son accouchement, sa vie avant et après la grossesse. Sa mère est venue s'installer chez elle trois mois avant le terme pour l'aider et s'occuper du bébé ensuite. Un an plus tard, elle est toujours là ! Sans même s'en rendre compte consciemment, la jeune femme raconte sa difficulté à faire l'amour alors que sa mère est dans la pièce à côté. Elle aimerait bien la renvoyer chez elle, retrouver son mari qui commence à trouver la situation insupportable et à la lui reprocher, mais comment s'y prendre, alors que celle-ci a tout abandonné pour lui porter secours ? Durant les entretiens, Manon réfléchit aux solutions possibles. Elle reçoit également des conseils d'hygiène de vie importants : ne pas se laver trois fois par jour comme elle le faisait pour « évacuer la douleur », ne pas utiliser de poire vaginale ni mettre des ovules antimycosiques à tort et à travers dès qu'elle éprouve un picotement suspect. Enfin, elle prend des médicaments : un antinévralgique (pour calmer les filets nerveux qui parcourent la vulve), un traitement hormonal local (pour renforcer la muqueuse vaginale et la rendre plus souple), des lubrifiants locaux (pour faciliter la pénétration). Reste à modifier son comportement amoureux pour retrouver une sexualité agréable : il faut accepter de nouveau les caresses sans craindre d'avoir mal, privilégier certaines positions pendant l'amour (celles qui maintiennent la verge vers le haut plutôt que sur le plancher du vagin). Au bout de quelques semaines de thérapie, les rapports sont redevenus satisfaisants, le plaisir a fini par remplacer la gêne. En trois mois, la douleur a totalement disparu. Manon, se sentant soutenue par son mari, peut alors sincèrement remercier sa mère. Cette dernière part heureuse de pouvoir enfin boucler sa valise. La jeune femme improvise dans la foulée ses premiers week-ends en amoureux.*

« *Le cas d'Amélie est différent. Cela fait deux ans qu'est traitée pour de l'acné et, depuis, plus du tout de plaisir, aucune sensation agréable pendant les rapports sexuels : sa muqueuse vaginale s'échauffe trop vite, ce qui entraîne des irritations. Le diagnostic n'est pas compliqué : les médicaments contre l'acné à base de vitamine A acide assèchent la peau, ils assèchent aussi les muqueuses. Il a suffi que son médecin remplace son traitement par un autre pour qu'elle retrouve des rapports satisfaisants.*

Les substances tue-l'amour

Certains produits ou médicaments ont des effets indésirables sur la sexualité, le plus souvent de manière réversible. La vitamine A acide assèche le vagin et rend les rapports douloureux. Les substances qui augmentent le taux de prolactine diminuent le désir et assèchent le vagin. Idem pour certains hypotenseurs, des neuroleptiques ou des antidépresseurs (qui, de plus, retardent l'orgasme). Les anti-hormones qui provoquent une ménopause artificielle ont aussi un impact sur le désir et la lubrification. L'alcool pris à une certaine dose (plusieurs petits verres tous les soirs) entraîne à la longue des modifications hormonales responsables d'une moindre sensibilité du clitoris et d'une baisse de lubrification avec une chute du désir. Les stupéfiants (haschich, ecstasy, etc.) lèvent l'inhibition, mais peuvent couper complètement de l'autre, on est tellement bien sur son nuage...

→ La pénétration impossible

La pénétration impossible, encore appelée vaginisme, est un trouble psychique du comportement sexuel. Il est plus fréquent qu'on ne l'imagine (12 à 17 % des consultations pour trouble sexuel[1]) et s'apparente à une peur panique d'être pénétrée. Il se traduit par une contraction involontaire des muscles du périnée. Le réflexe est si puissant qu'il interdit l'examen gynécologique à un doigt ou à un spéculum de vierge. Il empêche surtout la « consommation » du mariage. On a souvent comparé le vaginisme à la fermeture réflexe de la paupière quand

1. Selon les sexologues américains J. S. Hyde & J. Delamer, *Understanding Human Sexuality*, Mc Graw Hill, 1997.

on met un doigt dans l'œil. Ce problème apparaît le plus souvent dès les premières tentatives d'intromission. Les femmes tolèrent, voire apprécient les jeux sexuels, à condition qu'on ne franchisse pas l'impensable limite. L'éjaculation se fera en dehors du vagin, après des caresses mutuelles. Il existe aussi des cas de pseudo-vaginisme déjà évoqués dans les douleurs de l'amour, dont la prise en charge s'appuie sur la prise de conscience et l'apprivoisement de la zone vaginale (pour dépasser le refus de la pénétration) par des exercices de contraction-relâchement des muscles périvaginaux et, en fonction des cas, sur la relaxation ou, mieux encore, sur l'hypnose éricksonienne.

Un examen médical attentif est nécessaire, car il peut exister chez la femme un obstacle physique bien réel constitué par un hymen très serré, mais, disons-le franchement, c'est très rare.

« *Tiziana est mariée depuis deux ans. Son couple est au bord de la rupture, à cause de rapports impossibles. Chacun se renvoie la balle, persuadé que c'est la faute de l'autre : « Tu t'y prends mal », « Tu ne me laisses pas faire », etc. Comme 80 % des femmes souffrant de vaginisme, Tiziana a peur à l'idée même qu'un sexe puisse s'introduire en elle. Elle consulte, contrainte et forcée, avec son mari, redoutant d'avance le toucher vaginal qu'elle devra subir. Malgré des sueurs froides, elle accepte l'examen et s'aperçoit qu'elle « survit » à l'épreuve. C'est une première révolution pour elle. Mieux, elle veut bien suivre la prescription. Celle-ci consiste à apprendre à faire baisser la pression dans le bas-ventre grâce à une respiration adaptée (inspirer en gonflant le bas du ventre et expirer en le vidant). Puis elle s'entraîne à mobiliser son bassin (basculement du pubis vers l'avant, des fesses vers l'arrière), elle se familiarise à l'idée de la pénétration, d'abord seule, grâce à l'intromission d'un doigt; ensuite à deux, en guidant son partenaire très progressivement, avec un doigt, puis deux, puis le sexe par étapes successives jusqu'à ce qu'il pénètre entièrement. La jeune femme sera guérie trois semaines après. Quelques mois plus tard, elle sera enceinte et il ne sera plus question de divorce.*

« *L'histoire de Léna ne connaît pas vraiment de* happy end, *mais elle est exceptionnelle à plus d'un titre. Sa phobie de la pénétration n'est pas liée à la peur de l'homme ou de la défloration, mais au refus même de sa nature de femme. C'est un problème quasi existentiel, elle se vit et se pense comme un être asexué. Léna a eu un enfant, pourtant elle est toujours vierge. Impossible, direz-vous, ou alors il faut la canoniser, ou alors... elle a eu une fécondation in vitro. C'est presque cela, elle a utilisé une seringue sans aiguille pleine du sperme de son mari et se l'est injecté à travers l'hymen par le petit trou qui permet aux règles de passer. C'était un soir d'hiver dans sa salle de bains. Elle a été enceinte du premier coup. Elle a dû consulter pour le suivi de la grossesse et l'examen vaginal a toujours été impossible. Oui mais alors, il a bien fallu que le bébé sorte. Il s'est trouvé que Léna a accouché par césarienne. Une psychothérapie lui a été fortement recommandée, hélas, elle ne se sentait pas prête.*

Les cas comme celui de Léna sont rares. La plupart des femmes aimeraient bien guérir mais n'osent pas consulter ou ignorent qu'il existe des solutions efficaces. Beaucoup attendent des années (trois à quatre ans en moyenne) pour un problème que gynécologues et sexologues savent traiter dans 80 % des cas, parfois en quelques consultations seulement. Le traitement agit à plusieurs niveaux: l'apprentissage de la décontraction musculaire, la prise de conscience de la réalité vaginale (littéralement en leur faisant toucher du doigt cette cavité dont elles ont une représentation floue et angoissante), enfin la psychothérapie brève (parfois la psychanalyse) pour s'exprimer, se raconter, apprendre à mieux se connaître.

Les questions

Sur le désir

◇ Est-il normal de ne pas penser du tout au sexe lorsqu'on est célibataire?

Si la question sous-entendue est: «Suis-je frigide parce que je n'ai pas d'envie sexuelle?», la réponse est non. On peut être normalement constituée, bien dans sa tête et, pour autant, ne pas éprouver de désir pendant une période. La culture et l'éducation entrent alors beaucoup en ligne de compte. L'éducation religieuse peut faire penser que tant que l'on n'est pas mariée ou très amoureuse, il n'est pas question d'avoir de relations sexuelles. La zone génitale est endormie, et c'est bien l'esprit, ici, qui commande le corps. Lorsque l'on aura trouvé l'âme sœur, même si c'est à 35 ans, la sexualité fonctionnera normalement. Autre possibilité: la peur de ne pas savoir s'y prendre ou d'être un «mauvais coup» (mauvaise expérience antérieure, amie qui s'est fait quitter pour cette raison, etc.). Cette crainte devient si forte qu'on préfère tenir le désir à distance. En pensant qu'on n'en a pas, on se protège (inconsciemment, bien sûr) et on évite de se confronter à ses angoisses. Le travail, le sport, d'autres passions sont les seuls centres d'intérêt.

◇ Peut-on vivre sans faire l'amour?

Malgré «la tyrannie du plaisir[1]» qui règne dans notre société, aucune loi écrite ne prescrit les galipettes et cabrioles. À chacune de vivre ce dont elle a envie et de refuser ce dont elle ne veut pas. On peut être séduisante, parfaitement équilibrée, et imposer le silence à son corps pour faire le point avec soi-même. On peut aussi être malheureuse à cause d'une rupture et refuser de souffrir à nouveau. La douleur morale l'emporte encore sur la perspective du plaisir physique. Ce choix monastique peut durer des semaines, des mois ou des années. La particularité du désir et de l'amour, c'est que cela se pense à deux.

Si on n'a pas de compagnon, l'abstinence est plus ou moins bien supportée. Si on en a un, qu'il est en phase avec cette abstinence et qu'il n'en souffre pas, c'est que le couple a investi d'autres centres d'intérêt et de complicité. Les choses se compliquent s'il y a demande du compagnon, ce qui est le cas le plus fréquent, et que l'on s'y refuse. Parfois, le rejet va jusqu'à la répulsion de l'acte lui-même, avec son partenaire, et avec tous les autres aussi. C'est plutôt dans son histoire qu'il faut aller chercher la cause: vers le traumatisme de départ, refoulé, qu'il faut identifier à l'aide d'une psychothérapie. Cette démarche est nécessaire si l'on veut préserver une certaine harmonie dans son couple.

1. Jean-Claude Guillebaud, *La Tyrannie du plaisir*, Le Seuil, 1998.

No sex attitude

L'une des surprises notables de la grande enquête CSF 2008 a bien été celle-là ! Alors que les pratiques sexuelles semblent plus libres, que les femmes rattrapent les hommes dans ce domaine aussi, que les jeunes se rapprochent des plus expérimentés (ou l'inverse), un gand nombre de vaillants célibataires ne manifestent pas d'intérêt pour la sexualité (ni le couple) et c'est encore plus marquant chez les hommes jeunes : entre 18 et 35 ans, les abstinents sont deux fois plus nombreux que les abstinentes avec 6,2 % contre 3,5 %. La grande majorité des sexuellement inactifs ne vivent pas en couple (82,9 % des femmes, 88,5 % des hommes), c'est une première explication à l'abstinence mais ce n'est pas la seule. Une femme sur deux ne souhaite pas avoir de rapports sexuels contre un homme sur cinq. Les deux tiers des femmes ajoutent même que cela leur « convient parfaitement », alors que c'est le cas pour seulement un quart des hommes. Chez les plus jeunes, surtout les hommes, le fait de ne pas avoir trouvé de partenaire est invoqué en premier lieu.

Ceux qui ne peuvent avoir de rapports sexuels pour raisons médicales représentent seulement 4,3 % des abstinents.

35 % des femmes et 71 % des hommes souhaitent pourtant sortir de leur désert sexuel. Mais peu s'en donnent vraiment les moyens, puisqu'une personne sur quatre à peine déclare être actuellement à la recherche d'un partenaire. Pour aider ceux qui hésitent encore, le désormais mythique http://www.meetic.fr ou alors http://www.pointscommuns.com (destinés à tous ceux qui veulent se rencontrer par affinités culturelles).

◇ J'aime mon mari, mais le sexe avec lui me dégoûte, suis-je devenue frigide ?

À peine certaines femmes se décident-elles à emménager avec un homme, à l'épouser ou a fortiori à faire un bébé avec lui, qu'il se met à incarner le Père dans toute sa force symbolique. Et, comme il est interdit d'aimer sexuellement son père, elles éprouvent moins de plaisir, voire du dégoût, lors des rapports. Parfois, leurs difficultés s'expriment par des maladies psychosomatiques à répétition (mycoses, cystites, etc.). La solution ne peut venir que d'une prise de conscience de leur état et d'un travail en psychothérapie. Contrairement à ce qui est dit dans la question précédente où le dégoût se manifeste avec tous les hommes, ces femmes sont bloquées uniquement avec leur compagnon, mais elles peuvent avoir du désir et du plaisir avec les autres hommes puisqu'ils ne sont pas catalogués comme des pères dans leur esprit. Mais si elles faisaient un enfant avec eux, le même problème risquerait fort de se reproduire.

◇ L'absence de désir peut-elle être hormonale ?

Oui, mais c'est moins fréquent que l'absence de désir d'origine psychologique. Pour le vérifier, un bilan biologique est nécessaire. Une concentration anormalement élevée de prolactine – une hormone dont le taux grimpe énormément en cas d'allaitement – entraîne non seulement une chute de la libido, mais une sécheresse vaginale à l'origine d'une perte de plaisir. Le taux de prolactine peut aussi augmenter à cause du stress, et cela, même en dehors des périodes d'allaitement. Parfois, c'est le taux d'hormones mâles (connues pour être érogènes) qui est trop faible. Un traitement à base de testostérone en comprimés ou en gel avec application locale sur la vulve ou le clitoris est prescrit aux États-

Unis. Ces produits n'ont pas d'autorisation de mise sur le marché en France, du moins pour cette indication. Les œstrogènes, utilisés en gel, rendent la muqueuse vaginale plus réceptive.

On peut accompagner ces traitements hormonaux de petits produits très efficaces pour favoriser l'excitation, malheureusement mal connus des médecins et sous-utilisés par eux : le polycarbophile (Replens®) permet de retapisser la muqueuse de cellules nouvelles et de rétablir une bonne lubrification. Il s'administre en dehors des rapports sexuels, sous forme de poire à vider dans le vagin deux à trois fois par semaine. L'érection du clitoris est favorisée par certains vasodilatateurs (Fonzylane®, Vermion® ou leurs génériques). Le médecin peut enfin prescrire certains antidépresseurs qui lèvent le frein au désir.

◇ Existe-t-il des médicaments qui traitent les troubles du désir ou du plaisir chez les femmes ?

Oui, et la pharmacie du plaisir va aller crescendo. Le premier testé en 2003, côté féminin est le Viagra® du laboratoire Pfizer. 200 femmes atteintes d'un trouble de l'excitation (sécheresse vaginale) ont reçu, soit la petite pilule bleue de l'amour, soit un placebo. Résultat : 70 % de celles qui ont expérimenté le produit actif ont noté que leur lubrification était meilleure et leur orgasme facilité, ce qui était mieux qu'avec le placebo. Pour autant, le laboratoire Pfizer n'a pas jugé utile de le mettre sur le marché. Peut-être parce que l'alchimie féminine du désir et de l'amour ne se résume pas à une simple vasodilatation des vaisseaux sanguins. Et de loin !

Des stimulants du désir sont également sur la paillasse des chercheurs. Pas moins de 5 000 femmes, des deux côtés de l'Atlantique, ont testé l'efficacité de la Flibanserine® du labora-

toire Boehringer Ingelheim dans le traitement de la baisse du désir sexuel. Cette fois, la molécule n'agit plus sur le débit sanguin, mais sur la sérotonine, un neuromédiateur surnommé l'hormone du désir et qui interviendrait dans « l'allumage » des circuits cérébraux. Le lancement pourrait avoir lieu en 2009. Un autre produit, sous forme de spray nasal (le PT-141), pourrait également enrichir l'arsenal des aphrodisiaques version rose. Juste un petit « pfuittt » avant les préliminaires, et le désir grimperait. Ce produit, développé par la firme américaine Palatin Technologies, agit lui aussi sur une hormone cérébrale, la mélanocortine cette fois. L'expérimentation animale a révélé que les rongeurs femelles qui recevaient cette substance sollicitaient les mâles cinq fois plus que les autres femelles. Tout un programme !

Il existe enfin un patch (Intrinsa®) vendu sur prescription médicale et en pharmacie pour augmenter le désir chez la femme. Celui-ci est destiné uniquement aux femmes ménopausées ou ayant subi une ménopause chirurgicale (retrait des ovaires). Celles qui souhaitent en savoir plus peuvent consulter le site http://www.libidomenopause.fr.

Le laboratoire BioSante Pharmaceuticals nous promet également pour les années 2010 un gel à base de testostérone (Libigel®), actuellement en phase d'expérimentation. Ce médicament s'obtiendra sur prescription médicale et sera destiné aux femmes qui souffrent de troubles du désir.

On le répète avec véhémence, tous ces produits peuvent s'avérer utiles mais sûrement pas suffisants. En cas de blocage dans le couple, on ne pourra pas faire l'économie de questionnements intimes (pour donner du sens au blocage), voire d'une thérapie psychologique ou conjugale.

◇ Depuis que j'ai accouché, je n'ai plus envie de faire l'amour. Comment sortir de là ?

Il faut laisser du temps au temps. La plupart des femmes reprennent les rapports sexuels huit à dix semaines après l'accouchement. Mais pour d'autres, il faut davantage de répit sans que cela soit anormal. Il y a eu peut-être une césarienne, des forceps ou une épisiotomie. Et pour peu que les tissus aient perdu leur tonicité, la cavité vaginale s'est distendue, le contact entre le pénis et le vagin est devenu trop lâche, ce qui amoindrit le plaisir. Au moindre souci, en parler sans honte avec son gynécologue, cela fait partie du suivi normal du post-partum. Si le plaisir reste désespérément absent au-delà de six mois malgré les différents petits traitements (antinévralgiques, lubrifiants, etc.), il vaut mieux demander l'adresse d'un spécialiste à son médecin. Ne pas négliger la rééducation postnatale. Les dix séances de kinésithérapie offertes par la Sécurité sociale permettent de muscler le périnée et de retrouver plus rapidement ses sensations sexuelles.

◇ J'allaite mon bébé et mon envie de câlins a disparu, va-t-elle revenir ?

L'allaitement n'est pas vraiment une période propice à la reprise des rapports sexuels : le taux de prolactine est élevé les six ou huit premières semaines – ce qui supprime toute libido –, de plus, la relation fusionnelle entre la mère et l'enfant exclut souvent le père. Le sein peut difficilement être à la fois le biberon de bébé et le lieu des caresses du papa. Toutefois, avec la baisse de prolactine par la suite et le retour de la complicité du couple, les choses se normalisent progressivement. On prend le temps de se redécouvrir, d'organiser des petites surprises, de sortir un peu...

◇ Depuis que j'ai grossi, le sexe ne me dit plus rien, ça s'explique ?

Ce n'est pas hormonal, c'est comportemental. Une des grandes différences entre les hommes et les femmes, c'est que, même au lit, la plupart des femmes restent dans la séduction, alors que la plupart des hommes se formalisent bien peu de quelques poignées d'amour supplémentaires, qu'il s'agisse des leurs ou de celles de leur compagne. Les hommes peuvent ainsi se montrer excités, voire subjugués, par les rondes (et même les grosses) si elles s'offrent à eux avec simplicité, désir et sourire. En revanche, si ces mêmes femmes, blessées par l'image qu'elles se font de leur corps, montrent un visage fermé et un corps hostile, ils s'apercevront plus facilement de leurs défauts et seront bien moins sensibles à leur érotisme. C'est vrai dans le domaine de la séduction aussi. Des études sur le comportement amoureux ont montré que celles qui attirent le plus les regards sont aussi celles qui se montrent le plus facilement souriantes. Dans un domaine différent, on a observé que les enfants pauvres et gais gagnaient plus en mendiant que les enfants tristes. Cela donne à réfléchir, non ?

◇ Depuis que mon mari prend du Viagra®, ça me bloque...

À la sortie de ce médicament, les femmes ont eu plusieurs types de réactions à l'origine de blocages : « Il va prendre ce produit et, du coup, il va aller voir ailleurs... », « S'il n'y avait pas ce truc, il ne me désirerait pas... », « Il va falloir que je sois à sa disposition permanente... », etc. Ce genre de pensées est forcément stressant, voire démotivant. Il est amusant de penser qu'il y a quarante ans, lorsque la pilule contraceptive est sortie, les hommes ont pensé pareil : « Elle va me tromper puisqu'elle n'a plus peur de tomber enceinte » ; « Elle va donner libre cours à sa sexualité », etc. Pour la pilule comme pour les médicaments de l'érection, la menace doit être largement relativisée. Avec ou sans béquille, un homme qui a envie de butiner butinera. Et puis, pour que le produit fonctionne, il faut du désir, donc une certaine stimulation, sa partenaire ne lui est pas indifférente, bien au contraire.

Heureusement, les temps changent. Beaucoup de femmes ne sont pas inhibées mais, au contraire, stimulées par la panoplie des médicaments sexo-actifs. Ce sont elles, maintenant, qui disent à leur mari : « J'ai bien pris la pilule pendant des années, tu pourrais prendre tes pilules toi aussi. »

◇ Depuis que mon mari prend du Viagra®, j'ai davantage de plaisir, est-ce lié ?

Oui, c'est possible, et l'étude Couple menée par Marie Chevret-Measson[1] *confirme ce que certaines femmes ont pu constater. C'est un peu l'illustration de la transitivité mathématique appliquée au sexe. Leur compagnon prend le losange bleu pour ses troubles de l'érection et elles en sont aussi sexuellement satisfaites. Un peu comme si Viagra® agissait par procuration. Autre surprise de l'étude, la fatigue féminine chute radicalement entre le début et la fin du traitement (à cause de la composante dépressive qui diminue) et l'estime de soi de la partenaire double quasiment. Enfin, quand la femme est intégrée à la démarche thérapeutique, son mari prend mieux sa pilule.*

1. 5e Congrès international francophone de gynécologie et andrologie psychosomatiques, Paris, 2008.

◇ Je n'ai jamais de fantasmes ni d'envies particulières au lit, est-ce normal ?

Si la relation est agréable et que chacun est content, où est le problème ? Le fantasme n'est pas obligatoire ! En revanche, si cette attitude traduit une inhibition ou un désintérêt de la chose sexuelle, il existe mille façons de réveiller son imaginaire : les livres et les films notamment, en commençant par des incitations sensuelles et érotiques très progressives (sous peine d'obtenir l'effet inverse à celui recherché). Une femme qui connaît ses fantasmes et les utilise est plus facilement excitée, son homme aussi, il a besoin d'entendre ses rêveries pour nourrir ses propres pensées.

Sur la difficulté à avoir du plaisir

◇ Je n'ai jamais eu de plaisir, que dois-je faire ? Y a-t-il une recette magique ?

Il faudrait voir ou revoir le film de Bertrand Blier Les Valseuses ! *Miou-Miou est frigide, elle ne manifeste aucune réaction de plaisir pendant l'amour, elle ne fait que prêter son corps, comme absente à elle-même, malgré les efforts héroïques et variés de Patrick Dewaere et Gérard Depardieu. Tout d'un coup, avec un nouveau partenaire particulièrement maladroit et inexpérimenté, elle explose de plaisir et découvre enfin la jouissance. Que s'est-il passé ? Elle n'a sûrement pas succombé à l'habileté du nouveau venu. Non, voyant que celui-ci tremblait, Miou-Miou l'a rassuré, elle est devenue moins passive, elle a pris en compte et son partenaire et elle-même. Elle s'est enfin retrouvée actrice de son propre plaisir et celui-ci a fini par venir tout naturellement… Ensuite, le blocage a disparu. Instructif, non ?*

◇ J'ai du plaisir par la masturbation, mais pas avec mon chéri. Que faire ?

La majorité des femmes sont clitoridiennes et ne peuvent avoir d'orgasme que par la stimulation du clitoris. Donc, si leur partenaire se contente de les pénétrer sans qu'elles se stimulent elles-mêmes, elles n'auront pas de plaisir. Pour jouir, elles doivent faire ce qu'elles savent faire, se masturber pendant la pénétration (ce qui suppose des positions amoureuses adaptées). Mais beaucoup n'osent pas, de peur qu'il s'imagine ne « servir à rien » ou qu'il les prenne pour des vicieuses dépravées. Deux remarques : primo, bon nombre d'hommes se disent excités de voir une femme se masturber devant eux ; secundo, c'est sans doute le moyen le plus efficace et le plus rapide pour jouir avec son compagnon, alors autant laisser de côté la culpabilité et la honte. Toutefois, entre le moment où chacune le fait seule avec plaisir et la relation sexuelle à deux, il y a un monde qu'il faut franchir à petits pas comptés. L'orgasme est un réflexe conditionné qui peut se reprogrammer. Une proposition qui a été utile à de nombreux couples : d'abord, se masturber seule dans une pièce isolée, avec Jules qui sait ce qui se passe, et on sait qu'il sait. Ensuite, se masturber avec la porte ouverte (une défense de moins). Puis il est dans la même pièce et s'affaire à toute autre chose. Enfin, il est bien là, tout contre soi, fait peu ou pas de mouvements lors de la pénétration pour ne pas parasiter ses propres sensations lorsqu'on se caresse. Grâce à cette concentration, l'orgasme clitoridien est à portée de main. Ces étapes peuvent être franchies en quelques séances seulement, toutes ne sont pas forcément indispensables et ne demandent pas à être suivies dans l'ordre.

Une autre possibilité s'offre évidemment : demander à son partenaire d'associer la pénétration à la masturbation du clitoris. Avec un peu de générosité et de doigté, il y arrive très bien.

◇ Je ne suis pas du tout sensible des seins, mon amant croit que je suis frigide. Qu'en penser?

Toutes les femmes ne sont pas identiques, certaines peuvent avoir un orgasme par simple effleurement des seins, d'autres être totalement insensibles à ce niveau-là. Cela fait partie des différences interindividuelles sans que cela soit inquiétant pour autant. Cela peut aussi être un problème de culture et d'éducation. Si les seins et la féminité ont été valorisés pendant l'enfance, cette zone sera plus facilement réactive que si l'on a été élevé dans une famille où le corps est considéré avec mépris et que, bébé, on a reçu très peu de caresses.

◇ Que faire pour être mieux lubrifiée?

Quel que soit l'âge, l'insuffisance de lubrification n'est pas hormonale, même si un bon équilibre aide, mais surtout liée au stress, voire à la peur de ne pas mouiller suffisamment pour se rassurer et rassurer son partenaire. Il faut l'admettre: une femme qui fait l'amour n'est pas en représentation avec obligation de résultat. Pour que l'excitation et la lubrification viennent, il lui faut être totalement détendue ou prendre les devants et utiliser un lubrifiant local.

◇ On m'a ôté un fibrome et depuis le plaisir a disparu, est-ce irréversible?

Vers 35-40 ans, il est très fréquent d'avoir un fibrome. Mais c'est davantage ce qui se passe dans sa tête et les fantasmes autour du fibrome qui vont parasiter le plaisir que le fibrome lui-même. Il faut donc s'interroger sur ses représentations. Certaines femmes se disent alors qu'elles vieillissent, d'autres pensent à leur mère qui, elle aussi, a eu un fibrome, et cela réveille toutes les difficultés relationnelles entre elles et la peur de lui ressembler en cela aussi ; parfois, cette mère a eu un fibrome, puis un cancer, ce qui fait anticiper un avenir angoissant et explique le blocage au niveau sexuel. On voit bien que cette intervention technique en apparence si simple cache en fait un parasitage psychologique à élucider pour dénouer l'angoisse et retrouver le plaisir.

◇ L'infidélité est-elle un remède à la frigidité ?

L'infidélité n'est ni un moyen ni un remède, et elle ne se prescrit pas. La vraie question à se poser pour soi-même est : comment vivrais-je cette expérience ? Si c'est avec culpabilité et pour s'assurer que l'on plaît toujours, ou que le corps « fonctionne » encore, autant ne pas essayer, le « testing » est souvent décevant sur le plan sexuel et ne résout rien dans son couple. Si c'est avec désir pour un autre, alors on sort du contexte du « remède », à chacune d'avoir des petits arrangements avec sa conscience.

Sur la douleur pendant les rapports

◇ Je suis très bien traitée pour mes problèmes gynéco, mais les rapports sont toujours aussi douloureux...

Les petites maladies (mycoses, herpès, cystites, infections), tout ce qui crée une irritation est un obstacle au désir et au plaisir. Il suffit de se traiter de manière adaptée pour que les rapports redeviennent satisfaisants. Si, malgré le traitement complet, la situation s'installe durablement avec des troubles cycliques, il devient indispensable de s'interroger sur le pourquoi de cette opposition masquée. Un élément psychologique déterminant peut émerger (voir aussi chapitre 8, « Les problèmes médicaux des femmes » et chapitre 9, « IST, sida : comment s'en protéger ? »).

Sur son partenaire

◇ Mon compagnon souffre de troubles de l'érection, est-ce parce qu'il me désire moins ou parce que je m'y prends mal ?

Certains sexologues n'hésitent pas à affirmer que les femmes sont plus fortement impliquées qu'on ne l'imagine dans les troubles sexuels masculins et que ce phénomène est largement sous-estimé[1]. Selon les études avancées, dans 25 à 60 % des cas, la femme d'un homme « impuissant » présente aussi des troubles sexuels. Elle souffre de chute de la libido, de douleurs en faisant l'amour, d'absence d'orgasme, d'impossibilité à être pénétrée. Ce qui expliquerait en partie la démotivation de l'homme ou les blocages qui s'ensuivent, surtout si lui-même est fragilisé pour des raisons professionnelles ou affectives. Dans ce cas, c'est le couple qu'il faut soigner et pas seulement le trouble érectile. Il arrive aussi que les troubles de l'érection soient totalement indépendants de la partenaire et surviennent avec n'importe quelle femme, en toutes circonstances. L'homme peut la désirer très fort, elle peut être parfaitement experte... Le sexe masculin est alors seul en cause. Seul un médecin peut faire le diagnostic en interrogeant les deux partenaires sur leurs habitudes sexuelles et en procédant à un examen clinique du monsieur, seul, s'il préfère.

1. D'après l'intervention du Dr Robert Porto, psychiatre, sexologue, au congrès annuel de la Société française de sexologie clinique, octobre 2002.

◇ Mon mari est éjaculateur précoce et moi je n'ai pas de plaisir, comment faire ?

Au lieu de se renvoyer la balle et la faute, mieux vaut aller consulter ensemble un médecin habitué à traiter des difficultés sexuelles. Il aidera l'homme à soigner son trouble (grâce à des petits exercices techniques ou des médicaments) et la femme à mieux se connaître, ce qui accélérera son plaisir. Si chacun fait un pas vers l'autre, le rapport cessera d'être frustrant pour les deux.

Sur les sexologues

◇ À quoi sert un sexologue ?

On va voir ce « thérapeute du sexe » pour surmonter des difficultés ou des blocages jugés préoccupants pour soi ou pour son couple : problèmes de désir, de plaisir, douleurs, troubles sexuels ou amoureux.

◇ Comment les sexologues sont-ils formés ?

On dénombre environ un millier de sexologues en France, dont près des deux tiers sont des médecins (généralistes pour la plupart ou psychiatres, gynécologues, endocrinologues, urologues). Le tiers restant se compose de psychologues, thérapeutes, kinésithérapeutes, conseillers conjugaux, hypnothérapeutes. Des formations universitaires de trois ans sont ouvertes aux médecins comme aux non-médecins pour éviter les dérives nombreuses et les fantaisies thérapeutiques observées dans cette profession mal définie. Le diplôme interuniversitaire (DIU) de sexologie est le seul diplôme consensuel, reconnu par l'Ordre des médecins. L'enseignement est dispensé dans huit universités en France

(Bordeaux, Lyon, Montpellier, Marseille, Nantes, Paris, Toulouse...). Selon une enquête réalisée par l'Association pour le développement de l'information et de la recherche sur la sexualité), un sexologue sur six consacre 100 % de son activité à la sexologie, et un sur six ne l'exerce qu'occasionnellement.

Selon la formation de départ du thérapeute, l'entretien est très médical, «mécaniciste» ou plutôt psy. Mais pour tous, l'objectif devrait être le même, traquer la cause du mal (lésion organique, traumatisme psychologique, problème relationnel) et la traiter, seul ou avec l'aide d'un médecin.

◇ Y a-t-il des exercices pratiques?

Oui, ils sont même inévitables. Ces exercices ne sont évidemment pas des travaux pratiques en cabinet avec le sexologue, mais des missions à accomplir d'une fois sur l'autre à la maison, sur soi, avec son partenaire ou dans sa vie (caresses, adoption de certaines positions amoureuses, contractions du périnée, changements de comportement du couple, éviction du chien du lit conjugal, installation d'un verrou sur la porte pour que les enfants ne déboulent pas à l'improviste, etc.). Une thérapie dure quelques séances pour un problème simple (vaginisme, sécheresse vaginale, douleurs banales, etc.), voire quelques mois pour un trouble plus sérieux (anorgasmie ou douleurs chroniques, par exemple). Mais, bien sûr, tout dépend du problème et du couple.

◇ Faut-il consulter seul ou à deux?

Au début, il vaut mieux faire ce qui paraît le plus facile. Certaines femmes se sentent gênées, voire culpabilisées ou humiliées, par la présence de leur partenaire. D'autres sont soutenues par cette même présence. Cependant, il faut reconnaître que l'homme est quelquefois essentiel pour préciser le diagnostic de trouble sexuel, aider le médecin à faire le bon choix thérapeutique et améliorer l'observance du traitement. Lorsqu'on l'interroge en consultation, il donne une mine de renseignements auxquels on n'aurait pas forcément pensé ou auxquels on n'aurait peut-être pas accordé la même importance : « Tous les soirs, elle passe des heures avec les enfants et finit par s'endormir avec eux en essayant de les coucher » ; « Elle est tellement pudique que je ne peux pas la toucher » ; « Elle n'arrive à jouir que dans une seule position (ou dans le noir) », etc. Le diagnostic est souvent modifié après l'intervention du partenaire, car la femme s'attache surtout au climat général de la relation sans préciser ce qui cloche dans son intimité comme le ferait un homme précisément, avec des mots plus crus.

◇ Mon mari refuse d'aller chez le sexologue, comment le convaincre ?

Certains hommes se défendent énergiquement de consulter pour raison sexuelle, comme si c'était l'humiliation suprême. Raison avancée : « C'est ton problème, tu te débrouilles... Moi, je vais bien. » C'est à la fois vrai et faux. Jusqu'à preuve du contraire, l'amour se fait à deux. Et si chacun faisait un pas vers l'autre, le chemin à parcourir serait moins long et moins difficile. Une femme rassurée par l'attitude de son compagnon fonctionne mieux et plus rapidement (c'est d'ailleurs exactement la même chose pour un homme qui souffre de difficultés sexuelles).

Le but du jeu n'est pas de savoir qui est responsable, mais d'améliorer la relation sexuelle, non ? Voilà, entre autres, ce qu'on peut lui suggérer...

Où trouver un spécialiste ?

Pour un sexologue

Association inter-hospitalo-universitaire de sexologie : 22 cours Pierre-Puget, 13006 Marseille – http://www.aihus.fr.
Société française de sexologie clinique : 32 avenue Carnot, 75017 Paris – 01 45 72 67 62 – http://www.sfscsexo.com.
Syndicat national des médecins sexologues : www.snms.org.

Pour un psychosomaticien

Société française de gynéco obstétrique psychosomatique : sfgops@gmail.com.

Pour un thérapeute de couple

Association française des centres de consultation conjugale : 44 rue Danton, 94 270 Le Kremlin-Bicêtre – 01 46 70 88 44 – http://www.afccc.fr.

Pour un hypnothérapeute

Institut de médecine psychosomatique, d'hypnose clinique et de thérapie brève : http://www.hypnose.org.
Association française pour l'étude de l'hypnose médicale : http://www.hypnose-medicale.com.

Pour un urologue

Association française d'urologie : 12 rue de la Croix-Faubin, 75577 Paris Cedex 11 – 01 44 64 14 85 – http://www.uro-france.org.

6

CONTRACEPTION, DÉSIR D'ENFANT

Voilà près de vingt-cinq ans que la contraception stagnait sans connaître d'innovation véritable. Pilule, préservatif, stérilet, on avait fait à peu près le tour de la question… Mais depuis quelques années, l'effervescence règne dans ce domaine aussi : la pilule allège radicalement ses dosages et espace ses prises, elle peut même se coller sur la peau sous forme de patch, s'implanter dans le bras sous forme de bâtonnet, ou directement dans le vagin sous forme d'anneau ; les stérilets se mettent aux hormones ou jouent sur la forme, ce qui les rend moins « agressifs ». Bref, il existe tout un éventail de moyens contraceptifs adaptés au mode de vie des femmes, à leur sexualité, à l'impact sur leur libido et… à leur désir d'enfant. Celles qui ne souhaitent absolument pas de bébé à un moment donné de leur vie se tourneront d'emblée vers les contraceptifs les plus fiables, quitte à en assumer les contraintes, et celles qui envisagent d'avoir un enfant dans un proche avenir préféreront volontiers les méthodes plus légères au risque acceptable. Les femmes ne sont plus mariées avec leur pilule (ou avec les hormones) pour toujours. Les alternatives existent, elles sont séduisantes et tout aussi efficaces.

Pour les jeunes filles et les célibataires

Les jeunes filles ou les célibataires de moins de 30 ans ont une fertilité maximale et des risques accrus d'infections sexuellement transmissibles, en particulier le sida.

Une double protection est donc souhaitable avec les moyens les plus fiables : à savoir la pilule, pour se protéger de la grossesse, et le préservatif, pour lutter contre les IST tant que la relation sexuelle n'est pas stabilisée.

Si beaucoup d'adolescentes ou de jeunes femmes hésitent avant de prendre la pilule des « grandes », c'est qu'elles sont très partagées entre l'envie de s'assumer et de vivre pleinement leur sexualité, et, d'autre part, l'idée qu'elles se font de la liberté, difficilement compatible selon elles avec la vision d'un amour programmé. Pour compliquer le tout, la pilule est vécue comme un médicament « anti-écolo » et chimique, qui met les ovaires au repos, alors même qu'elles commencent à découvrir leur nouveau corps de femme.

Pour les couples au long cours

→ La pilule

La pilule, c'est plus sûr. Son taux de fiabilité est de 99,5 %, c'est dire qu'elle est efficace quand on n'oublie pas de la prendre. D'ailleurs, en France, la pilule est adoptée par près d'une femme sur deux. Elle s'adresse aux jeunes dont la fertilité est maximale et bien sûr à celles qui vivent en couple, histoire de « rentabiliser » la prise quotidienne.

Les pilules les plus courantes associent deux hormones féminines, les œstrogènes et la progestérone, elles sont dites « œstro-progestatives ». Elles agissent notamment en bloquant l'ovulation.

Les premières, fortement dosées en œstrogènes de synthèse (éthinyl estradiol), avaient de puissants effets biologiques, mais parfois des effets secondaires gênants surtout liés aux œstrogènes (allant de la prise de poids aux troubles cardio-vasculaires, en passant par les caillots ou les accidents vasculaires cérébraux). Pour ces raisons, les doses ont été réduites au fil des années et les pilules sont passées de plus de 100 microgrammes à 50, puis 30, puis 20, et maintenant 15 avec les pilules de la quatrième génération comme Melodia® ou Minesse®. Pour qu'elles restent aussi sûres, il a fallu faire une concession, 24 jours de produit actif au lieu de 21 (en pratique, la pilule se prend 28 jours sur 28 avec quatre comprimés neutres). Dans ces pilules, c'est le progestatif qui est un puissant contraceptif, ce qui autorise à réduire les doses d'œstrogènes.

Le dosage n'est pas tout, l'intervalle de prise est modifiable lui aussi. Certaines pilules (à 20 microgrammes) s'avalent tous les jours, sans interruption ; les trois premières semaines, le comprimé contient des hormones, la dernière semaine, du placebo (c'est-à-dire une substance neutre). Cette astuce permet d'éviter les oublis et minimise les risques de grossesse. À l'opposé, la récente pilule américaine Seasonale® se prend 84 jours sans interruption, suivis de 7 jours d'arrêt, ce qui donne des règles quatre fois par an (ou une fois par saison). C'est une révolution pour celles qui ne supportent pas d'avoir des règles.

→ Le patch et l'anneau aux hormones

Les deux hormones œstro-progestatives peuvent aussi être délivrées sous forme de patch hebdomadaire ou d'anneau mensuel. Ces deux procédés devraient séduire celles qui en ont assez d'avaler la pilule tous les jours et les têtes en l'air.

Le patch Evra® est simple à utiliser. Il suffit de se le coller sur la peau des fesses ou du bas-ventre et de le garder pendant 7 jours, il diffuse alors les hormones régulièrement, même en cas de retard de changement n'excédant pas 2 jours. L'opération est à renouveler 3 semaines de suite; après on fait une pause, comme pour la pilule classique. Cette méthode est aussi efficace avec moins d'oublis (88 % d'observance pour le patch, contre 78 % pour la pilule). Le bémol: il peut exceptionnellement irriter la peau (2,5 % des cas), provoquer des douleurs des seins et des règles douloureuses.

L'anneau vaginal Nuva Ring® mesure 5 cm de diamètre. L'utilisatrice le place directement dans son vagin. Il libère pendant 3 semaines des hormones œstro-progestatives, ensuite il faut le retirer, ce qui déclenche les règles. On attend une semaine et on en remet un nouveau. L'anneau est simple, pratique à poser et à retirer, largement aussi sûr que la pilule et beaucoup moins dosé. Le partenaire ne le sent pas pendant les rapports sexuels. Un inconvénient: des irritations ou des pertes vaginales directement imputables à sa présence dans 5 % des cas.

Pour celles qui veulent un bébé, mais pas tout de suite

Les plus de 25 ans, consciencieuses et responsables, qui veulent bien un enfant, mais pas tout de suite, peuvent opter pour **la méthode Persona.** C'est un ordinateur de poche qui permet d'identifier ses périodes fertiles en mesurant les deux hormones clés de l'ovulation. Le système personnalise ses données en fonction des cycles de chacune, grâce à des tests urinaires réguliers effectués par l'utilisatrice. Lorsque le signal vert s'allume, c'est d'accord pour une nuit de velours. Lorsque c'est le signal rouge, c'est l'abstinence ou le préservatif. Son taux d'échec est de 6 %, ce qui n'est pas rien. D'ailleurs, au Planning familial, on parle à juste titre des « bébés Persona ».

Autre possibilité : **la cape contraceptive OVES**. C'est une sorte de tout petit diaphragme en silicone souple, doux et hypoallergénique. Le principe est de former une barrière au passage des spermatozoïdes. La cape coiffe le col de l'utérus et y adhère par « effet ventouse ». Elle peut être mise à l'avance et retirée au bout de trois jours. Cette contraception est fiable à environ 95 %, à peine mieux que Persona. Sa pose délicate nécessite un apprentissage préalable par le médecin. Ces deux contraceptions « naturelles » sont formellement déconseillées aux adolescentes (hyperfertiles) ou aux femmes de plus de 40 ans (à cause de leurs cycles irréguliers).

Le cycle féminin

Les hormones commandent aux ovaires

↓

de secréter d'autres hormones...

↓

qui font mûrir le follicule jusqu'à l'ovulation

et

la muqueuse de l'utérus jusqu'aux règles.

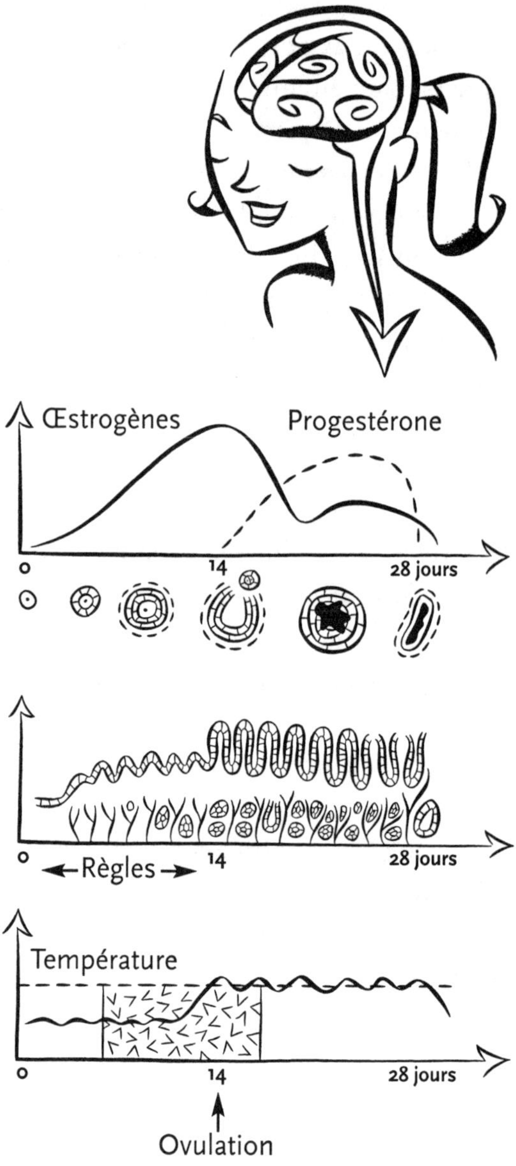

Pour les mamans et les quadras

Pour les couples stables ayant un ou plusieurs enfants, **le stérilet** (ou dispositif intra-utérin) se révèle une solution à la fois facile et fiable. C'est la méthode la plus utilisée après 40 ans. Son taux d'échecs est estimé à environ 1,5 %, ce qui reste très satisfaisant.

On introduit un petit dispositif en plastique, dont la tige est entourée d'un fil de cuivre, à l'intérieur de l'utérus, ce qui provoque une réaction permanente à sa surface et empêche la nidation de l'œuf. L'intérêt de cette méthode est d'être peu contraignante et de durer environ cinq ans. Chez certaines, il peut provoquer des règles plus douloureuses, plus longues et plus abondantes alternant parfois avec des périodes de *spotting* (petites gouttes de sang au fond de la culotte). Le modèle Gynefix®, qui a une forme particulière (simple tige) est proposé aux jeunes femmes qui n'ont pas encore eu d'enfants et à celles qui ont un petit utérus. Comme tous les stérilets, celui-là peut augmenter l'abondance des règles et provoquer un spotting les premiers mois qui suivent sa pose. Inversement, le stérilet hormonal Miréna® est destiné à celles qui ont déjà eu des enfants et se plaignent de règles douloureuses ou abondantes. La progestérone qu'il diffuse entraîne une raréfaction des écoulements, voire leur absence totale. Il évite parfois des traitements compliqués liés à l'abondance des règles et peut même empêcher une intervention chirurgicale. C'est l'un des stérilets les plus utilisés aujourd'hui. Une fois posé, il se fait vite oublier. Comme les règles deviennent dérisoires, le sexe est facile tout au long du cycle, sans interruption. Toutefois, un petit nombre de femmes, sans qu'on puisse les détecter à l'avance, se plaignent, les tout premiers mois, de boutons, de poils ou d'œdèmes, surtout dans les jambes et le ventre, et cette gonflette les pousse parfois à un retrait prématuré. Chez d'autres, la perte de repères dans le cycle est tout aussi inconfortable : ces femmes n'ont plus leurs règles, pourtant, elles en ressentent les signes précurseurs, douleurs, irritabilité, anxiété... Elles vivent mal cette dichotomie entre le corps et l'esprit.

L'implant contraceptif Implanon® est une alternative intéressante. Pas plus gros qu'une allumette, il est placé pour trois ans par son gynécologue dans le bras. Le geste se fait en un rien de temps si le médecin a l'habitude. Son efficacité est excellente d'emblée. Il diffuse un progestatif en continu. Mais on constate des règles moins longues et moins abondantes (voire absentes) chez une femme sur deux et des saignements plus fréquents chez 10 % d'entre elles, pouvant entraîner un retrait. Mêmes problèmes de gonflements et de perte de repères qu'avec Miréna®. On note là aussi, chez un petit nombre de femmes, une prise de poids supérieure à 3 kg, de l'acné, des maux de tête et des seins douloureux. Le retrait s'avère parfois délicat si l'implant a migré.

La stérilisation à visée contraceptive est la méthode radicale la plus utilisée dans le monde : 700 000 stérilisations aux États-Unis, 200 000 en Europe et 30 000 en France depuis la loi du 4 juillet 2001 qui l'autorise. Cette stérilisation définitive mérite bien sûr mûre réflexion, avec l'obligation pour le médecin de respecter un délai de 4 mois, afin de ne pas agir trop hâtivement. Cette pratique implique de renoncer à toute maternité future et demande un engagement écrit de confirmation. La signature de son conjoint n'est pas nécessaire. Au plan technique, la ligature des trompes sous cœlioscopie nécessite une anesthésie générale et une hospitalisation de 24 à 48 heures, suivie en général d'un arrêt de travail d'une semaine. La stérilisation consiste généralement à placer sous cœlioscopie un clip sur chaque trompe, parfois un anneau, ou à pratiquer une coagulation de chaque trompe. Le cœlioscope qui permet de voir à l'intérieur est introduit par une petite incision au-dessus du pubis. Les risques sont faibles mais non nuls, et l'on constate quelques cas exceptionnels de grossesse après intervention : 0,75 à 3,65 % selon la technique utilisée. Ces grossesses sont situées soit à l'intérieur de l'utérus, soit dans la trompe (grossesse extra-utérine).

Depuis 2002, il existe une méthode de contraception définitive non chirurgicale (Essure®). Cette dernière consiste à poser un micro-implant dans chacune des deux trompes de Fallope en passant par les voies naturelles, à l'aide d'un appareil de visualisation et d'intervention de quelques millimètres de diamètre. L'intervention se pratique en 10 minutes sans anesthésie générale dans la majorité des cas et la patiente peut théoriquement reprendre ses activités le jour même. Mais, ne rêvons pas, il s'agit tout de même d'un acte lourd de sens, qui mérite qu'on s'y arrête un peu. La stérilisation est effective au bout de trois mois après l'intervention, période de transition pendant laquelle il faut utiliser une contraception. À la fin de ce trimestre, un contrôle obligatoire s'impose pour vérifier que tout est bien en place. Depuis octobre 2007, la Haute Autorité de Santé a reconnu cette technique et précise qu'elle peut être utilisée en première intention chez la femme autour de ses 40 ans.

Pour celles qui allaitent ou vont bientôt être ménopausées

En période de moindre fertilité, les femmes préfèrent souvent les méthodes de contraception moins «verrouillantes». On observe alors un pic dans l'utilisation des **contraceptions locales**. Crèmes, ovules et éponges spermicides, placés dans le vagin avant le rapport sexuel, détruisent les spermatozoïdes. Mais attention, ils affichent un taux d'échecs supérieur ou égal à 5 %. Ils ne doivent jamais être utilisés par des jeunes en période de fertilité maximum. Des erreurs d'utilisation sont souvent incriminées: toilette intime au savon avant ou après le rapport qui diminue l'efficacité du produit, bain pris trop tôt (cela élimine le produit), etc.

Quant au **préservatif**, c'est un bouclier anti-IST indispensable, mais sa fiabilité contraceptive dépend énormément des conditions d'utilisation. Certaines erreurs peuvent facilement être évitées: le latex vieillit mal, il faut donc veiller à respecter les dates de péremption. Les corps gras (type vaseline ou crème), censés faciliter le rapport, rendent le préservatif poreux, donc inefficace. Il est indispensable d'utiliser les lubrifiants à l'eau exclusivement indiqués pour cet usage, vendus en pharmacie ou en grande surface. À noter, des avantages incontestables à ces lubrifiants: ils facilitent la glisse, évitent les frottements douloureux, compensent le problème de sécheresse vaginale, le tout sans provoquer d'irritations. Ils revendiquent même des vertus apaisantes, adoucissantes et cicatrisantes, en cas de rapport prolongé.

Pour les nostalgiques ou les kamikazes

Opposées à la pilule (chimique), au stérilet (corps étranger), au préservatif (peu spontané), certaines tentent **l'abstinence périodique** pendant la période « dangereuse », à savoir la semaine située autour de l'ovulation, du 10e au 17e jour, pour un cycle de 28 jours. Les médecins parlent de la fameuse « fenêtre fertile ». Hélas, études à l'appui, les observations ont montré que les femmes peuvent démarrer une grossesse à tout moment du cycle, y compris le premier jour des règles, et ce, même avec des cycles très réguliers. En conséquence de quoi, il est recommandé aux couples de faire l'amour en fonction de leur désir et non des périodes utiles ou pas et d'adopter un moyen contraceptif digne de ce nom.

Toujours au paragraphe des méthodes naturelles, certaines s'adonnent à la vieille, mais pas bonne, **méthode Ogino**, qui consiste à repérer la montée de température le lendemain de l'ovulation et à éviter les rapports dans la zone rouge qui suit. La **méthode Billings**, elle, est basée sur la nature de la glaire qui se modifie au cours du cycle. Leur taux d'échecs est estimé à 15 voire 20 %, c'est un peu mieux que la méthode du retrait qui rate une fois sur trois, quelle que soit la maîtrise de son partenaire pendant le rapport sexuel. Même si l'éjaculation semble contrôlée, il peut y avoir émission d'un liquide séminal pré-éjaculatoire qui contient quelques spermatozoïdes fécondants. Sans parler de la frustration pour le couple constamment aux aguets. Aujourd'hui, ces méthodes sont réservées à celles… qui sous-estiment leur fertilité ou rêvent d'un enfant sans le savoir. Elles sont formellement déconseillées aux femmes après 40 ans aux cycles très capricieux qui les rendent encore plus hasardeuses.

Pour celles qui ont «raté leur coup»...

→ La contraception d'urgence

Préservatif déchiré, pilule oubliée, rapport non protégé, il existe deux solutions de rattrapage: la «pilule du lendemain» et le «stérilet d'urgence». Contrairement à ce que beaucoup imaginent, ces moyens ne sont pas réservés aux adolescentes, mais aux femmes plus mûres aussi, à toutes les étapes de leur vie sexuelle.

La pilule du lendemain est une méthode préventive à utiliser dans les trois jours qui suivent le rapport à risque. La pilule Norlevo® (comprimé de progestérone) s'avale en une seule fois. Cet afflux hormonal empêche la nidation de l'ovule fécondé qui ne peut se développer. Il faut savoir que plus la pilule du lendemain est absorbée tôt, plus grande est son efficacité: jusqu'à 95 % dans les 24 heures, 85 % dans les 24 à 48 heures, 58 % dans les 48 à 72 heures.

La pilule du lendemain est en vente libre et sans remboursement s'il n'y a pas eu de prescription médicale; elle est remboursée quel que soit l'âge avec prescription médicale, et gratuite pour les mineures, même sans autorisation parentale (loi du 9 janvier 2002). Elle se trouve désormais sous forme générique (la pilule Biogaran® coûte 6,20 €). Les mineures peuvent l'obtenir gratuitement à l'infirmerie du collège, du lycée ou au Planning familial, et dans les pharmacies.

Pour poser des questions sur la contraception d'urgence: http://www.norlevo.com.

Le stérilet d'urgence permet d'éviter l'implantation de l'œuf s'il est posé dans les 8 jours maximum qui suivent la date du rapport non protégé. Cette technique est intéressante uniquement si on souhaite le conserver par la suite comme moyen de contraception. En pratique, la plupart des femmes choisissent la pilule du lendemain et préfèrent éviter l'artillerie lourde.

→ L'interruption volontaire de grossesse

Si la pilule du lendemain n'a pu être prise à temps, et s'il y a effectivement grossesse, il reste une alternative : garder le bébé (environ 150 000 grossesses non désirées par an aboutiront à une naissance) ou demander une interruption volontaire de grossesse (200 000 IVG pratiquées par an). Depuis juillet 2001, l'IVG est autorisée en France jusqu'à la fin de la 12e semaine de grossesse (soit 14 semaines après le début des dernières règles) pour la technique de l'aspiration.

Le nombre d'IVG est étroitement lié à l'âge de la femme au moment de la conception. Si l'on observe la courbe en cloche représentant le nombre d'avortements en fonction de l'âge, on voit, aux deux extrémités, les 15-19 ans qui totalisent 16 000 interruptions de grossesse et les 35-39 ans qui représentent 24 000 IVG, auxquelles s'ajoutent les 9 000 IVG de la tranche des 40-44 ans. Au-delà, les chiffres chutent progressivement.

Chez les plus de 40 ans, le nombre d'IVG est donc très loin d'être négligeable. Les femmes, se croyant moins fertiles, cessent de se protéger efficacement, parfois même pour se prouver qu'elles sont encore capables d'avoir un enfant. Il faut bien en prendre conscience : une grossesse reste théoriquement possible jusqu'à la ménopause, vers 50 ans.

28 % des femmes qui vont recourir à l'IVG ne prenaient pas de contraception du tout et 23 % étaient sous pilule contraceptive.

Pour cinq femmes sur six, le recours à l'avortement est accidentel et unique. L'IVG n'est donc pas un moyen de contraception.

Deux techniques existent : l'aspiration utérine de l'œuf sous anesthésie locale ou générale. Le traitement médical est, quant à lui, réservé aux femmes dont la grossesse est inférieure à 5 semaines (7 semaines après les dernières règles). La pilule RU 486 provoque une expulsion de l'œuf ressemblant à une fausse couche.

La demande d'IVG comporte des démarches obligatoires à accomplir quelle que soit la méthode. Le dispositif légal comprend deux visites médicales et un entretien social (ce dernier est obligatoire pour les mineures et conseillé au-delà de 18 ans). À noter aussi ces deux points essentiels pour les mineures : il n'y a pas besoin d'autorisation parentale (à condition de se présenter avec un adulte de son choix) ; l'IVG est totalement prise en charge par l'assurance maladie depuis mai 2002.

Sur le mode d'action de la contraception

◇ Que trouve-t-on dans la pilule ?

La majorité des pilules contiennent des œstrogènes et de la progestérone de synthèse pratiquement identiques aux hormones sécrétées par l'ovaire. Quand le mélange est le même pendant toute la plaquette (pilules combinées), on parle de pilules monophasiques quand c'est le même dosage. Quand la plaquette contient deux rangées de pilules de dosages différents, on les appelle séquentielles ou biphasiques. Quand le mélange varie trois fois, on parle de pilules triphasiques. Selon l'ordre ou la proportion relative de chacun des composants, on obtient des propriétés différentes. Voilà pourquoi les femmes réagissent tellement différemment à leur pilule, alors même qu'elle ne comporte que deux substances très proches. C'est la quantité d'œstrogènes et le type de progestatifs qui varient légèrement.

◇ Comment ça marche?

Les pilules classiques agissent à trois niveaux: elles bloquent l'ovulation, elles amincissent la muqueuse qui tapisse l'intérieur de l'utérus, ce qui la rend inhospitalière pour l'œuf fécondé, enfin, elles diminuent les sécrétions du col de l'utérus. La glaire se transforme en glu épaisse qui empêche la progression des spermatozoïdes. Il existe donc trois «verrous de sécurité».

◇ Les micropilules sont-elles des pilules très peu dosées?

Ce sont des pilules qui ne contiennent pas du tout d'œstrogènes (d'où l'allusion au terme de «micro») et délivrent uniquement des progestatifs. Leur mode d'action est différent: elles ne bloquent pas l'ovulation, mais modifient la glaire fabriquée au niveau du col de l'utérus et agissent sur la paroi de l'utérus, ce qui rend la nidation de l'œuf impossible. Étant moins dosées, ces pilules exigent des prises à horaires très réguliers. Cela est moins vrai avec Cerazette® qui contient un progestatif très actif. Elles sont destinées aux femmes qui ne peuvent recevoir des œstrogènes (contre-indications médicales comme le fait de fumer après 35 ans, le syndrome métabolique, le diabète, l'hypertension, l'excès de cholestérol). Au total, 15 à 20 % des femmes sont concernées.

◇ La contraception à base de progestatifs seuls est-elle aussi efficace que la pilule normale?

*Les micropilules ou POP (*Progestative Only Pills*) de la génération précédente avaient la réputation d'être peu efficaces car elles devaient être prises à heure fixe avec un délai d'oubli de 3 heures maximum. Les pilules de la troisième génération (Cérazette®, la seule sur le marché) supportent un oubli de 12 heures par rapport à la prise habituelle et sont aussi efficaces que les pilules classiques. Elles agissent à la fois sur la glaire et sur l'ovulation, ce qui constitue un cran de sûreté supplémentaire. Seuls bémols: parfois des saignements irréguliers, la suppression des «règles» et elles ne sont pas remboursées par la Sécurité sociale.*

◇ Puisque des pilules de la troisième génération existent, pourquoi mon médecin me prescrit-il encore une pilule de la deuxième génération?

Certains médecins estiment que si les pilules plus anciennes (Adepal®, Trinordiol®, etc.) utilisées par leurs patientes sont très bien tolérées et de surcroît remboursées, il n'y a pas de raison d'en changer. Elles ont fait la preuve de leur efficacité et de leur innocuité chez elles. En revanche, d'autres médecins préfèrent les nouvelles générations moins dosées en œstrogènes et moins androgéniques, donc moins susceptibles d'avoir des effets indésirables (au plan cardio-vasculaire, pilosité, acné), mais ces nouvelles pilules sont nettement plus chères et non remboursées. À chacune de se faire son idée, en connaissance de ses propres fragilités (tendance à avoir du cholestérol ou pas, à développer une pilosité) avant d'adopter une pilule ou d'en changer. Au total, les pilules de troisième génération représentent 79 % du marché des contraceptifs oraux. La venue des pilules génériques permet d'économiser environ 20 % du prix de la plaquette: http://www.biogaran.fr.

◇ La pilule est-elle efficace dès le premier jour?

Oui, si l'on prend les deux hormones ovariennes le premier jour du cycle (= le premier jour des règles), celles-ci freineront l'hypophyse dans le cerveau (qui bloque les ovaires). Mais, pour que le freinage soit efficace, il faut avaler la pilule régulièrement, sans l'oublier. Si c'est le cas, elle sera quasiment efficace à 100 %.

◇ Est-il normal d'avoir des pertes blanches sous pilule?

Il arrive que certaines femmes aient des pertes blanches plus abondantes sous pilule; elles sont physiologiques, non inquiétantes ni infectieuses. Elles n'ont pas d'odeur particulière.

◇ Pourquoi une fumeuse ne peut-elle continuer à prendre la pilule après 35 ans?

On sait que le duo «pilule plus tabac» est dangereux: plus de risques cardio-vasculaires et d'accidents vasculaires cérébraux, avec davantage de phlébite et de thrombose (caillot bloqué dans les veines). Après 35 ans, le risque devient non négligeable. Une fumeuse sous pilule combinée (95 % des pilules) multiplie son risque d'infarctus par plus de 100.

◇ Que faire en cas de décalage horaire avec ma pilule?

La plupart des pilules actuelles sont actives 28 à 30 heures. Si l'on part vers une destination où le décalage est supérieur à 4 ou 5 heures, il faut donc changer ses habitudes et la prendre plus tôt: le matin si on avait l'habitude de la prendre le soir, ou le soir pré-

cédent si on avait l'habitude de la prendre le matin. Exemple : je prends ma pilule mardi matin en partant, j'arrive à San Francisco mardi matin, après 12 heures de vol. Je dois donc prendre ma pilule suivante le mardi soir, mercredi soir, etc., tout le temps du séjour. Dans le doute, mieux vaut prendre sa pilule quelques heures trop tôt que trop tard.

◇ J'ai trois enfants, puis-je avoir une ligature des trompes ?

Dans notre pays, la stérilisation, même volontaire, pouvait être considérée par la loi comme une mutilation, de surcroît irréversible. Les rares médecins qui la pratiquaient encouraient des poursuites pénales et civiles. Cela a changé. Comme aux États-Unis ou dans la plupart des pays européens, il devient plus facile de demander une ligature des trompes à titre de contraception définitive. Toutefois, cette méthode est rarement pratiquée avant 40 ans, même si on a plusieurs enfants et que le couple semble très déterminé. Tout peut arriver : un divorce, une nouvelle rencontre avec un homme qui n'a jamais eu d'enfant et pour lequel ce sera un enjeu capital, la perte d'un enfant et le désir fou, irrépressible, de le « remplacer » par un autre, etc. L'expérience des médecins montre qu'une ligature peut être amèrement regrettée après coup, alors qu'elle était réclamée à cor et à cri. Voilà le pourquoi des réticences. Néanmoins, certaines raisons médicales (diabète compliqué) ou psychiatriques peuvent y faire recourir.

◇ Pourquoi la ligature des trompes est-elle nettement plus courante dans les pays anglo-saxons ?

C'est sans doute une question de pragmatisme. Face au sexe, les Anglo-Saxons sont hygiénistes et rationnels. Leur philosophie se résume à : un problème, une solution. Leur question « métaphysique » est : « Ce que l'on me demande est-il légal ou pas légal ? » Les femmes réclament une méthode, on les informe de ses effets, elles signent un papier et, après, si elles regrettent, c'est leur problème. Les médecins français prennent davantage en compte le côté psy du problème. Surtout qu'il existe désormais de nombreux moyens sûrs et peu contraignants de se protéger.

◇ Quel est le principe du préservatif féminin ?

Le Femidom® est une poche en polyuréthane, très fine et très solide, qui tapisse la paroi du vagin et recouvre les petites lèvres. Elle empêche le contact de muqueuse à muqueuse et rend impossible la progression des spermatozoïdes au-delà du vagin. Un petit entraînement permet de l'introduire presque aussi facilement qu'un tampon. La pose est possible bien avant le rapport, on peut marcher avec (ça entraîne parfois un petit bruissement) et le retrait a lieu aussitôt après (usage unique). Certaines utilisatrices ne lui trouvent que des qualités : inutile de demander à l'homme de mettre un préservatif, on s'assume toute seule ; comme il est très lubrifié, plus de problème de sécheresse vaginale ; la sensation de chaleur est préservée ; certaines disent même que le petit anneau externe frottant sur le clitoris augmente leur plaisir. D'autres en revanche le trouvent peu glamour, surtout pendant les préliminaires (mais on peut le mettre après) et n'apprécient pas le léger bruit de froissement pendant les rapports.

◇ Le préservatif féminin est-il fiable comme contraceptif ?

Ni plus ni moins que le préservatif masculin. C'est en tout cas un excellent moyen d'éviter les IST, à condition de le mettre dès les préliminaires et de le garder jusqu'au bout.

◇ Où trouver le préservatif féminin ?

Il est encore peu utilisé en France et moins facile à se procurer en pharmacie que celui des hommes, mais on peut le commander en pharmacie. Il est plus cher, environ 1,50 € pièce. Des associations comme le Planning familial (ou Aides) le mettent à disposition gratuitement pour les mineures. Pour vous informer davantage, consulter les adresses en fin de chapitre ou Sida info service 0 800 840 800. Appel anonyme et gratuit ou http://www.sida-info-service.org.

Sur les règles

◇ J'ai moins de règles avec ma nouvelle pilule, est-ce normal ?

Lorsqu'on prend une pilule faiblement dosée, la muqueuse utérine éliminée est très fine et les règles peu abondantes. Avec une pilule plus dosée, la muqueuse expulsée est plus importante et le flux menstruel aussi.

◇ Puis-je enchaîner deux plaquettes de suite pour ne pas avoir mes règles ?

Il est possible de prendre deux plaquettes d'affilée (et même plus) sans danger, à condition d'aller jusqu'à la fin de la plaquette suivante. Beaucoup de femmes l'envisagent avant un voyage en bateau, un examen ou un week-end en amoureux. Il faut bien comprendre que les règles sous pilule surviennent de manière arbitraire. 21 jours d'hormones, 7 jours d'arrêt (ou de placebo)..., c'est l'absence d'hormones qui entraîne une hémorragie de privation.

◇ J'ai oublié ma pilule et depuis je saigne, est-ce normal?
Si l'on oublie sa pilule deux ou trois jours de suite en milieu de plaquette, on a de fortes chances de saigner jusqu'à la fin du cycle, surtout avec une minipilule, même si l'oubli est rattrapé et si l'on poursuit sa plaquette ensuite.

Sur la contraception et la libido

◇ La pilule a-t-elle une influence sur le désir?
Il est difficile de répondre «scientifiquement» à la question. Malgré de nombreuses études, aucune n'a pu mettre en évidence une influence des hormones de la pilule sur le désir ou le plaisir, dans un sens ou dans l'autre d'ailleurs. Cependant, il parait évident que l'esprit peut prendre le dessus sur le physiologique. Avoir un désir plus ou moins conscient de bébé alors que la raison impose la pilule peut, par exemple, jeter une ombre sur la libido. La preuve par Mercilon® et Cycléane®. Ces deux pilules sont strictement identiques, même molécule chimique, même laboratoire, mais elles ont des noms et des emballages différents. Certaines femmes disent très bien supporter l'une et pas l'autre. Elles sont persuadées d'avoir moins envie de faire l'amour, moins de sensations avec la première ou l'inverse avec la seconde... Et pourtant, ce sont des sosies chimiques.

Un bon moyen de se forger sa propre idée si on a des doutes: essayer pendant deux ou trois mois une contraception locale (éponge, ovule, préservatif) et voir ce qui se passe. Si la libido remonte, c'est que la pilule était en cause ou que l'on supporte mal une efficacité contraceptive trop grande (par désir inconscient de grossesse, par exemple).

◇ Depuis que je prends la pilule, rien ne va plus, je suis frigide...

Lorsqu'une femme dit: «La pilule me coupe tous mes effets», elle doit changer de contraception sans hésiter. Elle optera souvent pour le stérilet. Là, deux possibilités, soit elle s'en trouve mieux, soit elle saigne énormément et redemande la pilule. Ce passage lui fait accepter ce qu'au départ elle refusait. Et sa libido redevient absolument normale.

La pilule endosse parfois le rôle du bouc émissaire. Mais est-ce bien elle qui freine le désir? Est-ce le désir d'enfant devenu trop fort qui prend le pas sur le désir sexuel? Les soucis du moment font-ils passer le sexe au second plan? Voilà quelques-unes des questions qu'il faudra peut-être se poser.

◇ Les nouveaux moyens de contraception éloignent de plus en plus la femme de ses cycles naturels. Est-ce si anodin?

C'est vrai qu'avec la pilule trimestrielle, le stérilet hormonal, l'implant pour trois ans, etc., la femme fait le grand écart avec ses cycles physiologiques. Cette liberté supplémentaire peut être reçue avec bonheur et faire partie d'une sexualité revendiquée et épanouie pour certaines. Inversement, la déconnexion avec le corps peut avoir un impact sur la libido nettement moins triom-

phant. Ce silence imposé à leur ventre fait perdre à d'autres les repères habituels (même s'il s'agit de sang ou de douleur). C'est tout leur schéma corporel qui est modifié. Elles peuvent faire de l'opposition masquée sous une forme ou une autre : chute du désir, du plaisir, ou oubli pur et simple de leur contraception. Pour d'autres, cela les libère et elles ont d'autant plus de désir.

◇ Le stérilet diminue-t-il le plaisir pendant l'amour ?

Le fil qui dépasse peut parfois gêner le partenaire, il suffit de demander à son gynécologue de le couper plus court et tout rentre dans l'ordre. Autrement, le stérilet n'a aucune influence sur le plaisir.

◇ Le préservatif limite-t-il les sensations ?

Certaines femmes déclarent aimer, voire préférer, l'amour avec un préservatif, c'est très doux et particulièrement agréable. Le sentiment d'être protégée des IST les libère et augmente leur plaisir. C'est donc une question d'état d'esprit.

Tout comme les goûts et les couleurs, cela ne se discute pas. Quoique... Pour susciter le réflexe d'achat, les laboratoires n'ont pas manqué d'imagination. Non seulement il existe des préservatifs aux goûts variés (vanille étant le parfum préféré des Françaises), mais aussi de formes et de textures très différentes. Les modèles nervurés et gravés procurent de nouvelles sensations ; l'extrémité plus large de certains spécimens permet aux deux partenaires de ressentir des émois ignorés avec un préservatif classique ; on trouve aussi des variétés à l'effet prolongateur, resserrées au niveau du prépuce, qui aident à allonger l'acte sexuel. Impossible de l'ignorer par principe, non ?

Et puis, un préservatif en latex fait en moyenne 50 à 60 microns d'épaisseur (0,050 à 0,060 mm !). À titre indicatif, c'est 5 à 10 fois moins épais qu'un gant de latex chirurgical.

◇ Comment lui faire accepter le préservatif s'il prend un air dégoûté ?

On peut commencer par la douceur. Ou alors...

- *Opter pour le ton technico-distancié : « Avec la capote, pas de problème d'IST ou de sida. Les nouveaux modèles certifiés CE sont très performants, blablabla... », arguments imparables.*
- *Le ton chienne de garde : « C'est ça ou rien ! »*
- *La mise au défi : « Je sais que t'es capable d'en mettre un, je sais que tu es un homme responsable, un vrai. »*
- *L'attitude de celle qui-en-connaît-un-rayon : « Fais-moi confiance, je m'occupe de tout, tu n'y perdras pas au change. J'ai dégoté le dernier petit modèle nervuré de chez Mannix, tu m'en diras des nouvelles ! »*
- *Le chantage affectif: « Si tu me respectes (ou si tu m'aimes), tu le mets, sinon, tant pis pour moi, je n'aurai pas de plaisir. »*

Et s'il refuse quand même, en tirer les conséquences. Beaucoup d'hommes acceptent, pourquoi pas lui ? Serait-il égoïste à ce point ? Aurait-il des choses à se reprocher ? Plus on est à l'aise avec le latex, plus il le percevra et moins il osera paraître gêné.

Sur la pilule et l'image du corps

◇ La pilule fait-elle grossir, oui ou non?

Malgré les paroles lénifiantes de certains gynécologues, bien des femmes persistent à croire que la pilule fait grossir. Qu'en est-il vraiment?

Eh bien oui, les œstrogènes contenus dans les anciennes pilules dosées à 100 ou 50 microgrammes d'œstrogènes augmentaient l'appétit et pouvaient même, selon leur nature et leur dosage, favoriser la fabrication de cellulite. Aujourd'hui, le dosage des pilules est divisé au moins par cinq, et les études montrent dans leur ensemble leur impact insignifiant sur le poids. Il n'en reste pas moins que certaines femmes (2 sur 10 environ) disent quand même grossir sous pilule (ou avoir de la cellulite, ou gonfler). Alors, qu'en penser et que faire? Pour en avoir le cœur net, différentes possibilités. Par exemple, troquer sa pilule pour une autre (moins dosée ou avec un progestatif différent). S'il y a du changement, c'est qu'on a enfin trouvé la bonne. On peut aussi cesser la pilule pendant trois mois (en utilisant un autre moyen) et faire l'état des lieux. Si cela va dans le bon sens, c'est bien qu'elle était en cause, il faut alors opter pour un nouveau moyen de contraception non hormonal.

Se garder cependant de généralisation hâtive: on ne peut jamais prétendre qu'une marque de pilule fait grossir et pas une autre, la constatation n'est valable que pour soi, en fonction de son terrain biologique propre.

◇ Mais pourquoi grossit-on alors que la pilule « ne fait pas grossir » ?

Toutes les femmes ne sont pas identiques. Certaines peuvent être plus sensibles à l'une ou l'autre des hormones de synthèse pour raisons génétiques. Les plus vulnérables ont souvent des anomalies métaboliques (diabète, cholestérol, trop de glycérides, etc.), des problèmes chroniques de poids, et elles ont fait des gros bébés.

◇ La pilule peut-elle donner de l'acné ou des poils ?

Les pilules de la première génération étaient fabriquées à l'aide d'œstrogènes et de progestatifs androgéniques qui mimaient l'hormone mâle et, de ce fait, entraînaient des effets indésirables : pilosité plus développée (surtout au niveau du visage) et boutons. Les pilules plus récentes intègrent des progestatifs peu androgéniques ou non androgéniques qui limitent ou suppriment ces soucis. Mais chez les femmes ayant une tendance spontanée à la pilosité (elles possèdent des enzymes particulières au niveau de la peau), ces nouvelles pilules peuvent se montrer insuffisamment efficaces. Il faut alors recourir à des progestatifs ayant des effets anti-hormones mâles plus marqués (acétate de cyprotérone de la pilule Diane® associé à des œstrogènes), ils évitent les poils de manière spectaculaire. Il est possible aussi d'utiliser une pilule normale et de l'associer à de l'Androcur® (qui est de l'acétate de cyprotérone seul).

◇ Les contraceptifs à la progestérone font-ils gonfler plus que les autres ?

Dans la majorité des cas, ces produits sont plutôt bien tolérés. Cependant, quelquefois, avec la micropilule progestative, le stérilet Miréna® ou l'implant Implanon® qui diffusent de la pro-

gestérone, certaines femmes se plaignent de jouer les baudruches les premiers mois (ventre ballonné, jambes gonflées, doigts boudinés, etc.). Les progestatifs actuels sont très puissants, donc faiblement dosés ; cependant, même à doses minimes, ils peuvent agir sur la circulation générale et entraîner des phénomènes de rétention d'eau. En ce cas, il faut veiller à manger moins salé et recourir si nécessaire aux veinotoniques, très utiles sur les jambes lourdes et les problèmes circulatoires.

Sur les oublis de pilule

◇ J'ai oublié ma pilule trois jours de suite et j'en ai pris trois d'un coup, est-ce que je risque un surdosage ?

Prendre trois pilules d'un coup, même quatre ou cinq, ne protège pas mieux. On ne risque pas non plus de surdosage, mais des effets indésirables pendant un jour ou deux : nausées, douleurs aux seins, petits saignements. Il n'y a pas de risques sur la santé, sauf au plan contraceptif. Trois oublis de suite, voire davantage, c'est trop risqué.

◇ J'oublie tout le temps ma pilule, il y a un truc pour se souvenir ?

L'oubli le plus fréquent et justement le plus dangereux, c'est celui de la reprise de sa contraception. D'où l'utilité de la pilule en continu qui remplace les 4 ou 7 jours d'arrêt par des pilules placebo. On peut aussi préférer le patch Evra® hebdomadaire ou l'anneau Nuvaring® mensuel. Et si on ne souhaite pas changer sa pilule, on peut faire sonner son téléphone portable tous les jours à heure fixe pour ne pas l'oublier !

Pour limiter les risques quand on a oublié, mieux vaut prendre sa pilule le matin. Comme le souligne à juste titre la campagne d'information Biogaran : « Le matin, c'est plus malin, le soir, c'est plus aléatoire. » 87 % des femmes prennent leur pilule le soir. Or, en cas d'oubli le soir, le lendemain matin il est souvent trop tard et le délai permettant de récupérer l'oubli est dépassé. En prenant sa pilule le matin, on a plus de chances de réparer dans la journée un oubli éventuel, à condition de toujours avoir sa pilule avec soi.

◇ La pilule du lendemain est-elle efficace à tous les coups ?

Non, c'est une solution de rattrapage d'autant plus efficace qu'elle est prise rapidement après le rapport. L'efficacité pour un même produit varie de 95 % à 58 % ! Les règles surviennent le plus souvent à la date normale, parfois un peu avant, parfois un peu après. Au-delà de cinq jours de retard, il faut absolument consulter un médecin, c'est peut-être le signe d'une grossesse malgré le traitement.

◇ Peut-on prendre la pilule du lendemain après chaque rapport, au lieu de prendre la pilule tous les jours ?

Non, la pilule du lendemain est un contraceptif nettement moins efficace que la pilule classique prise à petites doses mais tous les jours. Elle serait trop forte (jusqu'à 25 fois la dose habituelle), moins bien tolérée, et pourrait présenter à la longue de sérieux risques pour la santé.

Que faire en cas d'oubli avant un rapport ?

D'une manière générale, les oublis en début de plaquette sont plus préoccupants qu'en fin de plaquette.
Si on l'a oubliée depuis **moins de 12 heures**, ce n'est pas un drame, il faut avaler son comprimé et prendre le suivant à l'heure habituelle, puis continuer normalement sa plaquette. Si c'est une micropilule qui doit être prise à heure fixe, il faut considérer qu'on n'est plus protégée, et donc utiliser un préservatif ou un spermicide local.
Si on est en retard de **plus de 12 heures**, voire 24 heures, la sécurité contraceptive n'est plus assurée, il faut prendre deux fois plus de précautions au cours des rapports à venir et utiliser pilule + préservatif (ou spermicide) jusqu'à la fin de la plaquette. Si on a eu un rapport dans les cinq jours précédant l'oubli, lire attentivement le paragraphe sur la contraception du lendemain.

Sur les risques de grossesse

◇ Je n'ai pas de contraception. Puis-je être enceinte si je fais l'amour la veille de mes règles ?

En théorie, oui, même si c'est rare. Certaines ovulations surviennent juste avant, voire pendant les règles. Il suffit d'une grande émotion ou d'un orgasme très intense pour les déclencher... Ainsi, des femmes peuvent avoir deux ovulations dans un même cycle. Tout cela n'est pas très rationnel, mais envisageable. Le repérage des règles n'est donc pas un bon moyen contraceptif naturel.

◇ Puis-je être enceinte sous pilule?

C'est exceptionnel, mais cela s'est déjà vu. Il suffit d'un seul oubli de pilule, d'un décalage horaire, d'une prise légèrement décalée ou d'un simple vomissement dans les trois heures après la prise de contraceptif (gastro-entérite ou mal de cœur en voiture). La prise d'antidépresseurs ou d'anxiolytiques peut également réduire l'efficacité de la pilule. Si des signes nouveaux apparaissent (mamelons douloureux, nausées, vomissements et bien sûr retard de règles), mieux vaut faire un test de grossesse et consulter son médecin.

◇ J'ai pris ma pilule sans préservatif avec un nouveau partenaire, qu'est-ce que je risque?

De deux choses l'une, soit le partenaire est sûr (c'est-à-dire sain), en ce cas, on ne risque rien; soit il souffre d'une IST (souvent silencieuse), et il peut l'avoir transmise. Pour en savoir plus, se reporter au chapitre 9, «IST, sida: comment s'en protéger?».

◇ Je n'ai pas de contraception et le préservatif a craqué, que faire?

Se laver aussitôt ne sert absolument à rien, mieux vaut prendre la pilule du lendemain et surveiller d'éventuels signes d'IST. Prendre avis auprès de son médecin, car chaque cas est particulier.

◇ Le préservatif est-il un contraceptif fiable?

Dans de bonnes conditions d'utilisation, il est sûr à 96 %, c'est moins bien que la pilule ou le stérilet. Et ce chiffre doit être révisé à la baisse: le préservatif peut avoir été déchiré en étant sorti de l'emballage, utilisé après la date de péremption, mal positionné, etc. Si on refuse la contraception hormonale pour une raison ou pour une autre, on peut éventuellement utiliser deux contraceptions locales pour assurer ses arrières (ovule + préservatif ou spermicide + préservatif, par exemple), mais cela reste moins sûr que la pilule toute seule ou ses équivalents (anneau, implant).

◇ Peut-on tomber enceinte en avalant le sperme ?

La question peut faire sourire et pourtant elle est régulièrement posée. Les enfants imaginent bien qu'en avalant un noyau de cerise, ils pourraient voir un arbre pousser dans leur ventre. Les femmes qui s'interrogent sont dans la même pensée magique. Alors, non, le liquide avalé ne peut en aucun cas entraîner une grossesse. Il est immédiatement détruit par les enzymes digestives et, de plus, il n'y a pas de rencontre possible avec l'ovule dans l'estomac.

◇ Peut-on être enceinte sous stérilet ?

C'est rare, mais possible dans 1 % des cas environ. Le stérilet à la progestérone est encore plus sûr grâce aux hormones diffusées.

Sur la fertilité, la contraception, l'IVG

◇ Peut-on être enceinte dès le premier rapport ?

Oui, il suffit d'un seul rapport pour être enceinte. On peut même avoir un bébé sans pénétration. L'éjaculation a lieu à l'extérieur du vagin, mais les spermatozoïdes empruntent le chemin préparé par la glaire (sécrétée lors de l'ovulation, elle descend du col de l'utérus le long du vagin, et affleure à la vulve). Ainsi, les spermatozoïdes remontent vers l'utérus à la rencontre de l'ovule pondu. Plus extraordinaire encore, on peut être vierge et enceinte sans pénétration. Les spermatozoïdes traversent l'hymen par le petit trou des règles. Tout gynécologue a vu cela au moins une fois dans sa vie.

◇ Jusqu'à quel âge avoir une contraception?

Une femme est théoriquement fertile jusqu'à sa ménopause, vers l'âge de 50-55 ans. Elle peut utiliser la pilule, des progestatifs ou le stérilet jusqu'à cette période si elle le souhaite, ou faire une pause et préférer des moyens de contraception plus légers, en fonction de sa vie sexuelle et de la fréquence de ses rapports.

◇ La pilule peut-elle rendre stérile?

Non, et vraiment, si c'était le cas, cela se saurait, avec les millions de femmes qui ont adopté ce type de contraception dans le monde depuis des décennies. La pilule empêche l'ovulation de manière réversible et cela s'arrête là. Son utilisation pendant plus de cinq ans pourrait même permettre d'avoir un bébé plus vite. Une étude britannique[1] *abonde en tout cas dans ce sens. Les chiffres sont significatifs : près de deux couples sur trois obtiennent une grossesse dans les six mois maximum après avoir cessé toute contraception (pilule ou autre), 14 % en six à douze mois, et 12 % en plus d'un an. Mais 75 % des femmes qui avaient pris la pilule plus de cinq ans ont été enceintes en moins de six mois, contre 70 % pour celles qui n'avaient jamais pris la pilule.*

Chez celles qui ont recouru aux hormones œstroprogestatives pendant des années et qui ont du mal à enfanter, on peut penser que la pilule a masqué une difficulté antérieure à être enceinte qui ne se révèle qu'à l'arrêt de celle-ci.

1. Dr Alexandra Farrow and coll., *Human Reproduction*, octobre 2002.

◇ Le stérilet rend-il stérile?

Avec ce mode de contraception, même type de malentendus. La confusion vient peut-être du nom même de stérilet. Comme il est déconseillé aux adolescentes à cause du risque d'infection majoré, certaines sont persuadées qu'il est à l'origine de stérilités. Ce risque n'est pas dû au dispositif intra-utérin lui-même, mais au fait que les femmes jeunes ont plus de partenaires sexuels, donc plus de risques infectieux. Les germes peuvent boucher les trompes et empêcher l'ovule de passer. En l'absence d'infection, le stérilet ne présente aucun risque particulier.

◇ Puis-je avoir un bébé aussitôt après l'arrêt de la pilule (ou le retrait du stérilet)?

En théorie, oui, mais c'est déconseillé les deux premiers mois, tout simplement pour éviter un risque plus élevé de fausse couche spontanée. Mieux vaut laisser la muqueuse utérine «reposer» et repousser. Toutefois, si l'œuf fécondé s'implante solidement dès le début, la grossesse se poursuivra normalement et l'enfant n'aura aucun risque particulier de malformation. C'est la loi du tout ou rien.

◇ Est-il dangereux d'avoir un enfant avec un stérilet encore en place?

Le retrait du stérilet déclenche souvent une fausse couche. Mais si on le conserve parce qu'on s'est aperçu de la grossesse un peu tard (au-delà de huit semaines), le dispositif intra-utérin sera conservé et la grossesse se poursuivra normalement le plus souvent (on s'en assurera grâce à des échographies régulières au début). Pour le couple, l'image est très forte, Bébé arrive pour ainsi dire victorieusement, le «stérilet à la main»...

◇ Pourquoi est-ce que j'oublie régulièrement ma pilule?

Tout médecin confronté à la prescription d'une contraception sait qu'il ne s'agit pas d'une simple ordonnance à rédiger. Au-delà du rationnel et de la nécessité de se protéger (parce que ce n'est pas le moment, parce qu'on n'a pas trouvé l'homme de sa vie, etc.) affleure ce qui est de l'ordre du désir, de l'angoisse, de la jouissance et de tout ce qui concerne le corps. La femme, d'une manière générale et quel que soit son âge, est ambiguë par rapport à son désir de maternité. Elle peut se dire qu'elle ne doit pas avoir d'enfant et souhaiter inconsciemment une grossesse quand même, quitte à faire une IVG ensuite.

◇ Quelle différence entre la pilule du lendemain et le RU 486?

La pilule du lendemain s'utilise à titre préventif dans les trois jours qui suivent le rapport à risque et empêche la nidation de l'ovule fécondé. En revanche, le RU 486 est une technique d'interruption de grossesse réservée aux grossesses de cinq semaines maximum. C'est une substance de synthèse qui bloque l'action de la progestérone en prenant sa place, notamment, sur les cellules cibles qui tapissent l'utérus. Cette «anti-hormone» n'est pas un contraceptif ou une «pilule du lendemain», c'est une véritable méthode d'avortement, qui entre dans le cadre de la loi Veil. Au même titre que les autres IVG, elle nécessite un entretien médical et social pour les mineures.

◇ Comment se déroule l'IVG médicamenteuse?

La méthode consiste à prendre trois comprimés de mifépristone (RU 486) en présence du médecin; puis, le lendemain ou 48 heures plus tard, à l'hôpital ou avec un médecin qui travaille en réseau avec l'hôpital, celui-ci donne un comprimé à base de prostaglandines à poser au fond du vagin. Cette substance entraîne des contractions (douloureuses) de l'utérus qui permettent l'expulsion de l'embryon, généralement dans les heures qui suivent. La femme ressent de « grosses règles », abondantes, avec débris de muqueuse utérine et caillots de sang. Ces règles se prolongent une à deux semaines. De possibles effets cardiaques conduisent à déconseiller ou contre-indiquer cette méthode chez les fumeuses de plus 35 ans, et nécessitent, en tout cas, une surveillance cardio-vasculaire rapprochée dans les quatre heures qui suivent l'intervention.

Une troisième consultation est nécessaire dix jours après, pour vérifier que la grossesse est bien interrompue (c'est vrai dans 95 % des cas). Dans les 5 % qui restent, il faut procéder rapidement à une aspiration.

◇ Quels sont les risques de l'IVG ?

L'avortement, réalisé dans de bien meilleures conditions qu'autrefois, a entraîné une chute spectaculaire des infections, stérilités et décès dus aux conditions d'hygiène déplorables. Alors que l'Institut national d'études démographiques estimait le nombre de morts annuel par avortement à 1 par jour dans les années 1960, il est passé à 3 pour 1 million dans les années 1985-1995. Depuis quelques années, le nombre de décès par IVG oscille entre 0 et 2 par an (source : Rapport Nisand). Quant au risque d'infection, voire d'infertilité, il est devenu très faible après un avortement.

Quelques contacts

Pour toutes les questions sur la sexualité, la contraception, l'IVG

Un site Internet pour éclaircir ses notions sur le cycle menstruel, la contraception, mais aussi connaître l'actualité dans ce domaine et poser des questions: http://www.pilado.com.

Un site dédié au préservatif: http://www.jcapote.com. Une adresse canadienne ciblée jeunes, pleine d'astuces et d'infos.

Fil santé jeunes: 0 800 235 236. Numéro anonyme et gratuit accessible de 8 h à minuit.
Et aussi: http://www.filsantejeunes.com
et http://www.choisirsacontraception.fr.

Écoute-sexualité-contraception: 0 800 803 803. N° vert de la Ville de Paris, de 9h30 à 19h30 tous les jours et le samedi de 9h30 à 12h30. Ce service est géré par le Mouvement français pour le planning familial.

N° vert contraception-IVG: 0 800 105 105. Mis en place par la DRASS de la région PACA. Des conseillères conjugales et familiales du Planning répondent du lundi au vendredi de 9 h à 12 h, de 14 h à 19 h et le samedi, de 9 h à 12 h.

Autres plates-formes régionales d'information:
Alsace: 03 89 42 42 12
Aquitaine: 0810 025 025 (n° azur)
Auvergne: 04 73 75 01 62
Bourgogne: 03 80 29 52 23

Bretagne : 0800 800 648 (n° vert)
Centre : 0800 881 904 (n° vert)
Champagne Ardenne : 0820 331 334 (n° indigo)
Corse : 04 95 50 54 18
Franche-Comté : 03 81 81 48 55
Ile-de-France : 01 47 00 18 66 et 0800 803 803 (n° vert)
Languedoc-Roussillon : 04 67 99 33 33
Limousin : 0810 025 025 (n° azur)
Lorraine : 0810 122 128 (n° azur) ou 03 87 69 04 77
Midi-Pyrénées : 0800 80 10 70 (n° vert) ou 05 61 77 50 77
Nord-Pas-de-Calais : 03 20 15 49 32
Basse-Normandie : 02 31 82 22 22
Haute-Normandie : 02 35 73 74 88
Pays-de-Loire : 0800 834 321 (n° vert)
Picardie : 03 22 72 22 14
Poitou-Charentes : 05 49 44 46 46
Provence-Alpes-Côte d'Azur : 0800 105 105 (n° vert)
Rhône-Alpes : 0810 810 714 (n° azur)

Association française pour la contraception : 01 60 15 31 98 – www.contraceptions.org. Demande de renseignements, contraception, pilule du lendemain, IVG, etc. Pour poser des questions par écrit : afc@contraceptions.org.

L'Institut national de prévention et d'éducation pour la santé (Inpes), établissement public placé sous la tutelle du ministère des Solidarités, de la Santé et de la Famille : http://www.protegetoi.org.

Pour choisir sa contraception en connaissance de cause, toutes les infos du ministère de la Santé et de l'Institut national de prévention et d'éducation pour la santé, avec les particularités et avantages de chaque méthode, leur prix et comment les obtenir : http://www.choisirsacontraception.fr.

Pour obtenir des conseils et des informations : le site www.docteurclic.com. Des infos sur la sexualité en général, la contraception et toutes les situations présentant un caractère d'urgence.

Pour la pilule ou la contraception d'urgence, on peut se renseigner auprès du Mouvement français pour le planning familial : 4 square Saint-Irénée, 75011 Paris – 01 48 07 29 10 – http://www.planning-familial.org.

Pour tout ce qui concerne la famille (texte de lois, divorce, concubinage, violence, contraception, reconnaissance de paternité, pension alimentaire, garde des enfants, travail, formation, etc.)

Centre national d'informations et de documentation des femmes et des familles : 7 rue du Jura, 75013 Paris. Pour obtenir les coordonnées des CIDFF départementaux : http://www.infofemmes.com.

7

Femme, mère, amante

Le couple formé, la vie va avancer à deux avec ses désirs, ses feux d'artifice, ses tendresses et ses connivences, mais aussi ses pannes, ses incertitudes, ses doutes, ses colères et ses coups de tonnerre. Et puis, tout naturellement, l'existence va s'organiser autour du désir d'enfant, ciment de la relation et symbole de la fusion. D'abord un bébé, puis peut-être deux, trois, voire davantage. Ce désir sera parfois comblé très vite, parfois plus tard, parfois même jamais, mais, grâce aux progrès de la procréation médicalement assistée et au recours un peu plus facile à l'adoption, les enfants fonderont la famille.

Une chose est sûre, avec eux, rien ne sera plus comme avant. La relation conjugale et sexuelle évoluera. Pour exister encore en tant qu'amants à part entière, se garder et se retrouver, les parents devront désormais se montrer vigilants, instruits, perspicaces, désirants, rusés. La partie n'est pas gagnée d'avance.

Dans les familles recomposées, la donne est plus compliquée encore. Mes enfants d'un premier mariage, les tiens, nos petits..., tout ce monde finit par faire une sacrée salade russe qu'il faut apprendre à « gérer », tout en tentant de préserver, là encore, sa modeste vie de couple et d'amoureux, avec, en prime, une obligation de résultats. Normal, on est attendu au tournant, on n'a pas divorcé et tout cassé pour recommencer en plus médiocre. Alors, il faut réussir son nouveau bonheur, affirmer que le jeu en valait vraiment la chandelle...

Autour du couple gravite un microcosme qui, lui aussi, joue un rôle important, parfois déterminant dans l'évolution de la relation à deux. Les amis, les bonnes copines, la bande des potes, la belle-mère, les grands-parents, les pièces rapportées. Les influences se font sentir, compliquant parfois singulièrement l'existence du couple, jetant de l'huile sur le feu ou l'aidant à recoller les morceaux.

La vie n'est pas un long fleuve tranquille.

Je veux un enfant, mais ça traîne !

Après avoir pris une contraception pendant des années, les couples pensent avoir un bébé dans les deux ou trois mois qui suivent l'arrêt de la pilule, un peu de la pensée magique en somme. Mais la contraception signifie « un enfant si je veux », pas « un enfant quand je veux ». Les chiffres le prouvent. Les chances de concevoir à chaque cycle s'élèvent à environ 25 % à 25 ans, 12 % à 35 ans et 8 % à 40 ans, 2 % à 42 ans ; ce pourcentage est appelé fécondabilité. Au bout d'un an, 80 % des couples (avec une fécondabilité de 25 %) auront un enfant et ils seront 90 % après dix-huit mois. On est loin des espérances de départ.

Au final, un couple sur sept présentera une infertilité (ce qui ne veut pas dire stérilité). Cette difficulté à concevoir est 30 % d'origine féminine, 20 % d'origine masculine, 40 % d'origine mixte et 10 % d'origine inexpliquée.

Cependant certaines « associations » de partenaires peuvent être plus heureuses que d'autres en termes de fertilité : une femme peu féconde aura un enfant sans problème avec un homme qui, lui, sera très fécond, mais échouera avec un homme hypofertile comme elle.

Les contraceptions... sans le savoir

Par ignorance ou par habitude, le couple peut réduire à son insu ses chances de fécondation et retarder ainsi la survenue d'une grossesse au point qu'il finit par se considérer stérile. En vrac, voici quelques méthodes de « contraception » peu orthodoxes[1], trop aléatoires pour servir de contraception efficace, mais significativement empoisonnantes lorsqu'il s'agit de tenter de faire un bébé !

La toilette vaginale poussée

Certaines femmes savonnent profondément tous les jours leur vagin (parfois deux fois par jour) ; certaines multiplient les injections de produits désinfectants. À ce régime, la muqueuse vaginale s'irrite et les chances de survie d'un spermatozoïde dans un tel environnement s'amenuisent.

La fièvre du samedi soir

Un seul chiffre à retenir : un couple qui a un seul rapport par semaine réduit de moitié, voire des trois quarts, ses chances de conception par rapport à un couple qui multiplie les rapports hebdomadaires.

Viser juste

C'est-à-dire viser l'ovulation. On la détecte facilement grâce aux tests vendus en pharmacie. Si l'on s'appuie sur la méthode des températures (moins coûteuse), il faut savoir

1. Listées autrefois par le Pr Yves Malinas, gynécologue-obstétricien.

que le décalage de température matinale indiquant que l'ovule a été lâché par l'ovaire se produit trop tard car l'ovule ne survit que 12 heures. Si on guette ce moment-là pour avoir un rapport, on n'a que 5 à 20 % de chances d'aboutir à une grossesse. Pour viser juste, il faudrait miser sur les 3-4 jours précédant le décalage. Moyennant quoi ce serait dans la poche : les spermatozoïdes survivent 2 à 5 jours et peuvent féconder l'ovule en toute tranquillité.

Enrichir le sperme

Quelques rusés imaginent qu'en « s'économisant », c'est-à-dire en réduisant leur activité sexuelle, ils vont « enrichir leur sperme ». C'est peine perdue. Car la glaire du col utérin sélectionne de toute façon les spermatozoïdes les plus actifs. La régularité des rapports ne peut qu'augmenter les chances de sélection des « bons » spermatozoïdes, donc de grossesse.

◇ Au bout de combien de temps consulter ?

Idéalement, le mieux serait de concevoir un enfant avant de fêter ses 30 ans. À cet âge, et si au bout d'un an, aucune grossesse ne s'annonce, le mieux est d'en parler à son gynécologue pour un bilan standardisé. Si tout va bien, le couple peut attendre un peu plus sans recourir à la procréation médicalement assistée. En revanche, en cas d'anomalie, le couple sait qu'il n'a pas intérêt à trop attendre. À partir de 35 ans et si les tentatives de conception se sont révélées infructueuses, il est préférable pour une femme de consulter son gynécologue au bout de six mois seulement.

Il va de soi que cette « attente déçue » aura des conséquences sur la sexualité du couple. La femme peut être tellement obsédée par son désir de maternité qu'elle en éteint son désir sexuel. D'où le paradoxe suivant : pour avoir un bébé, elle fera l'amour de plus en plus souvent, avec de moins en moins de désir. Et c'est dommage, car à son insu peuvent s'installer des troubles de la sexualité (frigidité) qui persisteront après la venue de l'enfant (voir aussi le chapitre 6, « Contraception, désir d'enfant »).

Comment éviter d'entrer dans cette spirale douloureuse ? Déjà en tirant la leçon des chiffres, il faut de nombreux mois (proportionnels à son âge) pour que la grossesse survienne naturellement. Et surtout, au lieu de s'obnubiler sur la reproduction, se concentrer sur la connivence amoureuse avec son compagnon. L'ovulation sereine est intimement liée à la psychologie du moment. Un certain nombre d'infertilités inexpliquées sont d'origine psychique. L'ovulation dépend en effet de l'hypophyse (glande située à la base du cerveau) et de l'hypothalamus, dont le fonctionnement est étroitement lié au psychisme (voir aussi p. 108).

L'infertilité, pourquoi ?

Différents facteurs entrent en ligne de compte dans l'infertilité chez la femme, qui peuvent parfois se combiner.

L'âge

L'accomplissement professionnel est inversement proportionnel à celui de la maternité. Plus les femmes attendent pour programmer leur premier enfant, plus leur fertilité est réduite. C'est entre 22 et 29 ans que la possibilité d'avoir un enfant par cycle est maximale : cela marche environ une fois sur quatre !

Le poids

Les femmes en excès de poids important ou au contraire très maigres (anorexiques) ont souvent des cycles perturbés avec des difficultés d'ovulation. Ce trouble passager peut revenir à la normale après trois à six mois de traitement, quand le poids s'équilibre.

Les toxiques

L'alcool, le tabac, le cannabis réduisent la fertilité. Une enquête récente de l'Observatoire de la fertilité montre par exemple que le délai d'obtention d'une grossesse double chez les fumeuses...

Le sport

Pratiqué de manière intensive, il peut, dans certains cas, entraîner des anomalies du cycle, donc une difficulté d'ovulation.

Les causes médicales

Les trompes qui acheminent les ovules peuvent être bouchées, la composition chimique du col de l'utérus anormale, le nombre des ovules restreint ou leur maturation moins bonne. Des adhérences post-chirurgicales peuvent gêner la mobilité de la trompe. Un fibrome peut faire obstacle au développement de l'œuf. Une cause hormonale peut expliquer une perturbation des cycles.

Le stérilet

Il peut légèrement augmenter le risque des complications infectieuses à l'origine de l'altération des trompes, voilà pourquoi il est conseillé essentiellement aux femmes qui ont déjà eu des enfants.

Les IST

Certaines infections sexuellement transmissibles sont responsables d'infections génitales, dont celles à chlamydiae, qui réduisent la fertilité. Les trompes bouchées, à l'origine de stérilités tubaires pures, représentent environ un tiers des indications de fécondation in vitro (FIV).

Les avortements
La pratique quotidienne des centres d'infertilité montre que les IVG sont parfois les seuls antécédents retrouvés. Les infections qui s'ensuivent restent exceptionnelles. En revanche, il persiste parfois des difficultés psychologiques.

Les fausses couches
On estime que, dans la population mondiale, 13 à 26 % des grossesses se terminent par une fausse couche. Avec l'âge, les avortements spontanés du premier trimestre augmentent. Avant 30 ans, le risque est de 10 %, à 41 ans, il passe à 50 %. C'est la faute au vieillissement des ovules et du système reproductif dans son ensemble. Le fonctionnement hormonal est moins opérant, l'utérus répare moins vite et moins facilement différentes petites lésions. La plupart du temps, cela aboutit à l'élimination d'un embryon mal formé.

Les maladies professionnelles
Certaines professions, comme hôtesse de l'air ou infirmière de nuit, pourraient favoriser des difficultés obstétricales accrues. Comment planifier une grossesse et un vol ou un travail de nuit en même temps ? En revanche, et contrairement à une idée fermement ancrée, le travail sur ordinateur ne rend pas stérile, pas plus qu'il n'augmente les fausses couches.

Première consultation et bilans

La première consultation pour stérilité peut se faire chez le généraliste, mais c'est au spécialiste gynécologue-obstétricien qu'il appartiendra de suivre et traiter le couple. Au cours du premier entretien, le médecin essayera de découvrir les causes médicales ou les pratiques du couple susceptibles d'expliquer l'absence de procréation.

Il fera d'abord procéder à des examens simples, mais décisifs, comme la réalisation de courbes de température sur deux ou trois mois, des dosages hormonaux sanguins au 3e jour du cycle et une radio de l'utérus. Parallèlement, un spermogramme sera demandé à l'homme (examen au microscope des caractéristiques du sperme) avec un test de Hünher (ou test post-coïtal de compatibilité). Ce dernier consiste à préconiser un rapport sexuel la veille de l'examen et à analyser ensuite la glaire féminine pour évaluer si elle permet ou pas la mobilité des spermatozoïdes. Un bilan complet, parfois approfondi, pourra prendre trois à six mois. Et c'est tant mieux, le temps est le meilleur des alliés thérapeutiques. Quand la FIV est enfin programmée, il arrive parfois que la femme soit déjà enceinte spontanément.

Le parcours du combattant

Après plusieurs mois de fiasco, le couple décide de tenter une procréation médicalement assistée. Le désir obnubilant d'enfant s'installe pour de bon, avec la traque du jour J, celui de l'ovulation. Température, dosages hormonaux, induction d'ovulation, prélèvements répétés, piqûres à heure programmée..., c'est l'escalade. Côté psy, la pression monte aussi : la fonction de reproduction balaye sur son chemin érotisme, désir, spontanéité, provoque des sentiments de déception, de faute, d'incompétence, de perte de féminité. Tout cela finit par jouer de sales tours à la libido : des troubles de la lubrification apparaissent avec une perte du plaisir. Quant à l'homme, il suffit d'une suspicion infime sur son spermogramme pour qu'il s'identifie plus ou moins consciemment à ses spermatozoïdes défaillants. Il peut devenir éjaculateur précoce ou avoir de moins bonnes érections. Lui aussi se sent instrumentalisé, réduit à la simple fonction de fournisseur-détaillant en sperme. Pis, il a un rival potentiel : le médecin. Sa femme assimile parfois celui-ci à Dieu le Père en personne... Normal, il est, paraît-il, le seul capable de la rendre féconde.

Comment sortir du cercle vicieux ? Les protocoles sont pénibles et précis, mais ils sont de durée déterminée (quelques fois dans une année). En dehors de ces périodes, le couple doit essayer de se libérer de la pensée unique de l'enfant. Il doit simplement penser à lui pour se préserver. Faire l'amour juste pour le plaisir, pour la connivence, plutôt que de se « réserver » pour les protocoles. Une étude récente a clairement montré que les PMA avaient de bien meilleurs résultats quand les couples continuaient à avoir des relations sexuelles spontanées.

Neuf mois et... le couple vacille

L'attente de bébé est un moment merveilleux. C'est aussi un vrai cataclysme dans la vie du couple, même quand tout se passe bien, et de cela, on est rarement prévenus à l'avance ! Désirs, fantasmes et malentendus sont au rendez-vous. Les femmes qui portent leur premier enfant s'inquiètent beaucoup des métamorphoses de leur corps et de sensations inconnues jusque-là. Certaines ressentent, dès le premier mois, des fausses « contractions » qui les angoissent, mais qui n'ont rien à voir avec celles de l'accouchement, elles le découvriront plus tard. D'autres sont très étonnées d'être si fatiguées, d'avoir tellement besoin de dormir, d'être nauséeuses, gonflées, si lourdes, de n'avoir «plus envie de rien». Enfin, elles s'interrogent beaucoup sur la normalité de l'enfant à naître et sur tout ce qui pourrait l'abîmer: trop de travail, les longs trajets et naturellement l'activité sexuelle.

De leur côté, les hommes vivent des sentiments très forts, parfois contradictoires, ce qui peut générer une incompréhension et des décalages dans le couple. À l'annonce de leur paternité, certains peuvent perdre pied, même s'ils ont désiré très fort ce bébé. Lorsqu'ils apprennent LA nouvelle, ils réagissent avant tout de manière émotionnelle, et plus du tout rationnelle. Ils étaient d'accord pour un enfant avec cette femme, c'était le bon moment, ils avaient leur situation professionnelle en main, oui mais... tout cela s'effondre devant les idées qui se bousculent dans leur tête plus ou moins consciemment. Être père, c'est aussi avoir le sentiment d'être mis au pied du mur, mesurer le poids de ses responsabilités, craindre de ne pas être à la hauteur. C'est renoncer à l'éternelle adolescence, s'inscrire dans la lignée des générations, revivre sa propre enfance avec tout ce que cela comporte de problèmes réglés ou douloureux. C'est enfin redouter que sa femme ne change du tout au tout. Sera-t-elle encore amoureuse et complice, se transformera-t-elle en mère poule exclusive? L'enfant passera-t-il au premier plan, devant le couple et la sexualité? Certains hommes prennent alors toute la mesure de l'angoisse qui les habite. D'autres, sans même comprendre pourquoi, deviennent grognons, irritables, inquiets, distraits, vulnérables, tristes... Mais leur réaction ne préjuge en rien de leur amour pour leur compagne ou du père qu'ils seront. C'est essentiel à comprendre.

Il arrive aussi que l'annonce du bébé soit très bien vécue, mais qu'au fil des mois, les relations du couple deviennent tendues. Là, c'est un autre phénomène psychologique qui intervient. Plus le terme avance, plus certaines «mères» sont centrées sur leur ventre, et plus les compagnons découvrent un sentiment d'inutilité. Avant même d'être né, Bébé prend toute la place, ils peuvent se sentir délaissés et devenir jaloux. Par-dessus tout cela, la belle-famille s'en mêle, donne des conseils, aide aux derniers préparatifs, annexe le foyer conjugal. Si bien que certains hommes déboussolés se rassurent comme ils peuvent: ils nient la grossesse et font comme si de rien n'était (invitations, couchers tardifs, trajets épuisants), ils sortent avec les copains, ils ont parfois des aventures, ce n'est pas facile à vivre, mais en soi, cela ne signifie absolument pas qu'ils ne sont plus amoureux. L'incommunicabilité dans le couple cache la demande énorme d'être rassuré de part et d'autre. Les femmes ont encore plus besoin qu'on leur répète à cette période précise: «Je suis là pour t'aimer et te protéger», les hommes désirent la même chose sans oser l'avouer. Ils se sentent abandonnés, superflus, «vides», paumés. Le remède passe par la prise de conscience de tous ces doutes et de leur normalité et, bien évidemment, par le dialogue. Si nécessaire, il faudra prendre des distances avec l'entourage pour retrouver son intimité, élaborer de nouveaux projets ensemble et consolider la relation avant l'accouchement. L'affaire est sérieuse, environ un couple sur six se sépare à l'occasion de la naissance du premier enfant.

Preuve encore que cette période n'est pas neutre: la survenue de cauchemars bizarres ces neuf mois-là. L'attente d'un bébé remue beaucoup de strates au niveau inconscient. Les rêves sont la traduction de toute cette activité invisible. Certains tournent autour de thématiques classiques : départ du mari, guerre, emprisonnement ou mort, ce qui perturbe d'autant plus la femme qu'elle pense que la période de la grossesse doit forcément être heureuse. Ces rêves témoignent souvent d'une angoisse d'abandon, de la crainte de perdre sa liberté avec les responsabilités liées à la naissance d'une vraie famille. Crainte aussi de la rupture avec sa propre enfance et son passé, peur pour l'équilibre du couple menacé par la présence d'un tiers. Rien de tout cela n'est prémonitoire évidemment. Au lieu d'inquiéter, ces rêves devraient même rassurer, puisque les conflits inconscients qui se jouent la nuit s'apaisent plus facilement par la suite.

Autre curiosité de cette période, c'est la « couvade » de certains pères, c'est-à-dire la grossesse vécue de manière symbolique. Des hommes prennent plusieurs kilos pendant que leur femme s'arrondit. D'autres se font des entorses, des claquages ou des bobos à répétition (maux de ventre, voire crise de coliques néphrétiques). Certains s'y prennent si bien qu'ils se retrouvent à l'hôpital ou immobilisés dans un lit pendant que leur femme accouche. Et oui !

→ L'amour en ballon

Toutes les femmes enceintes sont inondées d'hormones féminines ; pourtant, toutes n'ont pas le même désir sexuel : c'est bien que le psychologique est déterminant. Au niveau du bassin, on observe une congestion et une vascularisation accrues, le vagin gonfle et s'épaissit, il est mieux lubrifié, ce qui s'accompagne d'une plus grande sensibilité ; les petites et grandes lèvres deviennent hyperréactives ; tout cela peut être source de plaisir augmenté pour les unes et de douleur exacerbée pour les autres. Parfois, la frontière entre le plaisir et la douleur se montre bien ténue. Les seins grossissent et deviennent plus tendus. Ils peuvent générer des sensations délicieuses ou insupportables. C'est là que le compagnon intervient. Il peut idéaliser la grossesse, aller dans le sens de sa partenaire et jouir de ce surplus de sensations ou alors craindre de lui faire mal et respecter ses réticences. Selon sa propre histoire familiale, il renforce chez sa compagne l'image d'une femme épanouie, rassurée et désirable ou celle d'une femme déformée, inquiète et moins attrayante. Toujours est-il que de nombreuses femmes découvrent pour la première fois l'orgasme lorsqu'elles sont enceintes...

Peut-on s'aimer pendant ces neuf mois comme avant ? Faut-il ralentir la cadence ? choisir ses positions ? cesser lorsque le terme est proche ? Jusqu'au dernier mois, voire jusqu'à la veille de l'accouchement, le couple peut avoir un rapport sexuel, il suffit d'un peu d'imagination pour trouver la position la plus confortable. Le fœtus est protégé dans sa poche des eaux, elle-même protégée par le col. À ces « barrières » s'ajoute un verrou de sécurité supplémentaire : l'orientation du col vers l'arrière pendant toute la grossesse, qui passe vers l'avant les dernières heures de l'accouchement pour faciliter le passage du bébé dans la filière génitale. D'ailleurs, celui-ci n'est pas spécialement incommodé par les relations sexuelles de ses parents, bien au contraire. Selon une découverte récente, le rapport déclencherait chez le fœtus la production d'endorphines (substances du bien-être).

Toutefois, des précautions s'imposent (surtout le dernier trimestre) en cas d'ouverture du col (menace d'accouchement prématuré) ou de contractions régulières et croissantes. Attention aussi aux pertes de sang après un rapport, il peut s'agir d'une plus grande fragilité du col à vérifier, mieux vaut alors consulter son médecin avant toute reprise des relations sexuelles.

→ L'accouchement et le papa

Est-il important que le futur père participe à la préparation à l'accouchement et que, plus tard, il assiste à la naissance ? Est-ce mieux pour le couple, est-ce « nécessaire » pour l'enfant ? Cela peut-il avoir des conséquences « traumatisantes » sur la sexualité à venir des parents ?

Il n'y a pas de lois ni de règles en psychologie qui obligent les pères à faire ceci ou cela. Le couple doit en discuter ensemble, et si l'un ou l'autre refuse cette préparation ou cette participation à l'accouchement, il faut le respecter et ne rien imposer. Une femme peut vouloir vivre cette période seule et ressentir la présence de son mari comme une intrusion, voire une impudeur. L'homme peut estimer qu'assister à la naissance est choquant et craindre de ne plus voir sa femme comme avant. Cela aussi, il faut le respecter, il s'agit tout de même de voir sa compagne le sexe ouvert et sanglant. Mais si tout le monde est d'accord, alors tant mieux. La meilleure place pour le père au cours de la délivrance est près de la tête de la mère ; il peut lui tenir la main si elle en a envie, afin que tous deux soient proches émotionnellement. Rien à voir avec le père, caméra au poing, devant les jambes écartées... Bernard Fonty, gynécologue accoucheur, qui a livré auprès des femmes les batailles essentielles pour la contraception, l'avortement, l'accouchement sans violence, ne dit pas autre chose dans son livre : « Les futures mères me semblent plus respectueuses du vécu et du ressenti de leur conjoint qu'il y a vingt ans. Ainsi, en ce qui concerne la présence du père à la naissance, il est devenu rare que j'entende cette phrase : "Nous avons eu le plaisir à deux, il n'y a pas de raison pour que nous ne partagions pas la douleur à deux." Les femmes sont les premières à savoir que le balancier est allé trop loin du côté de la théorie de l'homme méprisable, mû par le seul désir de jouissance sexuelle, et qu'il ne sert à rien d'enfermer un père en devenir dans un moule de pensée et de comportement strictement féminin, voire féministe, lors de la grossesse et de l'accouchement[1]. »

Un couple sur cinq reprend les rapports au cours des deux premiers mois, les autres, les semaines suivantes, y compris après une épisiotomie. On considère qu'il y a problème après six mois d'abstinence. Cependant, il faut savoir qu'une chute de désir est normale après l'accouchement, à cause de l'effondrement hormonal et du changement psychologique qu'il entraîne. Les femmes qui allaitent sont moins portées sur le sexe à cause de la prolactine (voir chapitre 5, « Les troubles de l'amour »).

→ Lorsque l'enfant paraît

Tout l'amour de la mère, toute sa sensualité seront guidés vers le petit lové dans ses bras. Le contact intime sera partagé avec lui. Les caresses, les mots tendres chuchotés à l'oreille seront pour lui. En cas d'allaitement, le sein deviendra sa propriété exclusive, ce qui, l'on s'en doute, ne sera pas toujours vu du meilleur œil par le légitime, fût-il très compréhensif. Mais comment partager avec le mari-amant cette partie du corps investie par le nourrisson ? Comment recevoir la succion enfantine de l'un et la caresse

1. *Les pères n'ont rien à faire dans la maternité*, First Éditions, 2003.

érotique de l'autre ? Heureusement, la fusion n'a qu'un temps et, allaitement ou pas, il faut bien envisager un beau jour la reprise des rapports conjugaux. Il est bon que le père joue son rôle et mette un terme à ce duo symbiotique. Il est là pour aider sa femme à trouver la bonne distance avec son bébé.

De petits soucis sont à prévoir au début : le baby-blues parfois et l'envie de craquer à cause des nuits blanches, de la fatigue extrême, du contrecoup de la délivrance. Épisiotomie, forceps, césarienne peuvent aussi faire craindre que l'entaille cède ou que la cicatrice fasse mal lors des rapports sexuels. À cela s'ajoute la distension des muscles du périnée (qui soutiennent les organes génitaux au niveau du bassin). Ils interviennent aussi bien sur le vagin que sur la vessie ou le rectum, d'où l'importance d'une rééducation rapide après un accouchement difficile, au minimum par la méthode du « pipi-stop ». Celle-ci permet de lutter contre d'éventuelles fuites urinaires à l'effort ou une moins bonne tonicité du vagin (ce qui a des conséquences sur l'orgasme). L'entraînement consiste en une succession de contractions et relâchements de ces muscles (debout ou assis, même au volant de sa voiture). Un bon moyen de les localiser : stopper la miction, laisser s'écouler l'urine et contracter à nouveau brusquement. Simple et efficace. Pour preuve, les prouesses qu'on prête aux Thaïlandaises censées décapsuler des bouteilles de Coca-Cola ou fumer avec leur vagin ! (Voir aussi le chapitre 8, « Les problèmes médicaux des femmes ».)

···› Une famille formidable

Sevrage, biberons, crèche, école, devoirs... Le temps passe. Certains couples se laissent dévorer par leur fonction de parents, oubliant de rester des amants. C'est risqué. Pour soi d'abord, pour ses enfants ensuite. Ils ont besoin de grandir dans une histoire d'amour qui leur parle et qui s'exprime au grand jour. La tendresse et les baisers échangés entre leur père et leur mère sont pour eux la promesse d'un bonheur à venir et un exemple transmis à leur insu. Même s'ils font tout pour saccager les moments d'intimité (surtout pendant la période œdipienne), même s'ils trouvent les bisous et les petits câlins « dégoûtants », ils n'en sont pas moins rassurés au fond d'eux-mêmes. Bien sûr, il ne s'agit pas d'afficher sa sexualité en étendard et de faire des journées porte ouverte, mais seulement d'extérioriser la tendresse pour l'autre. Il y a des adultes qui n'ont jamais vu leurs parents s'embrasser ni se tenir par la main et qui, à leur tour, ont des difficultés à être démonstratifs.

L'intimité conjugale doit être défendue coûte que coûte. Et c'est un effort de tous les instants, surtout pour certaines mères, plus enclines à préserver les apparences qu'à rassurer leur mari.

Oui, mais comment s'y prendre ? Il suffit d'habituer l'enfant à ce que le couple s'isole dans la chambre conjugale, de temps en temps, porte fermée (à clé si nécessaire), même si c'est pour seulement se détendre ou se parler tranquillement. On se dit à tort qu'il faut attendre qu'il comprenne, mais plus il est petit, plus l'habitude s'installe facilement. « Si la chambre est fermée, tu n'entres pas, c'est que ton père et moi désirons être seuls. » Les bambins finissent par apprendre que les parents aussi ont droit à leur intimité et qu'ils ne sont pas à disposition à tout moment.

Ensuite, les mères doivent accepter de faire l'amour de manière « tranquille » et « déculpabilisée » avec leur compagnon, même si les monstres rôdent dans la pièce à côté. Même s'ils devinent qu'il se trame quelque chose de bizarre ou d'inhabituel dans la tanière des amoureux. Encore une fois, où est le mal ? Du moment qu'ils ne sont pas confrontés à la « scène primitive » de leurs deux parents nus et enlacés... Et quand bien même. S'ils faisaient irruption sans crier gare, alors qu'on a oublié de fermer la porte, il y a toujours moyen de rattraper les choses, en s'adaptant à l'âge du perturbateur et au contexte. On peut prendre l'air le plus dégagé du monde en expliquant que l'on faisait une petite sieste, ou que l'on est désolé qu'il ait surpris cette scène, en lui demandant calmement de regagner sa chambre, on peut aussi dire les choses avec humour (à 10 ans, un enfant peut comprendre qu'il vaut mieux que ses parents fassent l'amour, pas la guerre, non ?)... S'il voit des adultes calmes, ni coupables ni honteux, il sera plus volontiers détendu et moins perturbé par ce qu'il a vu, non ? C'est la réaction de ses parents qui donnera le ton à sa propre réaction.

Voilà pour les grands principes, sauf qu'ils ont bien peu d'importance si l'envie d'intimité avec l'autre a disparu. L'expérience prouve que certaines mères cessent d'être portées sur les câlins amoureux dès qu'elles sont enceintes. Elles le clament sans détour : « Je voulais une famille et des enfants » (sous-entendu, le partenaire sexuel est accessoire dans cette histoire). Elles utilisent alors les marmots comme prétexte, c'est-à-dire comme écran et bouclier contre le désir de leur mari.

Certains hommes trouvent ce marché satisfaisant : d'un côté, la famille et une mère modèle, et de l'autre, des aventures. Mais il arrive aussi que ce marché de dupes ne leur convienne pas. Ils entendent garder la femme qu'ils ont choisie mais qui les délaisse. Leur étonnement d'être abandonnés vire rapidement à l'amertume ou à un doute terrible sur eux-mêmes. Outre qu'ils sont malheureux de ne plus faire l'amour, ils se sentent niés dans leur virilité, donc dans leur être.

Si l'on s'intéresse aux ressorts psychologiques de ce virage à 180° du désir féminin, on retrouve plusieurs types de situations. Certaines femmes investissent la maternité pour réparer leur propre enfance. Elles ne supportaient pas la légèreté de leur propre mère ni la sexualité des parents ; leur tour venu, elles entendent bien être des « mères irréprochables », pures et dévouées... à leurs enfants. D'autres femmes, encore en référence au couple parental, estiment qu'« une mère honnête n'a pas de plaisir ». Pour d'autres encore, dès que le compagnon devient le père de leurs enfants, il se transforme en Père tout court et, dans ce contexte, il est impossible d'aimer faire l'amour avec lui ou de le désirer (toujours l'Œdipe). On voit aussi des femmes qui vivent une passion (symbolique) avec leur fils et font de lui un petit compagnon de substitution, il panse les plaies et les frustrations de l'existence, il adoucit les déceptions avec les hommes et avec le sien en particulier.

Que faire si l'on veut sauver sa famille et son couple ?

Prendre conscience que les enfants que l'on aime tant, sur lesquels on a tout misé, peuvent y perdre aussi. Ils ne sont pas dupes : un père désiré et aimé reste le meilleur des exemples pour se construire en tant que fille ou garçon. Romain Gary a écrit une page sublime sur les mères trop aimantes. « Il n'est pas bon d'être tellement aimé, si jeune, si tôt. Ça vous donne de mauvaises habitudes. On croit que c'est arrivé. On croit que ça existe ailleurs, que ça peut se retrouver. On compte là-dessus. [...] Vous passez votre temps à attendre ce que vous avez déjà reçu. Je ne dis pas qu'il faille empêcher les mères d'aimer leurs petits, je dis simplement qu'il vaut mieux que les mères aient encore quelqu'un d'autre à aimer. Si ma mère avait eu un amant, je n'aurais pas passé ma vie à mourir de soif auprès de chaque fontaine[1]. »

Alors, si l'idée d'une reprise de la relation sexuelle paraît tolérable, il faut la tenter. Non pour faire plaisir à son conjoint, mais pour y trouver du plaisir soi-même. Petit à petit, le désir peut revenir (voir chapitre 4, « L'amour, avant, pendant, après »). En revanche, si la tentative de rapprochement n'est pas concluante et que l'amour devient une souffrance, une psychothérapie s'avère utile. Le problème n'est pas sexuel, il ne s'agit guère de sauver son couple, mais de se sauver soi (voir chapitre 5, « Les troubles de l'amour »).

Les mères seules ont-elles une vie privée ?

Quand on est célibataire, la donne est relativement simple. On peut séduire sans avoir trop de valises derrière soi. Mais lorsqu'on est séparée ou divorcée, on a eu non seulement une première expérience de vie de couple – amère –, mais aussi des désillusions sur les hommes et l'amour avec un grand A. Si, en prime, on a des enfants, cela suffit généralement à faire fuir les prétendants les moins motivés. Faut-il pour autant renoncer à une vie privée et se contenter d'assouvir sa sexualité toute seule en se caressant avec honte et culpabilité ? Faut-il se sacrifier pour la paix des enfants ? Et la sienne aussi, au fond, car après le travail, les responsabilités épuisantes, l'éducation et les tâches ménagères, on n'a pas forcément la tête à

1. *La Promesse de l'aube*, Gallimard, 2002.

la bagatelle. Beaucoup s'y résignent par tranquillité, avec une double priorité: élever les petits sans les traumatiser davantage et se reconstruire. D'autres fondent une nouvelle famille au bout de cinq ans (un peu plus pour les veuves), ce qui suppose qu'elles se sont laissées aller à des rencontres ou des aventures. Les questions ne manquent pas alors de se poser, à commencer par l'amant. Faut-il le cacher aux enfants ou jouer la clarté? À chacune d'agir au mieux selon le contexte familial: trop d'aventures ou trop tôt, l'enfant peut en souffrir ou considérer que c'est une trahison vis-à-vis de son père; pas du tout d'amant ou trop tard, il peut avoir du mal à accepter que sa mère retrouve une vie intime alors qu'elle s'est exclusivement consacrée à lui pendant longtemps. Le risque de surprotection et de repli sur soi n'est pas mince.

Lorsque la mère rencontre un nouveau compagnon et que la relation devient sérieuse, elle doit l'introduire progressivement en insistant sur l'importance que revêt pour elle cette nouvelle union. Lorsque son enfant comprend qu'elle est amoureuse et constate le bonheur de sa nouvelle vie, il lui est plus facile de l'adopter. Par ailleurs, le rôle et la place de chacun doivent être définis: «Cet homme n'est pas ton père et n'a pas l'intention d'usurper sa place.» Plus explicite encore: «Il ne va pas te voler ta place, je t'aime quoi qu'il arrive.» L'idéal serait aussi que le père de l'enfant soit coopératif et qu'en quelque sorte il accepte cette nouvelle union, ce qui libérera l'enfant enfermé dans un conflit de loyauté vis-à-vis de son père. Près d'une femme divorcée sur deux se remarie autour de 40 ans avec un homme divorcé aussi[1].

1. Chiffres Insee, 1999.

La bonne distance avec la famille

Généralement, la naissance des enfants entraîne un rapprochement familial pour le meilleur et pour le pire. Les rapports avec ses propres parents, malgré l'âge, demeurent des rapports de parents à enfants. On redevient la petite que l'on a été, et des sentiments très forts sont de nouveau en jeu. Parfois, à travers l'éducation des petits-enfants, d'anciens conflits peuvent resurgir. Certaines grands-mères ou belles-mères s'affirment comme des nounous qui savent tout et prennent le pouvoir, d'autres, au contraire, offrent à leurs petits enfants une tendresse et une affection qu'elles n'avaient jamais montrées à leur progéniture (soi en l'occurrence). D'autres encore projettent leurs anciennes angoisses sur leur fille: «Ah bon, ton mari ne t'aide pas...» Autant de petites phrases qui sèment le doute et peuvent saper le couple. Pour éviter les conflits conjugaux et l'OPA des grands-parents sur les petits-enfants, il suffit de poser les limites d'emblée et ne pas laisser planer de flou artistique sur les attentes des uns envers les autres, ne pas laisser de place à la critique: «C'est mon mari et je l'aime...»; «Chez moi, cela se passe comme ça». Petit à petit, les grands-parents prennent acte des nouveaux territoires à respecter. Évidemment, tout cela est d'autant plus percutant que c'est formulé calmement, avec tact et gentillesse, mais formulé quand même. Dans ces jeux de rôles, le compagnon tient une place déterminante. Avec sa force tranquille, il peut faire remarquer aux grands-parents (beaux-parents), que leur (belle-) fille se débrouille très bien, qu'au bout du troisième enfant elle a l'habitude, que c'est une femme responsable, même si elle ne sait pas tricoter les grenouillères aussi bien que (belle-) maman. L'humour (pas la moquerie) fait passer bien des messages.

Par ailleurs, dans les relations belles-mères / belles-filles, c'est aussi à l'homme d'intervenir en posant clairement les limites. À savoir : sa mère sera toujours sa mère (il ne peut tout de même pas l'effacer de sa vie pour faire plaisir à sa femme) et sa femme est celle qu'il a choisie et qu'il aime, c'est la mère de ses enfants (sa mère doit l'accepter comme telle). Si tout cela est intégré dans la complicité conjugale et l'amour, le message passera bien mieux que si l'homme formule des reproches à l'une ou à l'autre sous la pression de chacune.

Les « bonnes copines »

Elles restent « bonnes » à condition de ne pas être trop envahissantes elles aussi. Généralement, tout se passe à merveille lorsque les amies en sont au même point : mariage ou concubinage vers la même période, premier enfant, second, troisième, etc. Les maris se rencontrent, la tribu se forme, on sort ensemble le week-end, on passe les vacances avec les petits, tout le monde est heureux de se retrouver. Finalement, les étapes et les préoccupations communes rapprochent (la première dent de Jules, la difficulté à trouver une crèche pour Léa, la reprise du travail, etc.). Les ennuis commencent lorsque la copine en question vit sur une autre planète. Alors qu'on est mariée, elle cherche l'âme sœur ; alors qu'on accouche, elle envisage une IVG ou une rupture ; alors qu'on est débordée de travail et de tâches domestiques, elle s'ennuie et propose d'aller faire la fête « entre filles » comme avant. La vacuité de sa vie de célibataire esseulée, les frustrations, les comparaisons insidieuses (et pas toujours conscientes) transforment la meilleure des copines en ennemie redoutable pour le couple: «Tu as besoin de demander la permission à ton mari pour sortir maintenant?»... « Il met les pieds sous la table et tu acceptes!»... « Tu t'es vue en ménagère modèle». Tout cela est peut-être un peu vrai, mais la bonne copine ignore le principe de réalité. Elle n'a qu'une idée très superficielle de ce qu'est vraiment un couple de l'intérieur, elle n'en voit que l'écume et jamais les moments de félicité, elle s'arrête à l'image projetée souvent banale, jamais aux éclats de rire ni aux liens tricotés au fil des jours.

Le signe d'alerte: si, après l'avoir vue, on se dispute systématiquement ou presque avec son compagnon, il faut s'interroger. Sur soi (veut-on une vie de famille ou une vie d'adolescente?), sur elle (pourquoi instille-t-elle le doute, par jalousie, par frustration, a-t-elle raison?). La copine est dans la projection de ses angoisses et de ses difficultés existentielles: «Les hommes sont comme ceci, comme cela...», parce que, dans sa vie à elle, les hommes sont vécus comme cela. On n'est pas mariée avec les hommes, mais avec son homme, et ça change tout, il a ses qualités et ses défauts, comme soi-même d'ailleurs. Une vraie discussion de fond s'impose avec la copine en question, et le message passe ou... ça casse.

Sa bande à lui

Alors que les femmes se réunissent pour parler de tout et de rien, échanger sur la vie, le boulot, les enfants, les amours, le sexe, les vacances, qu'elles aiment bien rire des autres et d'elles-mêmes, les hommes qui retrouvent leurs copains sont surtout dans la recherche de... liberté et d'insouciance. La tournée des bars, les matchs de foot, les « bœufs » entre musiciens, les échappées à vélo ou au tennis entretiennent l'illusion de l'indépendance, de l'adolescence, de la légèreté, quand il n'y avait pas les enfants, le loyer à payer tous les mois, l'obligation de rentrer dîner tous les soirs. Écrasés par le poids du quotidien, par celui des responsabilités, ils retrouvent ensemble une bouffée d'oxygène. Ils ne désertent pas par désamour ou désintérêt conjugal (en tout cas pas au début), mais par besoin de se rassurer sur eux-mêmes, entre semblables.

Ne l'oublions pas, l'homme mûrit moins vite que la femme. À âge égal, il a plus de mal à s'ancrer dans ses nouvelles responsabilités. Il y a donc une période de transition nécessaire, presque indispensable, et pendant ce temps, il faut tenir. Comment ? Inutile d'y aller en force et de décréter : « C'est eux ou c'est moi », l'interdit ne fait que stimuler la transgression ou entraîne la mise au pas avec la rancœur. Les réflexions assassines contre les copains (« parasites », « bons à rien », « tire-au-flanc », etc.) ne valent pas mieux. Mieux vaut ruser et jouer le cheval de Troie, autrement dit entrer subrepticement dans la bande, participer chaque fois un peu plus, finir par s'imposer et imposer les femmes des autres. La maturité venant, la bande trouvera sa vraie place à côté de la famille. Il faut aussi proposer des alternatives séduisantes à son amoureux : des sorties à deux, des surprises, allégées du fardeau du quotidien. Tout cela demande évidemment de la nuance. Chacun a droit à des plages de liberté, à un jardin secret, à une vie privée, même si l'on est marié – surtout si l'on est marié. Les moments sans l'autre rechargent le couple et lui sont essentiels. Mieux vaut donc les tolérer, voire les encourager, à condition, bien sûr, qu'ils ne prennent pas toute la place. Finalement, il s'agit bien de trouver l'équilibre, dans la confiance et le respect de l'autre. Ce qui est valable pour lui est applicable à soi. On peut avoir ses propres activités sans qu'il se sente exclu et abandonné.

8

LES PROBLÈMES MÉDICAUX DES FEMMES

Les femmes n'attendent pas d'être à l'article de la mort pour consulter. Et elles ont raison. Beaucoup voient régulièrement leur médecin sans être malades, pour leur contraception ou leur frottis, ou bien pour des petits troubles qui les inquiètent, généralement liés à leur cycle. Elles viennent aussi aux grands moments de leur vie, lorsqu'elles désirent avoir un enfant, qu'elles l'attendent pour le suivi de la grossesse ou à la période tourmentée de la post-quarantaine, prélude de la ménopause.

Tous ces soucis rencontrés dans leur cycle ou dans leur vie génitale ont un point commun : les hormones féminines. Tant que l'équilibre est maintenu, tout va bien, mais s'il est rompu, c'est la porte ouverte à toutes les plaintes.

En cas d'anomalie, la zone sexuelle et reproductrice est chargée d'une angoisse particulière, parce que tout se passe en profondeur, loin de l'évidence. Les spéculations vont bon train : ce frottis pas très net... un cancer sûrement ! Cet arrêt des règles... une grossesse forcément ! Cette brûlure anormale... une IST nécessairement !

Et bien sûr, toutes ces perturbations qui touchent à la féminité ont à voir avec la sexualité et sa représentation. On se doute bien que la gêne provoquée par des douleurs chroniques du bas-ventre ou des cystites à répétition bouleversent la vie émotionnelle sans que les choses soient toujours formulées ou même pensées.

On sait aussi – ou on le devine – que les événements de vie extérieurs ou liés au couple interfèrent sur la libido. On sait moins qu'ils ont une action sur la santé gynécologique. Le stress, par le biais du cerveau des émotions, agit sur l'hypothalamus, qui lui-même agit sur l'hypophyse, qui elle-même agit sur les ovaires. Et le tout entraîne un déséquilibre de la fabrication hormonale qui aboutit à une multitude de symptômes plutôt désagréables. Les femmes sont parfaitement conscientes qu'elles ont plutôt moins d'ennuis avec leur corps et de tensions douloureuses en vacances ou lors des périodes de grande sérénité (professionnelle, amoureuse, familiale, etc.).

Dans ce chapitre, nous allons donc nous intéresser à l'influence de la relation du couple sur la maladie ou à l'influence de la maladie sur la relation du couple.

Les seins

Les seins sont des objets érotiques par excellence, associés à la séduction, la féminité et la maternité. Ils sont ronds, sensuels et sensibles. Excitants et apaisants, doux comme des doudous (c'est-à-dire des objets transitionnels qui permettent de supporter la frustration et l'angoisse). Voilà pourquoi les hommes les surnomment parfois avec tendresse les « doudounes ».

→ Les seins douloureux

Les douleurs des seins (ou mastodynies) ont plusieurs origines, des plus banales aux plus surprenantes. Une simple prise de poids peut entraîner une gêne persistante, puisque les seins sont constitués en grande partie de graisse. Il suffit de maigrir pour que la gêne disparaisse. Mais pour les poitrines de forte taille, c'est plutôt une intervention de réduction mammaire qui pourra réellement soulager.

Lorsqu'on a tendance à avoir les jambes lourdes ou des douleurs au niveau du ventre à cause de varices pelviennes, on peut aussi avoir mal à la poitrine puisqu'elle est nourrie par les mêmes vaisseaux défectueux. Les veinotoniques qui soulagent les jambes soulagent aussi les seins tendus et pleins d'œdèmes.

Un déficit hormonal en progestérone est parfois évoqué par le médecin. Le remède consiste à prendre des progestatifs sous forme de comprimés ou à appliquer du gel localement.

Certaines douleurs projetées venues du « dessous » s'expriment en surface et provoquent parfois d'insupportables douleurs aux seins. Les vrais responsables sont des névralgies intercostales, des rhumatismes entre les côtes et le sternum, etc. Les antalgiques ou les anti-inflammatoires sont alors la meilleure des médications.

Des maux inexpliqués depuis des mois ou des années peuvent avoir une origine psychologique. Les seins sont des organes de séduction et de « communication » par excellence. Lorsqu'ils deviennent une zone interdite pour le partenaire, de manière durable, il est bon de s'interroger sur ce qui se passe là et pas ailleurs. Ce symptôme cache-t-il un problème dans le couple, un désir de grossesse non assouvi, un déficit de l'image de soi, une dépression, un deuil difficile à faire ?

Une psychothérapie se montre parfois libératrice, éventuellement accompagnée de séances de relaxation ou d'hypnose éricksonienne.

De la même façon, une absence totale de sensibilité, c'est-à-dire le calme plat au niveau des seins, malgré les stimulations et les caresses, peut traduire une cause psychique, un peu comme si on n'était frigide que dans ce secteur-là. Le symptôme devient alors l'arbre qui cache la forêt. Parfois aussi, la cause est organique et irréversible. Une précédente intervention chirurgicale a pu détruire en partie ou totalement la sensibilité des mamelons et de l'aréole. Des petits nerfs ont été coupés, abîmés, étirés suite à une chirurgie esthétique ou reconstructive pourtant bien menée. Il faut alors investir de nouvelles zones de plaisir, réveiller sa sensualité ailleurs, inventer de nouvelles zones érogènes, et oui... cela s'apprend.

Des boules dans les seins

On a toujours peur des boules dans les seins et on s'imagine déjà le pire, alors que, le plus souvent, les tumeurs sont sans gravité. Chez les adolescentes et les femmes jeunes, les kystes sont très fréquents et d'ordre « émotionnel ». Il a suffi à Mélanie d'apprendre que sa mère avait une mammographie douteuse et un risque de cancer du sein pour qu'elle développe un kyste dans les heures qui ont suivi la nouvelle. Lorsque la jeune fille a été rassurée par le bilan de sa mère, son kyste a disparu spontanément dans la nuit. Ce n'était qu'une petite boule remplie de liquide à l'intérieur. Le gynécologue, dans son cabinet, peut percer le kyste avec une aiguille et en aspirer le contenu pour le faire analyser. C'est l'affaire de quelques secondes à peine. Quant à l'adénofibrome, il devient très banal en période de périménopause, où les hormones s'affolent. Encore faut-il prouver qu'il s'agit bien d'un adénofibrome, d'où l'intérêt des ponctions et des biopsies. Cette boule fibreuse dégénère exceptionnellement en cancer. Mais, pour éviter une surveillance mammographique régulière et contraignante, on préfère retirer la boule si elle paraît facile d'accès, « au cas où »...

Les mastoses sont des petites zones indurées et fibreuses particulières : elles évoluent avec le cycle menstruel. Elles sont fréquentes et tout à fait anodines, malgré les douleurs qui peuvent les accompagner. Elles gonflent parfois de manière importante quelques jours avant les règles et se dégonflent comme des baudruches après. Le traitement se résume à attendre que tout rentre dans l'ordre. Si on est vraiment gênée, mieux vaut recourir aux antidouleurs, aux progestatifs, aux gels de progestérone à appliquer sur la poitrine ou aux veinotoniques qui améliorent la circulation locale.

→ La peur du cancer

On a pris la pilule pendant des années, on a vu son amie ou sa tante opérée d'un cancer du sein, on a lu la presse ou vu des émissions télé. Partout, il y a cette malédiction récurrente. Et pour cause, le cancer du sein ne cesse de progresser à cause de l'allongement de la durée de la vie. En France, environ une femme sur huit sera touchée à un moment ou à un autre de son existence. La moitié du temps, le diagnostic est fait avant 65 ans. Et on a le sentiment que ce cancer touche les femmes de plus en plus jeunes, avant 40 ans, sans que cela soit pour autant confirmé actuellement.

Comment surveiller ses seins efficacement ?

En l'absence de tout risque particulier

Il faudrait se faire suivre par son médecin tous les ans à partir de 30 ans. Éventuellement, pratiquer tous les mois l'autopalpation, une semaine environ après les règles, lorsque les seins ne sont ni sensibles ni enflés. Poursuivre après la ménopause.

Dès l'âge de 40 ans, une première mammographie peut être conseillée par son médecin et renouvelée tous les trois ans, ce qui ne dispense évidemment pas de l'examen clinique du médecin. La meilleure période pour la mammographie se situe juste après les règles. À 50 ans, elle devrait être systématique tous les deux ans. Elle devient alors gratuite dans le cadre du dépistage organisé, avec l'avantage de la double lecture qui permet de « repêcher » des cas qui seraient passés inaperçus avec une simple lecture.

En cas d'antécédents familiaux

La surveillance doit être rapprochée avec, tous les six mois, un examen gynécologique et, tous les ans, une échographie pelvienne des ovaires plus une mammographie.

◇ Quels sont les facteurs de risques de cancer ?

Le fait d'avoir eu ses règles tôt (avant 12 ans) ou sa ménopause tard (après 55 ans) augmente la probabilité de développer un tel cancer, puisque celui-ci est hormonodépendant, donc lié au temps de l'activité hormonale. Plus l'imprégnation des seins par les œstrogènes est forte et prolongée, plus le risque est élevé.

On pourrait en conclure que la pilule est nocive, puisqu'elle apporte des hormones féminines en permanence. La question a été largement débattue par les spécialistes. Leur réponse est claire : pour les pilules de la deuxième ou troisième génération, il est maintenant acquis que le risque est quasiment nul. Si risque il y avait, il serait minime et toucherait surtout celles qui ont pris la pilule longtemps et fortement dosée, comme c'était le cas avec les pionnières, dans les années 1960.

Quant au traitement hormonal substitutif de la ménopause (ou THM), il est prouvé qu'il augmente légèrement le risque d'apparition d'un cancer du sein. Cette fois, les œstrogènes sont apportés dans un climat hormonal très différent. La femme ne fabrique plus d'hormones puisque ses ovaires sont au repos. L'organisme a un apport de remplacement lorsqu'on lui fournit les œstrogènes du traitement substitutif. Des études de grande ampleur, publiées en 2002 et 2003[1]*, montrent un sur-risque de 8 cancers du sein sur 10 000 femmes lorsqu'elles prennent le THM. Ce n'est pas négligeable évidemment, mais ce n'est pas non plus la catastrophe annoncée. Le risque est relatif et à mettre en balance avec les avantages du traitement. Le THM réduit le risque de cancer du côlon, de même que le nombre de cas d'ostéoporose. À chacune de choisir le traitement en fonction de ses facteurs de risques individuels et de ses attentes.*

◇ Un coup ou une blessure au niveau du sein peuvent-ils provoquer un cancer?

Non, c'est une idée répandue, mais fausse. De même, les armatures trop serrées du soutien-gorge ne sont pas à l'origine de

1. Voir étude WHI, 2002 ; étude *Million Study Women*, 2003.

tumeurs. Cela dit, un coup sur le sein appelle parfois une mammographie et c'est à cette occasion que l'on peut découvrir par hasard une anomalie...

◇ Des caresses répétées sur les seins ou une activité sexuelle intense finissent-elles par trop stimuler la glande, donc par provoquer un cancer?

Absolument pas. Inutile de se priver de ce plaisir, c'est sans influence sur le cancer du sein, comme d'ailleurs l'allaitement et le fait de s'exposer seins nus au soleil. En revanche, il existe de vrais facteurs de risques, comme de vrais facteurs protecteurs.

Le cancer du sein

Les facteurs protecteurs

– le nombre de grossesses (plus il y en a, moins on a de risques);
– l'âge de la première grossesse (avant 25 ans);
– l'allaitement s'il est exclusif et prolongé;
– les antécédents familiaux (pas de cancer du sein ou de l'ovaire chez sa mère, sa tante ou sa sœur);
– l'âge précoce de la ménopause;
– la lutte contre l'obésité et la sédentarité;
– la diminution des apports d'alcool.

Les facteurs de risques

– un seul enfant, après 35 ans;
– règles à 10 ou 11 ans;
– le traitement hormonal de la ménopause (pris plus de 5 à 10 ans).

◇ L'autopalpation régulière est-elle efficace?

Elle est conseillée, mais insuffisante. En effet, une tumeur cancéreuse met environ sept ans à atteindre 1 mm, neuf ans pour 5 mm, et dix à onze ans pour 1 cm; c'est seulement à cette période qu'elle devient détectable à la main. La mammographie, elle, repère une tumeur moitié moins grosse, ce qui fait gagner quelques années de traitement. Plusieurs études confirment que la mammographie réalisée tous les deux ans, entre 50 et 70 ans, permet de réduire la mortalité par cancer du sein de 30 à 40 %.

◇ Un choc psychologique peut-il expliquer la survenue d'une tumeur cancéreuse?

La question a été beaucoup étudiée. Les causes d'un cancer sont multiples et que leur conjonction finit par déclencher le développement anarchique des premières cellules cancéreuses. L'étincelle peut être un traumatisme fort comme un deuil ou une séparation, sur un terrain biologique et psychologique déjà fragilisé. Le cancer naît 5 à 7 ans avant sa découverte, il faut donc chercher l'événement psychique à cette date et pendant les semaines qui précèdent la découverte de la maladie. On sait aussi qu'un cancer induit des modifications psychiques et une chute des défenses de l'organisme.

◇ La mammographie est-elle fiable à 100 %?

Elle est fiable à 90 %, ce qui est un résultat déjà excellent. Il existe des «faux positifs», c'est-à-dire des femmes saines inquiétées à tort, essentiellement à cause des conditions d'examen: si le sein est mal positionné, l'incidence et la pénétration des rayons ne seront pas bonnes, on pourra alors trouver au niveau du sein des opacités qui ne sont pourtant pas des tumeurs. Il existe aussi des «faux négatifs» à cause de seins trop denses, cachant une petite opacité. De toute façon, seul l'examen du tissu mammaire au microscope (histologie) permet d'établir un diagnostic.

◇ On dit que tous les appareils de mammographie ne se valent pas et que certains sont même obsolètes...

Vrai, mais, dans toutes les villes de France, il existe de bons appareils numériques ou analogiques et de bons radiologues (demander à son gynécologue ou éventuellement à son centre de Sécurité sociale). En médecine, on fait bien ce que l'on fait souvent. Les radiologues qui «tournent» le plus amortissent rapidement leur matériel, le renouvellent plus souvent et peuvent choisir les modèles les plus performants. Ce sont eux aussi qui repèrent plus facilement les taches suspectes, car ils ont l'œil plus aiguisé. Dans le cadre du dépistage organisé du cancer du sein, à partir de 50 ans, toutes les garanties ont été prises, les radiologues ont été formés, les appareils sélectionnés. Et les résultats sont analysés par deux spécialistes pour minimiser les risques d'erreur.

◇ Quelles sont les différences entre un appareil numérique et un appareil analogique?

Le médecin peut stocker une mammographie numérique dans le dossier médical, il peut l'adresser à un confrère, la manipuler avec des logiciels qui permettront de détecter plus facilement des zones suspectes ou des signes radiologiques de lésions malignes. La qualité du numérique s'est considérablement améliorée ces dernières années, c'est donc un réel progrès pour les femmes. D'ailleurs, le dépistage organisé du cancer du sein s'effectuera de plus en plus avec des appareils numériques.

◇ Quels sont les signes d'alerte d'un cancer du sein?

Une modification du galbe du sein ou une gêne persistante ; un écoulement de liquide par le mamelon, surtout s'il est d'un seul côté, brunâtre ou sanglant ; la présence d'une petite boule ou d'un épaississement persistant au sein ou à l'aisselle ; une modification de la pigmentation ou de la texture de la peau du sein ou de l'aréole (crevasses, plis, rétraction, fossette). Toutefois, le plus souvent le cancer est découvert sans aucun signe au cours d'un examen systématique.

◇ Les nouveaux médicaments permettent-ils de réduire le recours à la chirurgie?

Si l'on s'attache à ces dernières décennies, on s'aperçoit que la chirurgie du sein occupe une place de plus en plus limitée. Autrefois, on pensait qu'il suffisait d'enlever le sein pour supprimer la tumeur et pour guérir. On s'est vite aperçu que ce n'était pas le cas. Comme l'explique le cancérologue David Khayat[1], on ne meurt pas d'une boule dans le sein, même si elle fait 10 kg, on meurt des métastases du cancer du sein. Ces métastases sont liées au fait que des cellules insignifiantes et invisibles ont pu s'échapper de la tumeur d'origine et migrer partout, vers le foie, les poumons, l'os, le cerveau. Il faut donc traiter ce que l'on voit et ce que l'on ne voit pas. Aujourd'hui, la chirurgie est d'autant plus efficace qu'on a traité aussi la tumeur grâce à la chimiothérapie ou la radiothérapie. Selon le chirurgien cancérologue Daniel Zarca, de grands espoirs se fondent à présent sur l'étude des gènes exprimés sur la tumeur pour savoir si une chimiothérapie est nécessaire ou inutile. Le premier test est européen (Mammaprint), le second est américain (Oncotype DX).

1. Chef du service de cancérologie de la Pitié-Salpêtrière.

La vulve et le vagin

Ces organes ont une double fonction essentielle, la sexualité et la reproduction. Ils sont en première ligne pour les ébats amoureux. Là encore, s'ils sont hypersensibles et vulnérables, la femme n'aura aucun plaisir et elle pourra entrer dans une spirale infernale si le mal devient chronique.

→ Le vagin qui brûle

Toutes les femmes attrapent une mycose vulvo-vaginale à un moment ou un autre de leur vie. Il existe même deux périodes de prédilection pour ça, les vacances à la mer (ou au bord de la piscine), à cause de l'humidité, ou le fait d'avoir eu un souci ORL (bronchite, angine, etc.), à cause des antibiotiques qui ont tué toutes les bactéries et fait place nette aux autres germes « opportunistes ». Résultat, les champignons se développent au niveau de la vulve et du vagin. Cela démange, ça brûle à l'extérieur, le tout est accompagné de pertes blanches, un peu grumeleuses et non odorantes. Aucune douleur en urinant, seulement une sensation de « cuisson » en surface. Le simple jet de la douche ou le contact de la culotte peut s'avérer douloureux. Ces irritations sont le fait principalement des *candida albicans*. Voilà pourquoi on appelle aussi ces maladies des candidoses.

Les mycoses isolées ne sont pas bien inquiétantes et sont faciles à traiter. Il suffit de déposer dans le vagin avant de se coucher un ovule à libération prolongée (Gynopevaryl®, Lomexin®, Monazol®, etc.) et de renouveler le traitement cinq jours plus tard pour éviter les récidives (à cause des spores qui peuvent germer à nouveau). Ces mêmes molécules se déclinent sous forme de crèmes ou de lait à étaler sur la vulve pendant quelques jours si nécessaire. Il existe aussi des comprimés antimycosiques à prendre par voie orale en traitement minute (Triflucan®, Beagyne®). Ils ont l'avantage d'agir sur les germes qui se situent au niveau de l'anus et de l'intestin et qui colonisent le vagin. Ils sont plus adaptés pour celles qui ne supportent plus le moindre ovule à cause de leur irritation. Enfin, on trouve des tampons «antimycosiques» préventifs à base de lactobacilles (Florgynal®) qui protègent des infections et restaurent la flore vaginale. Ces derniers s'utilisent uniquement pendant les règles (trois cycles de suite dans l'idéal).

Les mycoses à répétition sont bien différentes, et pour cause, elles se répètent au moins quatre fois par an, depuis des années.

« *Coralie sait de quoi il retourne. Ses brûlures chroniques l'exaspèrent, elle n'ose plus avoir de rapports de peur de souffrir. À chaque fois, les irritations surviennent les lendemains d'amour, «comme pour la punir», dit-elle. Pourtant, rien de psy dans son histoire, tout est «mécanique»: ses relations sexuelles durent trop longtemps (une heure de pénétration qui s'accompagne d'un échauffement important sans doute sur un terrain vulnérable au départ). Le traitement ne doit pas se limiter à un simple antimycosique, il faut resynchroniser le plaisir des deux partenaires pour que la relation sexuelle ne se prolonge pas trop.*

··· Le lichen (scléro-atrophique)

Cette maladie chronique d'origine mystérieuse survient généralement après la quarantaine, parfois avec la ménopause. Elle peut toucher la peau et les zones génitales au niveau de la vulve. Elle se caractérise par de petites papules blanches nacrées isolées qui confluent parfois en plaques et s'accompagnent de démangeaisons, brûlures en urinant et douleurs pendant l'amour (dyspareunies). Comme le lichen peut dégénérer en cancer (dans 4 à 7 % des cas), une surveillance attentive et régulière est indispensable. Autrement, cette maladie est parfaitement bénigne, elle ne se transmet pas sexuellement et n'est pas contagieuse.

Le diagnostic à vue n'est pas aussi évident que cela. Le plus souvent, le médecin devra s'aider d'un prélèvement, systématique en cas de saignement ou d'induration à cause du risque d'évolution négatif. Heureusement, il est rare d'en arriver là, les lésions débutantes dans cette zone si sensible font toujours consulter rapidement. Le traitement se limitera souvent à une pommade à base de cortisone pendant six à huit semaines.

··· La descente d'organes

L'expression elle-même paraît surréaliste. Que signifie-t-elle au juste ? Que les organes se retrouvent dessous, nulle part, plus à leur place, au fond de la culotte ? Et comment est-ce possible ? On peut donc perdre son vagin ou son utérus sans y prendre garde ? Pour de nombreuses femmes, cette maladie est tout simplement impensable. Pourtant, elle est plus fréquente qu'on ne l'imagine et porte le nom de prolapsus.

« *Un sale jour, Marianne a eu le choc de sa vie. En se lavant, elle a vu une drôle de chose qui affleurait de son vagin. C'était son col de l'utérus. Jeanne, elle, s'en est aperçue dans la position du missionnaire. Lors de la pénétration, son partenaire était gêné par une grosseur située à l'intérieur. Le couple a redouté une tumeur, c'était un prolapsus.*

Cette maladie peut arriver n'importe quand, chez n'importe quelle femme, à n'importe quel âge, mais plus particulièrement à deux périodes de la vie, après un accouchement, et a fortiori plusieurs, ou au moment de la ménopause.

Pourquoi ça ? L'utérus et les organes voisins restent dans leur position anatomique grâce à une sorte de hamac ou tissu de soutènement. Ce hamac est lui-même accroché aux muscles environnants. Si ces derniers sont distendus par la poussée des accouchements ou la fragilité consécutive au vieillissement, il s'affaissera et les organes qu'il soutient avec, entraînant parfois dans sa chute le vagin, la vessie et une partie du rectum.

Heureusement, malgré ce tableau apparemment apocalyptique, le traitement est efficace, relativement rapide et simple. Il consiste à muscler le périnée grâce à une bonne rééducation chez le kinésithérapeute ou la sage-femme spécialisée. La chirurgie se révèle plus exceptionnellement nécessaire pour retendre les tissus de soutien.

Quelques semaines ou quelques mois après le traitement, la sexualité redevient normale. Mieux vaut se montrer patiente et philosophe... et c'est possible, même pour celles qui trouvent la situation douloureuse car elles sont atteintes au cœur même de leur féminité. Surtout, ne pas se décourager.

◇ Quand je prends des antibiotiques, j'ai souvent des mycoses, pourquoi ?

Ces médicaments, utilisés en cas d'angine ou d'abcès dentaire par exemple, tuent les bactéries présentes dans tout l'organisme, y compris au niveau vulvo-vaginal. Les champignons qui font partie de la flore vaginale en profitent pour se développer excessivement et provoquer des dégâts. Voilà pourquoi il vaut mieux prendre à titre préventif un ovule antimycosique en même temps que ses antibiotiques si une précédente expérience d'antibiothérapie a été malheureuse. On peut aussi utiliser les tampons antimycosiques à base de lactobacilles pendant les règles (3 cycles de suite).

◇ Je me lave matin et soir et j'ai quand même des mycoses, c'est à désespérer...

Une hygiène excessive est nocive à double titre : la flore protectrice est détruite (comme avec les antibiotiques) ; les lavages répétés assèchent le vagin et le rendent irritable. Il vaut mieux se laver une (ou deux fois) par jour, avec un savon de pH neutre ou un savon de pH basique (du genre Mylenca®) pendant les crises car il freine la multiplication des champignons (demander conseil à son pharmacien). Les savons liquides antiseptiques à pH acide trop décapants agacent davantage la muqueuse et peuvent favoriser le développement de mycoses. Attention surtout à la manière de s'essuyer en allant aux toilettes : toujours procéder d'avant en arrière, de la vulve vers l'anus, pour éviter de ramener des germes devant.

◇ J'ai beau mettre des ovules, mes mycoses reviennent. Comment sortir de là ?

Le mieux est l'ennemi du bien. L'automédication forcenée à coup d'ovules antimycosiques crée un cercle vicieux. On est gênée, on se traite par des ovules (jusqu'à une fois par mois). Comme ces produits sont très efficaces, la plupart des germes du vagin sont anéantis, y compris les protecteurs, ce qui favorise la propagation des candida. *Et c'est une nouvelle mycose qui recommence... et une nouvelle période d'abstinence sexuelle !*

◇ Qu'appelle-t-on des vulvites ou des vaginites ?

Ce sont des inflammations de la vulve ou du vagin dues à différents types de germes (champignon, bactérie, etc., d'origine sexuelle ou non). Les mycoses en font partie.

◇ J'ai des douleurs fréquentes, au cours de la journée, au niveau de la vulve. Et pour le moment rien n'est efficace. Que faire ?

Ce type de douleurs ressemblant à des brûlures et picotements s'appelle «vulvodynies». Ces dernières sont de plus en plus fréquentes, y compris chez les femmes jeunes. Les causes peuvent être : infectieuses (IST), hormonales (chute des œstrogènes locaux), dermatologiques (trouble de la muqueuse vulvaire). Mais parfois on ne trouve aucune cause évidente. On parle alors de vulvodynie essentielle, résultant de micronévralgies, ces dernières étant dues à l'hypersensibilité de petits filets nerveux non visibles. Le traitement consiste à rendre la muqueuse vulvaire fonctionnelle. Pour cela, avant de courir et d'aller mieux, il va falloir réapprendre à «marcher» avec des «béquilles». À savoir : des traitements locaux et généraux hormonaux (si possible), des hydratants (Monasens®, le lubrifiant hyper-hydratant d'Orphys®, Mucogyne®...) et des produits cicatrisants locaux comme le Vea Olio®, peu connu mais efficace (y compris dans des cas plus sérieux comme une sécheresse consécutive au traitement contre le cancer du sein).

◇ **Comment soigner une bartholinite?**

Les glandes de Bartholin sont situées au niveau de la vulve, vers l'arrière. Parfois, elles forment une boule douloureuse qui peut grossir au point d'atteindre la taille d'un œuf de pigeon. Il devient difficile de marcher. La poche est remplie de pus et de germes. Lorsque les glandes sont trop volumineuses, mieux vaut intervenir chirurgicalement pour vider l'abcès et traiter aux antibiotiques. Ce n'est pas une IST attrapée sexuellement ou transmissible au cours des rapports, il n'est donc pas utile de traiter le partenaire.

La vessie

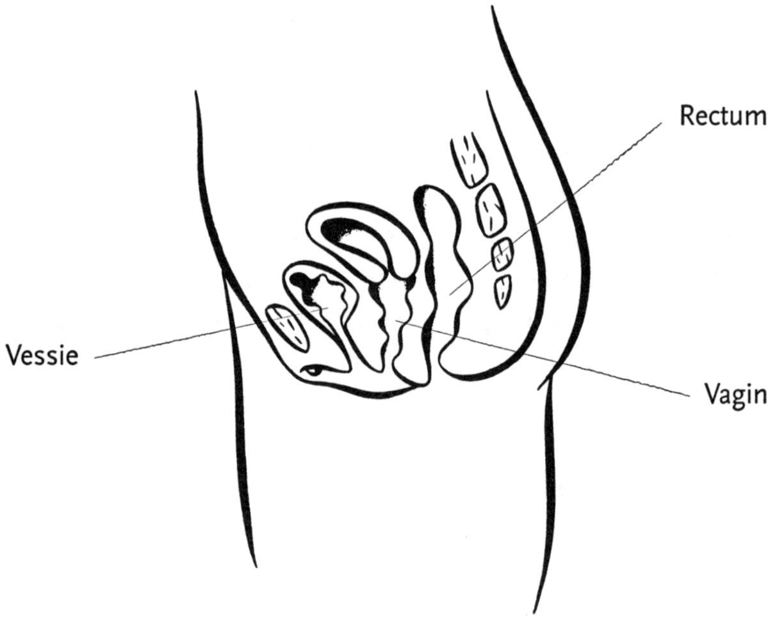

La vessie

La vessie est étrangère à l'appareil génital ou reproducteur féminin, pourtant elle peut compromettre la sexualité tout entière à travers quelques troubles banals, fréquents, mais assez mal vécus eux aussi.

→ La miction qui brûle

Celles qui ont déjà eu une cystite savent que ce n'est pas une partie de plaisir. On a très envie d'aller uriner et lorsqu'on le fait, la miction s'accompagne de brûlures, certaines disent sentir des « lames de rasoir ». Quelques gouttes à peine sont émises, puis de nouveau l'envie se fait sentir, avec les mêmes douleurs à chaque fois, intenables, il faut vite prendre des médicaments.

La « vraie » cystite est une infection aiguë de la vessie, résultant de l'action de germes (surtout des colibacilles normalement présents à la sortie de l'intestin ou du vagin). Les relations de voisinage anatomique expliquent qu'ils puissent remonter l'urètre (canal conduisant l'urine de la vessie jusqu'à l'extérieur) et coloniser la vessie. La cystite n'est donc pas une maladie sexuellement transmissible, elle n'est pas contagieuse, elle ne vient pas de l'autre, mais de soi-même. Les antibiotiques soulagent dès la première demi-heure ; ils existent sous forme de traitement « minute » (dose unique) ou encore de comprimés à prendre pendant trois jours (c'est mieux que le traitement classique qui dure dix jours).

Les cystites « psy » sont récidivantes et réapparaissent au moins quatre fois par an. Les germes sont généralement absents lorsqu'on pratique des tests urinaires.

« *Anne est une multirécidiviste. Elle fait au moins une cystite par mois et décrit sa sexualité comme pauvre et décevante. D'ailleurs, elle n'en attend rien... Côté enfance, elle parle d'une éducation plutôt stricte et, pour elle, le plaisir est dévalorisé, voire culpabilisant. À présent, il est vraisemblable que ces cystites à répétition lui permettent de dire à son mari : «Je ne peux pas», plutôt que «Je ne veux pas».*

« *Émilie souffre pour d'autres raisons. Elle s'entend mal avec son concubin, estime qu'il ne s'occupe pas assez bien d'elle. Par sa maladie, elle lui signifie à maux voilés son insatisfaction dans leur vie ; parfois, la cystite indique à l'autre ses préoccupations personnelles qui viennent parasiter la relation (angoisses existentielles, peur de la ménopause, départ des enfants, problèmes familiaux, professionnels, etc.). Elle peut enfin cacher une dépression masquée, dont le seul signe visible est la douleur ; celle-ci traduit l'envie de rien, et pas davantage de la sexualité que du reste.*

→ Les fuites urinaires

Qui n'a déjà eu dans sa vie un petit accident en éternuant ou en «pissant de rire»! C'est une forme d'incontinence, mais pas de quoi en faire toute une histoire. Il arrive aussi que la gêne soit plus présente et qu'il faille porter des protections à titre préventif ou même cesser d'avoir des rapports sexuels. Ce genre de trouble n'est pas une fatalité, on peut en guérir complètement dans la majorité des cas ou, au minimum, être bien soulagée. Le tout est d'oser en parler à son médecin ou à un urologue.

Dans les cas d'incontinence par impériosité (nécessité d'aller faire pipi sans attendre), la vessie se contracte trop tôt et sans raison. Cette hyperactivité vésicale est favorisée par certaines circonstances : boire trop de champagne, de vin blanc, de thé ou de café, entendre couler de l'eau, mettre la main sous l'eau froide ou... la clé dans la serrure. Un vrai réflexe de Pavlov est enclenché, la miction devient irrépressible. Le fou rire, une frayeur, l'orgasme, certaines positions comme la levrette peuvent jouer les fauteurs de troubles eux aussi. Dans ces moments d'émotion intense, le cerveau n'exerce plus son contrôle social (les humains ne « font » pas n'importe où) et la vessie se libère... Il arrive enfin que ce trouble en cache un autre : une infection urinaire, un polype, un calcul dans la vessie ou une maladie neurologique. Pour tous ces cas, les médicaments anticholinergiques (Ditropan®, Driptan®, Detrusitol® ou Ceris®) et la solifénacine (Vésicare®) donnent très vite d'excellents résultats. Ce sont des antispasmodiques qui agissent sur le contrôle neurologique de la vessie. Le traitement est généralement associé à une rééducation du périnée chez le kinésithérapeute. Ce dernier utilise plusieurs techniques comme la stimulation électrique (les impulsions réveillent les muscles du périnée) ou le biofeedback (la patiente doit serrer une sonde introduite dans le vagin et visualise sur un écran en temps réel l'effet de ses contractions ou de ses relâchements). En cas d'échec, une intervention chirurgicale reste possible. Il existe des techniques nouvelles réalisées dans des centres spécialisés, comme la pause d'un « pace maker » de la vessie. Un courant électrique de faible intensité est appliqué sur les nerfs qui vont vers la vessie, ce qui permet de moduler son action intempestive. On peut enfin, lorsque c'est vraiment nécessaire, agrandir celle-ci pour augmenter sa capacité et limiter les envies pressantes.

Certaines fuites surviennent uniquement après un effort violent ou répété : port d'une charge trop lourde, action banale de tousser, courir, rire, éternuer, sauter, danser, pratiquer certains sports... tout cela augmente la pression au niveau de la vessie et peut déborder largement ses capacités. Dans ces cas aussi, la rééducation est nécessaire ; elle fait appel à des techniques différentes, il s'agit de travailler son « verrouillage » en situation d'effort. Lorsque ces exercices s'avèrent insuffisants et que l'incontinence est vraiment sérieuse, la technique chirurgicale du *Tension-free Vaginal Tape* ou TVT est la plus courante. Elle est presque indolore et nécessite 24 heures d'hospitalisation seulement. Elle consiste à introduire par le vagin des bandelettes qui vont maintenir et renforcer le conduit de l'urètre, un peu comme un hamac, pour éviter que celui-ci ne s'ouvre et ne fuie. Le taux de réussite du TVT est de 80 à 90 %, avec un recul d'une dizaine d'années et près de 40 000 interventions par an rien qu'en France. Lorsque le sphincter est trop endommagé, on peut envisager la pose d'un sphincter artificiel. C'est rare (quelques centaines de cas en France) mais l'effet est parfois radical, des femmes retrouvent après cette intervention une vie normale et les rapports sexuels peuvent reprendre.

Silence, tabou, honte, les chiffres

3,5 millions de personnes souffrent d'incontinence en France, deux malades sur trois n'osent pas consulter. La première visite chez le médecin pour troubles de la vessie intervient en moyenne cinq à sept ans après l'apparition des premiers symptômes. Environ 25 à 30 % des personnes se traitent aujourd'hui, contre 10 % il y a une dizaine d'années. Contrairement à une idée reçue, l'incontinence n'est pas une maladie de vieux. Seulement 15 à 20 % des plus de 60 ans souffrent d'incontinence urinaire et une femme incontinente sur deux a moins de 50 ans. Chez la femme, l'incontinence d'effort représente la moitié des troubles observés, contre 25 % pour les mictions impérieuses et 25 % pour les incontinences mixtes (qui associent les deux troubles).

Source : site de l'université de médecine de Lyon.

◇ De mauvaises habitudes peuvent-elles déclencher une cystite ?

Oui. Si l'on boit peu, on augmente ses risques d'infection ou de récidives. Plus le volume de boisson absorbé est important, plus les microbes présents dans la vessie sont dilués et évacués facilement. Il suffit parfois de boire beaucoup pendant deux heures – dès les premiers signes de l'infection – pour éviter la cystite. De plus, une hygiène intime insuffisante ou excessive déséquilibre la flore microbienne et facilite l'invasion de la vessie par des germes plus agressifs. D'où ces conseils indispensables : uriner systématiquement après chaque rapport sexuel ; utiliser pour la toilette intime un savon de pH neutre sans douche vaginale ; après avoir été à la selle, s'essuyer d'avant en arrière. Ne pas «se retenir», ce qui permet l'évacuation régulière des microbes de la vessie. Et bien sûr, éviter les vêtements trop serrés et les sous-vêtements synthétiques qui favorisent la transpiration et la multiplication des germes.

◇ Comment échapper aux cystites à répétition?

En cas de cystite récidivante avec germes ou en cas de douleur pelvienne (parfois avec fièvre), l'avis d'un urologue est nécessaire pour éliminer une éventuelle pathologie organique de la vessie et en faire un examen approfondi (cystoscopie). Les coordonnées de spécialistes peuvent s'obtenir à partir du site http://www.urofrance.org ou en demandant à l'Association française d'urologie: 12 rue de la Croix-Faubin, 75557 Paris Cedex 11 – 01 44 64 14 85.

En cas de cystites fréquentes sans germe, la composante psychologique est probable, mieux vaut consulter un gynécologue psychosomaticien qui s'occupe de l'aspect médical et psychologique. On peut obtenir l'adresse de gynécologues psychosomaticiens en écrivant à la Société française de gynéco-obstétrique psychosomatique: sfgops@gmail.com.

Les consultations répétées soutiendront la patiente dans sa volonté de guérir et l'aideront à prendre conscience des conflits psychologiques sous-jacents exprimés de fait par cette douleur: désamour de soi, difficultés relationnelles (avec les parents, les enfants, le conjoint, les collègues de travail) ou encore frustration sexuelle difficilement formulable. Cet accompagnement psychologique renforcera l'effet des médicaments prescrits: hormones appliquées localement pour améliorer l'hydratation de la muqueuse, et antinévralgiques pour réduire l'irritabilité des nombreux filets nerveux qui traversent l'urètre. L'hydratation et la lubrification vaginale seront restaurées à l'aide de produits adaptés (voir aussi le chapitre 5, «Les troubles de l'amour»). Sans oublier le plus simple : boire 2 litres d'eau par jour (en période de crise et entre celles-ci pour limiter, voire éviter les récidives) ou recourir au cranberry, *une grande airelle rouge, que l'on appelle en France canneberge. L'Agence française de sécurité sanitaire des aliments a décrété en 2004 que «la consommation de jus de cranberry contribue à diminuer la fixation de certaines bactéries E. coli sur les parois des voix urinaires». Des études cliniques ont par ailleurs démontré une diminution de la fréquence des infections urinaires chez des femmes liée à la consommation de jus de fruits de cranberry ou de compléments alimentaires en poudre à base de canneberge.*

◇ J'aime faire l'amour avec mon mari, mais j'ai souvent des cystites. Est-ce forcément psychologique ?

Certaines femmes peuvent avoir du désir et du plaisir avec leur compagnon et souffrir malgré tout de cystites à répétition. C'est tout simplement que le rapport dure trop longtemps pour elles et finit par les irriter. Le sexe de l'homme exerce un frottement sur la paroi qui sépare le vagin de la vessie. Or cette paroi est fine et fragile chez elles. Si leurs moyens de défense sont affaiblis, si les colibacilles sont trop nombreux, la vessie s'infecte et la cystite s'installe. Autrefois, on parlait de «cystite des jeunes mariés». Bien que cette affection ne soit pas sexuellement transmissible, elle peut être favorisée par des rapports sexuels.

Il arrive aussi, mais c'est moins fréquent, que des raisons psychologiques plus complexes puissent être découvertes au cours d'une psychothérapie. L'urine représente symboliquement les larmes du corps et la douleur devient une soupape de sécu-

rité, presque un moindre mal, par rapport à ce qui fait souffrir inconsciemment.

◇ Depuis que j'attends mon bébé, j'ai des fuites urinaires. Est-ce lié ?

Oui, la grossesse est une période à risque. 20 à 40 % des femmes enceintes présentent des signes plus ou moins marqués d'incontinence, surtout lorsque le bébé pèse plus de 3,7 kg à l'accouchement. En post-partum, c'est-à-dire après la naissance, 10 à 20 % des femmes ont encore des petits problèmes de fuites. Le relâchement vaginal diminue par ailleurs les sensations sexuelles pendant la pénétration puisque le pénis est moins enveloppé et cela s'accompagne parfois de bruits bizarres et autres petits «floc» pendant les rapports. D'où l'intérêt évident des dix séances (ou plus) de rééducation périnéale préventives proposées par la Sécurité sociale, efficaces dans la majorité des cas. Par la suite, plutôt que le jogging ou le step, il est préférable de choisir des sports plus respectueux de l'anatomie féminine, comme la marche rapide, le stretching, la gymnastique analytique au sol (muscle par muscle), etc.

La préménopause est aussi une période à surveiller. La carence en œstrogènes s'accompagne d'une modification des tissus en place qui favorise la survenue plus fréquente d'incontinence chez les femmes. D'où l'intérêt, cette fois, des traitements hormonaux locaux ou du traitement substitutif de la ménopause qui redonne un certain tonus aux tissus et une meilleure vascularisation.

◇ Lorsque je joue au volley, j'ai des écoulements. Y a-t-il un rapport ?

Oui, malheureusement. Il faut se méfier des efforts violents ou répétés et, notamment, de la danse ou de certains sports. Ces der-

niers ont pu être classés en trois groupes suivant le risque qu'ils représentent : groupe 1, risque maximal pour le handball, le volley-ball ou le trampoline ; groupe 2, risque modéré pour le tennis et l'aérobic ; groupe 3, risque faible pour le vélo et la natation.

Une étude danoise réalisée sur des grandes sportives âgées de 23 ans en moyenne a montré que la moitié avait des fuites après l'effort. Et deux femmes sur trois devaient porter des protections. Par ordre décroissant, les sports les plus à risques seraient : la gymnastique (56 %), la danse classique, l'aérobic, le badminton, le volley-ball, l'athlétisme, le handball, le basket-ball (17 %).

◇ Pendant l'amour, je souffre de petites fuites. Y a-t-il des solutions ?

Il arrive qu'au cours d'efforts (orgasme, mais aussi sport, port de charge, toux, rire, frayeur) il y ait des fuites involontaires non précédées du besoin d'uriner. En cause, un mauvais verrouillage des muscles du périnée qui maintiennent la vessie fermée. Ce type de fuites représente près de la moitié des incontinences et touche surtout les femmes jeunes. En ce cas, pas de tabou, il faut en parler à son médecin traitant, à son gynécologue ou à un urologue. Il conseillera une rééducation périnéale pour utiliser correctement les muscles du périnée. Des kits de traitement à domicile (comme Keat®) peuvent être recommandés en relais ou comme « piqûres de rappel » pour optimiser la rééducation ou entretenir le muscle. Ce type de dispositif d'autorééducation périnéale à domicile par électrostimulation est remboursé, tout comme la rééducation périnéale prescrite à titre préventif aux femmes après l'accouchement (post-partum) notamment.

Les questions

◇ **Un urologue, ça sert à quoi ?**

L'urologue est le professionnel de l'appareil urinaire. Chez la femme, il est, par exemple, le spécialiste de l'incontinence, de la descente de vessie, des infections urinaires, des calculs rénaux, des cancers du rein et de la vessie. Chez l'homme, il est spécialiste de l'adénome de la prostate et du cancer de la prostate, des calculs rénaux, des cancers du rein, de la vessie et des testicules, des troubles de l'érection... L'urologue est médecin et chirurgien, il prend en charge le traitement médical et chirurgical des maladies qui l'exigent.

Un contact utile : Association d'aide aux personnes incontinentes – 5 avenue du Maréchal-Juin, 92100 Boulogne – 0975 63 50 60 (prix d'un appel local) – portable : 06 84 13 81 19, du lundi au vendredi de 9 h 30 à 16 h 30 – aapi.asso@orange.fr.

L'utérus et les règles

L'utérus est ce petit sac en forme de triangle niché derrière le vagin et relié par des trompes aux ovaires. Les femmes s'en préoccupent beaucoup, à cause des règles qui reviennent tous les mois, du frottis à renouveler tous les ans et, éventuellement, à cause des suites d'une ablation totale de l'utérus, dont les conséquences psychologiques sur la sexualité sont à prendre en compte.

Les règles se produisent habituellement lorsqu'il n'y a pas eu fécondation ; l'ovule produit à chaque cycle est alors éliminé dans l'utérus. La muqueuse utérine, non soutenue par un taux d'hormones suffisant, se détache pour donner l'écoulement fait de « peaux » et de sang. Tant que les règles sont

« silencieuses », les femmes ne s'en plaignent pas trop. Les ennuis commencent lorsqu'elles deviennent trop abondantes, irrégulières ou douloureuses. Là, plus question de les ignorer dans le couple, l'homme est bien forcé de s'apercevoir que les « ragnagnas » sont de retour, pour le meilleur et pour le pire...

Amélie a 30 ans et se plaint de saignements entre les règles qui l'inquiètent et l'épuisent. Elle consulte sans succès plusieurs médecins. Jusqu'au jour où le mot d'endométriose est prononcé. Toute l'angoisse de la jeune femme s'engouffre dans ce diagnostic. Un cycle d'examens complémentaires démarre. Les analyses se succèdent sans rien révéler de particulier. Et pour cause, l'essentiel a été laissé de côté : son histoire et son vécu émotionnel. Tout a commencé lorsque Amélie a décidé d'avoir un enfant. Il lui fallait subitement multiplier les rapports avec son compagnon, alors qu'auparavant elle se pliait à ses exigences quatre ou cinq fois par an seulement. Sa problématique était là, précise, cruelle, jamais révélée, pas même à elle-même. Elle était prête pour une grossesse, pas pour une sexualité angoissante. Elle avait des tabous insurmontables sur l'image de son corps intime, sur son plaisir, sur l'érotisme. Alors, soigner ses problèmes de saignements sans s'intéresser à son inquiétude était comme « un cautère sur une jambe de bois ». La jeune femme devait engager une sérieuse réflexion sur la question avec l'aide d'un thérapeute, sinon, il y avait fort à parier que la sexualité du couple serait menacée à très court terme après la grossesse.

Les femmes comme Amélie qui consultent pour des problèmes de cycle, d'utérus, d'ovaires ou de seins sont plus nombreuses qu'il n'y paraît. Beaucoup taisent une fragilité ancienne ou un désamour d'elles-mêmes, qui s'exprime par des symptômes à leur insu. De fait, si le médecin n'y prend garde, la consultation entière se perdra dans les méandres de la rationalisation : équilibrer les règles, provoquer l'ovulation, faire des tests et des analyses, multiplier les échographies ou les ponctions, alors que c'est le corps, le corps sexué, qui est l'objet d'un refus.

→ Les fins de mois difficiles

La fin du cycle n'est pas une partie de plaisir pour celles qui souffrent du syndrome prémenstruel (ou SPM). Et pour cause, elles peuvent cocher au choix dans une liste interminable de symptômes : jambes lourdes, ventre ballonné, migraine, seins tendus et douloureux, cystite ou mycose, herpès, constipation, etc. ; avec parfois en prime humeur noire, susceptibilité, fatigue ou, au contraire, agitation, crises de boulimie, sentiment de dévalorisation. Pas de quoi jouer la fière ces jours-là... Deux femmes sur trois seraient touchées à des degrés divers par ce syndrome, et une sur dix en serait tellement affectée qu'elle se dit incapable de faire quoi que ce soit d'intéressant au travail (et bien sûr au lit).

Les traitements existent, mais sont diversement appliqués. Certains médecins sont persuadés de l'origine psy du problème et, du coup, négligent de le soigner. D'autres, au contraire, le prennent très au sérieux et adaptent leur prescription en fonction des symptômes de chacune.

Souvent l'apport d'hormones peut rétablir l'équilibre perturbé. La progestérone naturelle a une action légère avec très peu d'effets secondaires ; elle s'avère utile sur les petites insomnies, les troubles de l'humeur, les gonflements du ventre ou des seins, les fringales. Les progestatifs de synthèse sont plus efficaces et plus puissants. Seul problème : la prise de poids chez certaines. À chacune donc de tâtonner pour choisir la bonne progestérone au meilleur dosage.

La pilule améliore la plupart du temps le syndrome prémenstruel puisque l'ovulation est supprimée, ce qui maintient stable le climat hormonal.

Les veinotoniques peuvent diminuer notablement les œdèmes au niveau des jambes lourdes, des seins gonflés, des varices pelviennes.

Lorsque les troubles de l'humeur sont sérieusement handicapants, les antidépresseurs (type Prozac®) peuvent être prescrits du 15e au 25e jour. À petites doses, ces produits ont un effet antalgique. Cette prescription exceptionnelle doit s'accompagner d'un suivi psychologique, car les antidépresseurs lèvent les blocages et peuvent donc avoir aussi des effets paradoxaux et augmenter l'irritabilité.

En dehors de la pharmacopée, des méthodes plus psychologiques comme l'autohypnose peuvent donner des résultats très appréciables. Cette technique de relaxation mentale permet d'agir sur le système neurovégétatif (responsable des différents maux précédemment cités), de prendre de la distance face au problème et de le contourner. Comme dans la vie en somme. L'autohypnose peut être enseignée par son médecin s'il a été formé à cette approche.

→ Les règles douloureuses

Plusieurs situations peuvent rendre les fins de cycle particulièrement pénibles : une maladie (endométriose, infection, fibromes), il faut alors traiter la cause, et la douleur cessera ; le stérilet au cuivre intervient aussi dans la douleur, il faut alors opter pour celui à la progestérone qui fait nettement moins saigner ou supprime carrément les règles. On peut préférer un autre mode de contraception. La prise de la pilule contraceptive peut être la bonne solution, surtout chez la femme jeune. Elle stoppe l'ovulation, réduit l'abondance des règles et la douleur. Celles qui ne veulent pas prendre de pilule (parce qu'elles veulent avoir un bébé) peuvent y recourir pour les courtes périodes où il faut absolument se sentir bien dans son corps (entretien d'embauche, examen, épreuve sportive, audition, etc.).

Vers la quarantaine, les règles qui, auparavant, étaient plutôt bien supportées peuvent devenir éprouvantes. C'est la faute aux prostaglandines. Selon la vulnérabilité de chacune, ces substances chimiques naturelles se déposent au niveau de la muqueuse utérine (lourdeurs), des ovaires (douleurs), de l'intestin (ballonnements), du cerveau (migraine, irritabilité). Le traitement à base d'antiprostaglandines (Ponstyl®, Antadys®, Alève®) a une action antidouleur et calmante évidente.

Les relaxants musculaires sont très bénéfiques et aident aussi à apaiser les spasmes, ils peuvent être associés aux antidouleurs. L'aspirine n'est pas recommandée à cette période du cycle puisqu'elle fluidifie le sang et augmente l'hémorragie.

L'endométriose, la maladie silencieuse

5 à 10 % des femmes en âge de faire un enfant, 24 % de celles qui consultent pour douleurs pelviennes et 20 % des femmes qui reçoivent une cœlioscopie pour infertilité souffrent de cette maladie gynécologique. Le diagnostic met cinq à six ans avant d'être établi et le traitement neuf ans avant d'être mis en place. C'est beaucoup de douleurs et de temps perdu, surtout si l'on souhaite mettre en route un bébé. Quelques signes peuvent alerter, comme les douleurs menstruelles et les douleurs pendant les rapports sexuels, pendant les cycles, pendant la miction ou le transit. La fatigue est présente le plus souvent, les règles sont plus abondantes et plus longues qu'habituellement. Si votre mère ou votre sœur présentent ces signes, si vous avez eu une puberté précoce, des cycles courts, parlez-en à votre médecin. L'examen clinique est primordial pour le diagnostic, il doit être réalisé au spéculum, pendant les règles. L'échographie est pratiquée ensuite pour le préciser. Malgré son côté parfois impressionnant, l'endométriose est une pathologie bénigne. La muqueuse qui tapisse l'utérus (endomètre) va se fixer en dehors, au hasard dans le bas-ventre, ce qui explique, selon leur localisation, les symptômes des unes ou des autres. Progressivement, des cellules peuvent former des amas qui se mettent à grossir, des kystes finissent par se constituer, qui se fixent au niveau des ovaires ou des trompes, expliquant alors les problèmes de fertilité. Les traitements dépendent du degré d'avancement de la maladie ; ce sont des antidouleurs classiques, des hormones pour bloquer le cycle, de la chirurgie…

(Source : 30e journées du Collège national des gynécologues et obstétriciens français, décembre 2007.)

→ Les règles absentes ou irrégulières

Pour une femme réglée « comme un métronome », le retard dans l'apparition des règles peut signifier une grossesse ou la survenue de la (pré)ménopause vers la cinquantaine (en ce cas, pendant la période de transition qui dure parfois plusieurs années, les règles deviennent irrégulières, plus rapprochées ou plus espacées).

En l'absence de ces deux hypothèses, inutile de s'inquiéter avant deux ou trois mois. La disparition des règles sur une courte période n'est ni nocive ni inquiétante. Une simple contrariété, un déménagement, un départ en vacances peuvent retarder leur apparition. Marie a eu un cycle de 46 jours, simplement parce qu'elle avait peur de se faire poser un stérilet à la fin de ses règles. Rien qu'avec sa tête et sa crainte, elle a réussi à repousser l'échéance... Toutefois, si la disparition des règles se prolonge anormalement, il s'agit peut-être d'un problème hormonal (trop de prolactine ou d'androgènes notamment) ou d'une ménopause précoce (à moins de 40 ans). Il faut alors consulter son gynécologue.

→ Les règles trop abondantes ou trop longues

On peut avoir l'impression de se vider de son sang et de changer de protections sans résultat. À cela s'ajoutent la crainte de perdre son énergie, la peur d'être malade, la fatigue... Les ménorragies sont soit des règles d'une durée normale (3 à 6 jours), mais avec un flux menstruel très important, impossible à endiguer avec des protections habituelles ; soit un flux normal avec des règles qui s'éternisent au-delà de 8 jours.

La cause la plus connue est le stérilet au cuivre : il crée une micro-inflammation locale dans l'utérus, qui peut doubler le volume des règles. Il faut opter pour un stérilet à la progestérone ou pour des médicaments qui réduisent le flux menstruel (antiprostaglandines, progestatifs, etc.).

La cause la plus banale est le déséquilibre hormonal. Plus fréquent à la puberté, lors de la mise en place des cycles, ou vers 45-50 ans à l'approche de la ménopause, le déséquilibre se traite à l'aide de progestérone dans la seconde moitié du cycle.

La cause la plus fréquente après 35 ans est le fibrome. Il fait saigner la muqueuse qui tapisse l'utérus. Là encore, des médicaments peuvent limiter l'intensité des règles (progestérone, veinotoniques, médicaments agissant sur la coagulation sanguine, anti-inflammatoires). On peut aussi éliminer le fibrome ou des polypes intra-utérins, s'ils sont faciles d'accès, grâce à une hystéroscopie (petit tube équipé d'un minisystème optique et d'instruments qui permettent de voir et d'intervenir à l'intérieur de l'utérus).

Des kystes de l'ovaire, en particulier quand ils sont fonctionnels (ils grossissent et diminuent au cours du cycle), peuvent aussi agir sur l'abondance des règles.

→ Les règles peu abondantes ou trop courtes

Il arrive que les règles soient très peu abondantes ou durent à peine un ou deux jours. On parle alors d'hypoménorrhée. Ce phénomène est peu inquiétant, même si l'on craint à tort de «mal évacuer le sang» ou de «retenir les toxines». Avec les minipilules, la muqueuse qui se détache est très fine, les règles sont donc peu abondantes, concentrées et de couleur plus foncée. (Avec les pilules normales, la muqueuse qui se détache est plus épaisse, les règles plus abondantes et plus rouges.) L'approche de la ménopause peut aussi intervenir. Chez les jeunes femmes trop maigres ou anorexiques, le faible poids entraîne une disparition des règles, un peu comme si la nature, par sécurité, empêchait toute possibilité de grossesse. Il faut un poids minimum pour assurer le développement complet d'un éventuel fœtus. Des efforts physiques intenses (jogging, danse, etc.) tous les jours et plusieurs heures par jour finissent aussi par chambouler les cycles. Les règles s'équilibrent lorsque l'on met les bouchées doubles dans son assiette ou la pédale douce sur le sport.

→ Migraines et règles, le duo infernal

Les migraines pendant les règles ont souvent la réputation d'être psychologiques. Alors, mythe ou réalité ? Il semblerait bien que ce ne soit pas « que » dans la tête parce que les femmes sont contrariées d'avoir leurs règles, même s'il est vrai que les angoisses et le stress peuvent majorer la douleur, voire son « insupportabilité ». Les migraines menstruelles résultent de la chute des œstrogènes. Chez certaines femmes et pas d'autres, on sait que l'effondrement hormonal va provoquer au niveau de neurones connus une chute de la sérotonine (hormone cérébrale impliquée dans l'amour, l'appétit, le plaisir). La brutale dilatation des vaisseaux déclenche la douleur. La chute hormonale favorise aussi la synthèse de substances spécifiques qui entraînent le mal de crâne. Il y a donc bien du psychique, de l'émotionnel et... du physique. Chez la femme sous pilule, le plus simple est d'ajouter des œstrogènes pendant les 7 jours d'arrêt ou d'utiliser « la pilule non stop ». Pour les femmes qui ne veulent pas d'hormones ou ne peuvent en recevoir, l'Ibuprofène est efficace. Évidemment, pas d'aspirine qui fait saigner. Les triptans sont réservés à celles qui résistent aux traitements simples.

◇ Pourquoi tous ces ennuis juste avant les règles ?

C'est encore et toujours la faute du déséquilibre hormonal. On trouve des récepteurs aux hormones un peu partout dans le corps et lorsque l'équilibre est rompu, les désordres sont partout aussi. Trop d'œstrogènes, pas assez de progestérone ou l'inverse, cela finit par créer un déséquilibre du système neurovégétatif, voire un stress, responsable d'humeur noire ou de crises de fringale, ou alors une chute des défenses immunitaires à l'origine de l'augmentation des cystites, mycoses, herpès et autres petits soucis infectieux.

◇ Comment être sûre que j'ai bien un syndrome prémenstruel ?

Il suffit de remplir un carnet de bord pendant quelques cycles. L'outil est un simple calendrier sur lequel on porte les signes les plus marquants pour soi en langage codé. Ex : T *pour seins tendus et douloureux,* t *pour tension légère,* M *pour forte migraine,* m *pour une migraine légère,* D *pour grosse déprime,* d *pour petite déprime, etc. Le résultat sautera aux yeux : si les signes sont groupés autour de la période qui précède les règles, il s'agit bien d'un SPM.*

◇ Est-il possible d'avoir un SPM pendant un cycle et pas le suivant ?

Oui. Le SPM varie selon les femmes et selon les cycles, et chez la même femme, d'un cycle à l'autre. On peut vivre une fin de mois très agitée et refaire la maison de la cave au grenier et le mois suivant rester au fond de son lit, accablée à la simple idée d'aller acheter une baguette. À n'y rien comprendre !

◇ J'ai un problème de syndrome prémenstruel, la pilule est-elle adaptée pour moi ?

Le syndrome prémenstruel est lié aux fluctuations du cycle, or la pilule gomme ces fluctuations, c'est même la meilleure manière de gommer le syndrome prémenstruel et ses inconvénients. Les pilules les plus adaptées sont celles à composition identique tout au long du cycle (monophasiques). Il faut préférer les pilules dont le progestatif est sans effet androgénique, car les androgènes jouent un rôle dans le SPM. En ce sens, les pilules de la troisième génération sont préférables. Et lorsque cela ne suffit pas, on peut opter pour la contraception en continu sur trois mois. L'anneau vaginal devient alors très intéressant. Si malgré tout cela le SPM demeure, le médecin peut orienter vers les pilules sans œstrogènes, à base de progestatif pur (Cérazette®), ou l'Implanon®.

◇ Y a-t-il un risque particulier à faire l'amour pendant les règles ?

En théorie, rien ne s'y oppose. En pratique, c'est autre chose. Bien des femmes n'ont pas de désir pendant cette période, elles se sentent mal dans leur peau, tendues, douloureuses. Les hommes ne sont pas forcément plus aventureux. Pour la plupart, les règles sont associées au sang, donc à la souffrance. Ils respectent la trêve, par compréhension ou même par conviction religieuse. Et puis, l'information sur les maladies sexuellement transmissibles a fait son chemin. Pendant ces moments-là, le risque de contracter une hépatite est plus grand, de même pour le sida (risque trois à cinq fois supérieur).

◇ **Peut-on supprimer les règles?**

C'est possible en prenant la pilule en continu, sans intervalle entre deux plaquettes. Certaines femmes le font volontiers pour les occasions exceptionnelles (week-end en amoureux, mariage, examen, voyage en bateau).

Faut-il sauver les règles?

Il y a cent ans, les femmes développaient en moyenne 160 cycles dans leur vie. Aujourd'hui, elles en traversent 420 à 450. Parce que la puberté survient plus tôt, la ménopause plus tard, que le nombre d'enfants diminue, ainsi que la durée de l'allaitement. Du coup, la question de s'attaquer aux menstruations ancestrales peut se poser. Et les femmes ont le choix. Les solutions existent déjà! Les pilules se multiplient qui espacent les règles (avec Seasonale® aux États-Unis et Anya® en France, c'est tous les trois mois qu'elles surviennent désormais). L'implant (Implanon®) à base de microprogestatifs diffusés dans le bras annule les règles chez bon nombre d'utilisatrices, tout comme le stérilet à la progestérone Miréna®. Et bientôt, c'est la «pilule sans règles» qui va s'installer en Europe (Lybrel®). Cette curiosité, à prendre quotidiennement, 365 jours par an, élimine purement et simplement le cycle, ce qui fait que la femme aura des apports hormonaux constants. D'où le soulagement pour certaines (50 % des femmes selon les études), l'angoisse existentielle pour d'autres (50 % des autres femmes) persuadées que si la nature a créé des cycles, c'est qu'il y avait une bonne raison à cela[1].
Alors, que penser?

1. Différentes études montrent que pour le moment, grosso modo, 50 % des gynécologues sont pour la pilule sans règles et que 50 % y sont plutôt hostiles.

D'abord, cette évidence physiologique : si les femmes ont accepté l'idée de la pilule, que celle-ci soit prise tous les 21 jours ou tous les 36 du mois, ce sera pareil. Elles peuvent bien faire ce qu'elles veulent avec leur pilule puisque cette dernière ne fait que mimer artificiellement le fonctionnement des ovaires. Ce ne sont pas les ovaires qui travaillent et sécrètent leurs hormones, c'est la pilule qui les apporte. Les avantages à ne pas avoir de règles sont nombreux, ajouteront bon nombre de gynécologues. Les Américains ont estimé leur coût économique (avec le nombre de jours d'absentéisme) à 8 % du salaire total sans parler du prix des protections et des traitements annexes. C'est un argument économique, mais l'essentiel ne se situe sans doute pas là. Les Américains ont montré que le sang pouvait favoriser l'émergence d'infections mais aussi de mycoses (à cause cette fois de la variation du pH en fin de cycle). Évidemment, tout cela représente un petit nombre de problèmes, mais c'est encore à mettre au crédit de la suppression des règles. Par ailleurs, un certain nombre de femmes souffrent d'endométriose : s'il n'y a plus de règles, il y aura sans doute moins d'endométriose. On constatera surtout nettement moins d'anémie puisque le fer disparaît dans les menstruations tous les mois. Voilà un argument massue pour les femmes épuisées cycliquement. Enfin, tous les symptômes physiques ou psychologiques associés à la variation hormonale disparaîtront si le cycle devient linéaire : plus de fatigue, d'irritabilité, de boulimie, etc., avec bien sûr cette réserve que ces signes n'existent pas chez toutes les femmes ni à tous les cycles. Pour finir, il faut penser à celles qui souffrent de migraines cataméniales en fin de cycle. Sans variation hormonale, là encore, plus de migraines. Alors, faut-il vraiment sauver les règles ? À chacune de peser pour elle-même le pour et le contre en connaissance de cause et en fonction de ce qu'elle traverse tous les mois.

Reste la question du poids, obsédante pour bien des femmes : le fait d'enchaîner les cycles les uns derrière les autres peut-il avoir une influence sur la balance ? La réponse est claire, et c'est non. Les femmes ont dans l'idée qu'elles gonflent en fin de cycle et que la survenue des règles les fait dégonfler, résultat, tout va mieux. Le problème n'est pourtant pas là, puisque sans règles, on n'a plus de variation hormonale donc plus de prise de poids. Si la pilule est bien supportée, le fait de la prendre en continu ne changera rien.

Si on supprime les règles, cela peut-il entraîner des conséquences psychologiques inconscientes ? Un certain nombre de femmes souhaitent ne plus être tributaires de cette période bizarroïde où elles se sentent fatiguées, irritables et mal fichues. Elles ont la tentation d'abolir cette inutile épreuve. Il faut alors se représenter les enjeux sous-jacents. Comme l'explique la gynécologue psychosomaticienne Michèle Lachowsky : « L'univers mental féminin est structuré depuis la nuit des temps par ses cycles. Le sang est le fil rouge de notre destinée avec pour repères des étapes essentielles, puberté, fertilité et infertilité, couches et fausses couches, ménopause. Le rythme des menstruations est inscrit dans une histoire avec des échanges entre les mères et les filles, des transmissions, des confidences. Supprimer tout cela, c'est tourner une page de l'histoire avec un grand H. » C'est vrai, mais la diminution ou la disparition des règles entraînera-t-elle pour autant une vie plate et uniforme ou, pire encore, une abolition de la différence hommes-femmes ? Nous ne le pensons pas. Une femme sans règles n'en deviendra pas pour autant un homme !

◇ Avec mon nouveau stérilet, je ne sens plus mes règles, ça me déprime...

Toutes les nouvelles contraceptions (pilule trimestrielle, implant dans le bras, stérilet à la progestérone, etc.) peuvent mettre un certain écart entre la femme et son corps. Certaines peuvent préférer sentir leur ventre, leurs ovaires, leurs règles, et même leurs douleurs, car, pour elles, cela fait partie intégrante de leur féminité. Supprimer ces signes revient à les mettre en conflit avec elles-mêmes. D'autres, au contraire, voient très bien les avantages de la chose et n'ont pas de tels désordres psycho-émotionnels.

◇ Je n'ai pas mes règles, est-ce pour cela que je grossis?

Non, cela n'a absolument rien à voir. Les femmes qui le pensent ont, quelque part dans leur imaginaire, l'idée que stocker du sang fait gonfler. Lorsque les règles sont absentes, c'est que la muqueuse de l'utérus ne s'est pas épaissie, elle reste donc en place normalement et elle n'est stockée nulle part ailleurs.

◇ Les tampons favorisent-ils les mycoses et les infections?

Non. La seule précaution à prendre est de se laver les mains avant de les introduire ou de les retirer. Encore une fois, les règles ne sont en rien un bouillonnement bactérien ou l'effet d'une accumulation de déchets. Ce qui est produit est tout simplement du sang « propre » avec des fragments de muqueuse qui se détachent de la paroi utérine.

◇ Puis-je utiliser des tampons en tout début ou en fin de règles?

Oui, il suffit de choisir la formule « mini » plus adaptée à son flux sanguin. Ce n'est pas un hasard s'il existe des tampons d'absorption différente. Si l'on utilise un grand format lorsqu'il y a quelques gouttes de sang seulement, on peut assécher le vagin, irriter la muqueuse protectrice et la fragiliser.

◇ Un tampon peut-il se perdre dedans?

Non. Une fois en place, il est relativement bien retenu et ne se sent plus. À l'extrémité supérieure du vagin, l'ouverture du col de l'utérus sur la cavité utérine est si minuscule qu'elle ne peut laisser passer aucune protection intime. L'orifice présent laisse juste passer le sang des règles et permet aux spermatozoïdes de pénétrer à l'intérieur.

◇ Que risque-t-on si on oublie un tampon à l'intérieur?

Les oublis de tampon sont exceptionnels, mais peuvent survenir, même chez des femmes très averties. Les distraites sont alertées par des pertes vaginales malodorantes au bout de 48 à 72 heures. Il faut consulter aussi vite que possible son gynécologue. L'infection locale basse qui commence sera traitée par un savon adapté et des ovules anti-infectieux.

◇ Peut-on utiliser un tampon entre les règles?

Certaines femmes le font à titre préventif, avant les règles ou pour faire barrage aux pertes blanches. Là, c'est une habitude à perdre absolument. Non seulement on risque une irritation locale, mais aussi une dégradation des bacilles de Döderlin qui protègent normalement la muqueuse vaginale. Et c'est la voie laissée libre aux germes toxiques.

◇ Quelle différence entre un polype et un fibrome?

Les fibromes résultent d'un phénomène naturel de vieillissement de l'utérus. À partir de 35-40 ans, les cellules musculaires lisses se mettent à proliférer au niveau de la paroi utérine, formant une, voire plusieurs tumeurs bénignes. Celles-ci, généralement rondes, sont de taille très variable: de la noisette à la mandarine, allant même jusqu'au pamplemousse ou au melon. Ceux de taille modeste sont généralement si peu gênants que la femme qui en est porteuse ignore leur présence. Ce n'est qu'au cours de l'examen gynécologique ou d'une échographie qu'ils sont découverts, par hasard.

Le polype est une tumeur banale et bénigne qui fait partie de la famille des fibromes. Ce petit amas de cellules se développe dans le muscle utérin, sous l'influence d'un léger excès d'œstrogènes, aux alentours de la quarantaine. Les polypes et fibromes ne doivent pas trop inquiéter, en général ils ne dégénèrent pas en tumeurs cancéreuses.

◇ Faut-il se faire opérer d'un fibrome de l'utérus?

Autrefois, on avait le scalpel un peu leste et on opérait les fibromes facilement. À présent, les recommandations médicales sont claires: huit fois sur dix, ils ne doivent faire l'objet d'aucun traitement, ni chirurgical ni même médical[1]*. Reste les 20 % de cas où il faut agir: quand il y a des douleurs, des saignements importants ou des symptômes gênants. Le fibrome peut comprimer des organes comme la vessie et entraîner des envies fréquentes d'aller aux toilettes ou des relations sexuelles trop douloureuses. On peut alors recourir à la chirurgie et enlever le fibrome si c'est suffisant, ou bien, s'il le faut, retirer totalement l'utérus (hystérectomie*

1. 23e Journées nationales dui Collège national des gynécologues obstétriciens français, 1999.

totale). Une autre technique l'embolisation, consiste à diminuer le flux sanguin au niveau de l'utérus. Le fibrome «asséché» cesse de faire parler de lui.

Le traitement médical s'applique en cas de saignements importants, associés à un épaississement de la muqueuse. De la progestérone permet de diminuer l'hémorragie.

◇ Faut il se faire opérer d'un fibrome si on a du mal à avoir un enfant?

Il n'est pas justifié d'opérer le fibrome pour faciliter une grossesse, sauf si le médecin considère qu'il gêne l'implantation de l'œuf dans l'utérus, faisant office de stérilet. Chez la femme enceinte, la présence d'un petit fibrome n'entraîne aucune complication, ni pour la mère ni pour l'enfant. De ce fait, il n'y a pas de raison d'inciter une femme qui souhaite un enfant à se faire opérer d'un fibrome sans signes, avant sa grossesse.

◇ Y a-t-il des facteurs qui favorisent les fibromes?

On sait que l'hérédité joue. Si sa mère a eu des fibromes, on a plus de risques d'en avoir aussi. Mais d'autres paramètres entrent en ligne de compte : l'obésité, l'infertilité, le fait de ne pas avoir eu d'enfants et un âge précoce des premières règles (moins de 12 ans). Les femmes noires développent plus de fibromes que les blanches, de taille plus grande et à un âge plus jeune.

◇ La pilule favorise-t-elle l'apparition des fibromes?

Rien ne le prouve. On peut donc prendre la pilule, même si on a un petit fibrome, sauf en cas de saignements importants et répétitifs. Seuls les stérilets sont contre-indiqués avec des fibromes sous-muqueux car ils font saigner.

Les différents types de fibromes

Après 40 ans, une femme sur quatre est porteuse d'un fibrome, voire de deux ou trois. Ceux-ci sont généralement ronds et de taille variable

Les polypes font partie des fibromes sous-muqueux qui bombent dans la cavité de l'utérus. Les fibromes interstitiels sont situés dans l'épaisseur de la paroi utérine. Les fibromes sous-séreux sont localisés à la périphérie de l'utérus, et les fibromes pédiculés se situent à distance de l'utérus, mais y restent reliés par un pédicule. La simple compréhension de l'anatomie explique pourquoi le médecin peut ne pas détecter au toucher un fibrome puisqu'il peut être petit et à l'intérieur même de l'utérus. Assez souvent, on ne peut le mettre en évidence que grâce à des examens spécialisés comme l'échographie, l'hystérographie ou l'hystérescopie.

→ La peur du cancer du col de l'utérus

Il suffit que le frottis soit douteux pour qu'une inquiétude exponentielle s'empare des femmes. Pourtant, grâce au frottis justement, le cancer du col de l'utérus, celui de la femme jeune, est repéré avant même le stade de cancer. Cet examen permet de détecter à temps la plupart des anomalies. Il consiste à prélever, par un grattage léger, les cellules de la paroi interne et externe du col ainsi que du vagin. Il doit être réalisé tous les douze mois à tous les deux ans et cela dès le début de la vie sexuelle ; après 65 ans, le dépistage peut cesser si tous les examens antérieurs étaient normaux.

En cas de frottis anormal, le chirurgien pratique le plus souvent une cônisation chirurgicale ou au laser (il prélève une simple portion de tissu en forme de cône). Mais évidemment, en cas de cancer étendu, il sera amené à supprimer l'utérus et le col (hystérectomie totale), voire la portion supérieure du vagin et les ganglions avoisinants.

Les mots ont ici une importance capitale. Parfois, devant une lésion suspecte, le médecin parlera d'état précancéreux, « qui pourrait dégénérer en cancer », mais qui n'est pas un cancer. Dit comme cela, on le vit mieux puisqu'on est passé à côté du drame (on voit la bouteille à moitié pleine). D'autres médecins, pour les mêmes lésions, parleront, eux, de cancer au stade zéro. Du coup, avec ce diagnostic, on se voit propulsée dans la peau d'une malade potentielle, on se vit comme une « cancéreuse », on se tourmente et pourtant, on parle toujours de la même lésion mais on voit la bouteille à moitié vide. Que celles qui traversent cette épreuve se rassurent, pas de quoi se vivre comme une rescapée de l'enfer. Les traitements préventifs existent et ils sont extrêmement efficaces... à condition de les mettre en œuvre.

« *Corinne a subi une hystérectomie radicale comme près de 15 % des Françaises âgées de 50 ans (aux États-Unis, ce chiffre grimpe à 46 % !). Elle est effondrée, persuadée que sa vie est finie en pensant, bien entendu, à sa vie amoureuse et sexuelle. Au bout d'un an, elle envisage de refaire l'amour pour la première fois. C'est une catastrophe, la pénétration est impossible, pourtant on a pu préserver son vagin. Elle s'effondre de nouveau ; puis se res-*

saisit, décide de s'accrocher et de traiter ce nouveau problème. Au cours des entretiens avec le médecin, elle parle de la manière dont elle imagine son sexe à présent. Elle le voit fermé (barricadé) ; en réalité, il est sec et contracté, ce qui explique la panne dont elle a été victime. Elle est allée trop vite, persuadée qu'il suffisait d'être pénétrée de nouveau pour retrouver facilement du plaisir. Après un an « d'absence » et une intervention traumatisante, il lui fallait apprivoiser son nouveau corps, le redécouvrir par des caresses, la réassurance, seule et à deux, refaire l'amour régulièrement pour retrouver peu à peu ses sensations. Quatre mois ont été nécessaires pour ce retour à la normale.

Le cancer de l'utérus est plus profond que le cancer du col de l'utérus. Il lui faut des années (voire des décennies) pour se fabriquer. Il touche donc essentiellement les femmes ménopausées. Autrefois, les lésions étaient découvertes trop tard, parce qu'après la cinquantaine, les femmes ne se faisaient plus suivre par leur gynécologue. Depuis, grâce à un suivi médical prolongé et attentif, ce cancer peut être découvert plus tôt, avant qu'il n'y ait de métastases. Le retrait de l'utérus permet d'éviter un pronostic souvent désespéré.

◇ Le frottis est-il fiable ?

On estime le nombre d'erreurs de frottis entre 5 et 35 %, ce qui n'est pas négligeable. Lorsque le résultat est positif, il indique presque toujours une pathologie. En revanche, lorsqu'il est négatif, il ne signifie pas toujours que le col de l'utérus soit normal. Des erreurs peuvent survenir à chaque maillon de la chaîne.

Ainsi 50 % des «faux négatifs» sont dus à des prélèvements au mauvais endroit. On peut en grande partie améliorer le résultat en faisant le frottis sous contrôle de colposcopie, c'est-à-dire avec une loupe binoculaire, qui permet de voir exactement l'orifice externe du col et les éventuelles zones suspectes. Les autres «faux négatifs» relèvent d'erreurs de fixation, de lecture ou d'interprétation. Les frottis à suspension liquide, plus récents, donnent des résultats plus fiables... à condition que le laboratoire soit entraîné à interpréter ce type de résultat.

Pourtant, malgré ces restrictions, le frottis reste un examen extraordinaire. Il a permis l'éradication de la majorité des cancers du col de l'utérus ces trente dernières années. En cancérologie, quelle technique peut se vanter d'en avoir fait autant ?

Le dépistage peut encore être amélioré grâce au tout nouveau test HPV complémentaire du frottis ; celui-ci consiste à repérer la présence de papillomavirus au niveau du col de l'utérus (facteur de risque majeur des lésions précancéreuses et de cancer).

◇ Ma gynécologue m'a dit que j'avais une salpingite, de quoi s'agit-il ?

La salpingite est une infection des trompes, d'un seul côté ou des deux. Elle fait souvent suite à une maladie sexuellement transmissible (voir chapitre 9, «IST, sida : comment s'en protéger ?»). Elle se manifeste par de la fièvre et des douleurs aiguës du bas-ventre pouvant même empêcher de marcher. Cette maladie est une urgence car il y a un risque d'infection généralisée (septicémie). Le traitement antibiotique est le seul efficace. Il est administré directement dans l'abdomen lors de la cœlioscopie (nécessaire pour faire le diagnostic) et par voie orale ou intraveineuse. Il arrive cependant que l'infection passe relativement inaperçue et que l'inflammation persiste des mois, voire des années (salpingite chronique). Les rapports peuvent devenir douloureux. Un suivi psychologique tenant compte de l'aspect médical et des répercussions psychologiques est souhaitable.

◇ Existe-t-il des signes d'alerte du cancer de l'utérus?
Pour le cancer du col de l'utérus ou le cancer de l'utérus, les signes sont à peu près les mêmes: des saignements anormaux, malgré la ménopause, ou des règles prolongées et du sang entre celles-ci, lorsqu'on n'est pas ménopausée. Mais tout saignement ne signifie pas cancer, bien sûr.

Les ovaires

Normalement, une femme ne devrait pas sentir ses ovaires. Pourtant, certaines peuvent les situer très précisément dans le bas-ventre. Et pour cause, à chaque ovulation, elles se tordent de douleur. Chaque ovaire libère un ovule à tour de rôle, en principe un mois sur deux. L'ovule va descendre le long des trompes jusqu'à l'utérus, en vue d'une éventuelle rencontre avec les spermatozoïdes libérés au cours de l'acte sexuel.

→ Les ovulations douloureuses

À chaque milieu de cycle, certaines femmes perçoivent une gêne, voire des sensations très pénibles, parfois accompagnées d'une gouttelette de sang. Elles savent qu'elles ovulent et, de ce fait, connaissent parfaitement le moment où elles pourraient être enceintes. Ce n'est pas une maladie, juste une hypersensibilité. Toutefois, si le phénomène n'est pas habituel et s'il survient intensément, mieux vaut vérifier qu'il n'y a pas d'infection des ovaires (examen clinique, prise de sang).

Il va de soi que, chez les femmes qui prennent la pilule, les ovaires sont au repos, donc sans ovulation, donc indolores.

→ L'ovaire douloureux

De violents maux de ventre peuvent survenir à cause d'une ovulation difficile. L'ovaire est congestionné, il émet un ovule de mauvaise qualité ; il arrive aussi que l'ovule grossisse normalement, mais ne s'évacue pas à cause d'une gangue qui recouvre l'ovaire (problèmes d'infertilité). Du coup, il reste accroché sur place et finit par former un kyste ou plusieurs microkystes. On le(s) voit très bien à l'échographie. Les kystes fonctionnels (liquides) sont éliminés spontanément au cours de l'ovulation ou des règles. Il n'y a donc pas lieu d'intervenir, sauf s'ils sont trop gros, supérieurs ou égaux à 7 cm. Dans ce cas, il peut y avoir éclatement dans le bas-ventre, un peu comme une grossesse extra-utérine. La douleur est violente, mais heureusement sans grande conséquence, le plus souvent. On peut trouver sur place un deuxième type de kystes, organiques et solides, cette fois. Mieux vaut les opérer car ils ne disparaissent pas spontanément, ils risquent de favoriser une torsion de l'ovaire autour de ses ligaments et sont parfois à l'origine de cancers de l'ovaire.

→ La peur du cancer de l'ovaire

On parle moins du cancer de l'ovaire. Pourtant, il a le triste privilège d'être le plus agressif des cancers féminins. En général, lorsque le gynécologue détecte une tumeur à l'examen clinique, celle-ci est déjà relativement évoluée. Dans 80 % des cas, elle a disséminé.

Le cancer de l'ovaire est intimement lié à des troubles de l'ovulation. L'émission de chaque ovule peut être assimilée à une éruption qui, au fil du temps, finit par agresser les parois ovulaires et par induire une transformation cancéreuse. Il n'y a aucun moyen efficace de les dépister. Ni le frottis ni l'examen vaginal ne sont utiles dans ce domaine.

« *Cécile (48 ans) a eu de la chance. Elle souffre d'un fibrome à l'origine de règles insupportables et très hémorragiques. La moitié du cycle, elle est obsédée par leur montée en puissance, l'autre moitié, elle est épuisée. Les médicaments se montrent inopérants. On lui propose donc de faire une hystérectomie. Elle hésite, se décide, consulte le chirurgien. Et là, pendant l'intervention, celui-ci découvre par hasard, à côté du fibrome, un ovaire inflammatoire. Il le retire, le fait analyser et met en évidence une tumeur maligne. Cécile a évité de peu la catastrophe, son mal a été détecté tôt, aucun symptôme ne le laissait prévoir.*

Les questions

◇ Quels sont les signes qui peuvent faire redouter un cancer de l'ovaire?

Au début, pas grand-chose, si ce n'est éventuellement des manifestations banales: saignements, douleurs, ballonnements qui vont attirer l'attention sur le pelvis et pousser à faire des examens échographiques, IRM (Imagerie par résonance magnétique), etc. Plus tard, le gonflement et la dilatation de l'abdomen deviennent les signes les plus parlants. On est obligée de desserrer sa ceinture de plusieurs crans, de porter des vête-

ments plus amples. C'est la tumeur qui comprime les ovaires et entraîne une sécrétion de liquides allant jusqu'à plusieurs litres (ascite). Parfois, c'est une boule ou une induration bien palpable qui peut se sentir au niveau des ovaires et du ventre ; lorsque la tumeur appuie sur la vessie, elle entraîne une envie d'uriner plus fréquente ; si elle bloque l'intestin, elle se manifeste par des ballonnements, des gaz et des problèmes de transit. Si elle appuie sur le bas-ventre, ce sont les saignements et les douleurs qui alertent. L'échographie, l'IRM permettent de voir l'ovaire et, devant les formes inhabituelles, de pousser plus loin les investigations.

◇ Quels sont les facteurs de risque du cancer de l'ovaire ?

On sait que l'hérédité intervient dans une certaine mesure, de même que l'appartenance ethnique (les femmes blanches sont plus touchées que les noires) ; ce qu'on sait moins, c'est que l'environnement joue aussi : l'exposition régulière à l'amiante, à la peinture ou à certains engrais augmente la survenue de ces tumeurs.

◇ La pilule est-elle dangereuse pour les ovaires ?

Au contraire, comme elle bloque l'ovulation, c'est un facteur protecteur de ce type de cancer, tout comme la grossesse et l'allaitement.

Adresse utile

En cas de cancer, un lieu d'écoute précieux pour sonder le corps et l'esprit

Le Centre Pierre-Cazenave est un lieu d'écoute pour les malades et leurs proches, avec des accueillants qui possèdent la double expérience du cancer et d'un travail analytique personnel et des psychanalystes, garants du cadre et de la qualité de l'écoute. Permanences régulières réparties sur la semaine, avec ou sans rendez-vous. Échanges en groupe ou entretiens individuels. Association Psychisme et cancer : 80 rue de la Colonie, 75013 Paris – 01 43 13 23 30 – http://www.psychisme-et-cancer.org.

9

IST, SIDA : COMMENT S'EN PROTÉGER ?

Les maladies sexuellement transmissibles peuvent se transmettre par contact sexuel avec une personne contaminée, ce qui, heureusement, n'est pas le cas à chaque rapport sexuel. Ces maladies sont contagieuses et se transmettent entre hommes et femmes ou personnes de même sexe. Autrefois, les MST portaient le nom de maladies vénériennes, du nom de Vénus, déesse de l'amour. Leur dénomination a encore changé et l'on parle désormais d'infections sexuellement transmissibles (ou IST). La raison en est simple, MST sous-entend qu'il y a maladie, donc symptômes ; cela ne prend pas en compte les infections transmises sans signes apparents, à l'insu de celui qui les porte.

La sexualité à l'ombre des IST

Les maladies qui touchent au sexe sont encore entourées d'une atmosphère honteuse et taboue, a fortiori si ce sont des IST. « Pourtant, je me lave tous les jours », dit Geneviève, qui associe IST et saleté. « Je vous assure que je n'ai pas une vie sexuelle débauchée», souligne Anna, qui vit ses brûlures urinaires comme le châtiment de conduites répréhensibles.

Certaines femmes sont terrorisées par la moindre petite anomalie apparue au niveau de leur vulve. Elles se sentent contaminées, «atteintes», voire «pourries à l'intérieur». Très souvent, elles se lancent dans un rituel de purification et se lavent de manière obsédante. Quelquefois, c'est le sentiment de culpabilité qui prime. Agnès a déjà eu du mal à surmonter le remords d'avoir trompé son mari. Elle s'en veut d'autant plus maintenant qu'elle s'est laissé «piéger» par cet homme qui lui paraissait si «convenable».

→ IST dans le couple, trahison à l'horizon?

Il va de soi que, dans un couple, les IST peuvent entraîner des conflits à la hauteur des fantasmes qu'ils réveillent. Les conjoints peuvent devenir agressifs: «C'est de ta faute si on en est là... Tu m'as trompé! Où as-tu attrapé cela? Comment as-tu pu *me* faire ça?» Suspicion, doute, jalousie, colère, peur, angoisse d'abandon, tout y passe..

> « *C'est le cas typique de Véronique. Elle apprend avec stupéfaction, après un examen médical, qu'elle a une infection gynécologique. Sans attendre les résultats de laboratoire, elle interroge son mari Jean-Marc. Lui ne se plaint de rien et la soupçonne à son tour. À partir de là, des sentiments violents d'angoisse, de culpabilité, de crainte, de rejet les habitent à tour de rôle. Jean-Marc laisse apparaître sa jalousie et son agressivité vis-à-vis du rival potentiel. Ce à quoi Véronique répond par un peu plus*

de colère. Elle pense qu'il l'accuse pour mieux se disculper. Quand les résultats de laboratoire arrivent (une semaine après), le gynécologue croit la rassurer. Elle souffre d'une banale mycose, non transmise sexuellement. Pourtant, la jeune femme s'effondre. La tension conjugale a été telle, ces derniers jours, que le divorce a été évoqué. Malgré des paroles apaisantes et les résultats de laboratoire bien tangibles, le médecin ne peut suffire à éponger le vécu douloureux de cette crise. Il n'est pas étonnant que, quelque temps après, Véronique se soit plainte de douleurs pendant les rapports sexuels, puis d'absence totale de plaisir et de désir. Huit mois après cet épisode, le couple est prêt à rompre. Et c'est là que Véronique entreprend un travail de « la dernière chance », une thérapie brève. Elle découvre qu'en fait, elle n'a jamais vraiment fait confiance à son mari. Il était « très coureur » avant de la connaître. Il se vantait auprès de ses copains d'avoir eu une flopée de blennorragies qu'il arborait comme un étendard de virilité. Elle était amoureuse et fière d'avoir pu l'arracher à son célibat. Mais après la lune de miel, le doute est venu : son cher et tendre était-il fidèle comme il le prétendait ? Elle a bien sûr tenté de bannir à plusieurs reprises ces pensées parasites. Et pendant des années, elle y est parvenue. Mais il a suffi que cette « simple » infection survienne pour que la coupe déborde.

Que penser de tout cela ? Comme toujours, chaque histoire peut se décrypter différemment en fonction de la couche plus ou moins profonde qui est analysée. Au-delà des raisons conjugales, il y avait l'histoire de Véronique, abandonnée par son père quand elle avait 5 ans... c'était un grand séducteur.

L'IST du partenaire peut devenir une véritable épreuve « physique » pour soi aussi. Les tensions latentes restent enfouies. Aucun mot, aucun reproche n'est formulé, il n'y a que le corps qui parle, que les irritations vaginales chroniques, que les maux pour le dire. Ces symptômes peuvent être émaillés de quelques mycoses ou herpès « vrais » et sont pris, de ce fait, pour des infections vaginales ou vulvaires à répétition. Ils sont traités uniquement sur le plan médical et le malaise sous-jacent n'est jamais entendu. Derrière ces manifestations, il y a souvent un reproche inconscient « non digéré », malgré le pardon officiel conscient. D'autres fois, l'IST vient majorer une phobie de l'acte sexuel qui existait déjà.

Heureusement, lorsque le couple vit dans une bonne harmonie affective, la survenue d'une telle maladie ne crée pas de drame et le traitement suivi par les deux partenaires met fin à toute inquiétude.

Indépendamment de tous ces éléments d'ordre psychologique qui montrent bien que l'Autre n'est pas toujours « coupable », il existe des données biologiques bien tangibles à connaître pour ne pas échafauder le pire à tort.

1. Bon nombre de germes transmis par contact sexuel peuvent avoir été attrapés des semaines, des mois, voire des années auparavant, et se manifester tardivement. C'est le cas des papillomavirus, parfois rencontrés à l'adolescence et qui déclenchent chez la femme des lésions précancéreuses cinq, dix ou vingt ans plus tard. Si le gynécologue ne met pas les points sur les « i », la femme fidèle depuis son mariage peut penser que son mari l'a infectée et le mari peut s'imaginer que

sa femme l'a trompé, or elle était déjà porteuse des virus sans le savoir. C'est vrai aussi pour les infections à chlamydiae ou l'herpès qui peuvent évoluer à bas bruit, c'est-à-dire sans le moindre symptôme pendant des années. 60 % des personnes qui découvrent un herpès génital ne savent pas comment elles l'ont attrapé. Il n'existe qu'une seule infection dont on soit sûr de la contamination récente, c'est la blennorragie. Il est donc tout à fait inutile de lancer des enquêtes policières pour savoir qui, quand, comment. Dans l'immense majorité des cas, on n'aura pas la réponse.

2. Toutes les infections trouvées sur le sexe féminin n'ont pas forcément été transmises par voie sexuelle. Le vagin d'une femme normalement constituée abrite entre 100 millions et un milliard de germes par millilitre de sécrétion vaginale, et l'on retrouve davantage de germes encore dans l'anus ou la bouche. Cette flore ne pose aucun problème tant qu'elle demeure équilibrée. 85 % de celle-ci sont d'ailleurs constitués de germes «policiers» (les lactobacilles), chargés de «maintenir l'ordre» dans la cavité vaginale. En cas de rupture de l'équilibre local, des germes, jusque-là inoffensifs, se multiplient et provoquent une infection. Certains de ces germes ne peuvent se développer que dans un vagin de femme, d'autres, au contraire, peuvent migrer chez le partenaire au cours du rapport sexuel. Voilà pourquoi il faut qu'il soit examiné et traité systématiquement.

Pour toutes ces raisons, il vaudrait mieux parler de maladies potentiellement transmissibles par voie sexuelle[1], cela justifie que le partenaire soit examiné, mais cela sous-entend aussi que l'infection a pu être attrapée autrement.

1. Selon Jean-Marc Bohbot, spécialiste des IST, directeur de l'Institut Alfred-Fournier (Paris).

Faut-il traiter toutes les IST ?

Certaines IST peuvent-elles guérir spontanément ?

Des IST peuvent en effet disparaître au bout de quelques jours sans le moindre traitement et tout ira bien. Mais d'autres peuvent laisser croire à une guérison et réapparaître plus tard sous forme de complications, l'infection ayant évolué silencieusement. Alors, dans le doute, mieux vaut consulter, car la maladie peut flamber d'un seul coup et l'épidémie se propager rapidement (si on mène une vie de bâton de chaise ou si c'est le cas du partenaire).

Les IST les plus douloureuses ne sont pas forcément les plus dangereuses, elles peuvent guérir très vite et très bien avec le bon traitement. Inversement, les IST indolores (souvent non soignées) peuvent avoir à terme des conséquences comme la stérilité ou des infections étendues, car elles sont souvent traitées plus tard.

À éviter

Se servir dans l'armoire à pharmacie au hasard des crèmes antiseptiques, des plantes, des antibiotiques. Contre chaque microbe, il existe un traitement précis. Une bactérie n'est détruite qu'avec un antibiotique ; un virus, avec un antiviral ; un parasite, avec un antiparasitaire ; un champignon, avec un antimycosique. De plus, le remède qui a si bien marché la fois précédente ou qui a guéri la collègue de bureau n'est pas forcément le plus adapté, cette fois, pour ce microbe et cette IST.

Les IST repérables

Le trichomonas

Ce minuscule parasite s'attrape presque exclusivement par contact sexuel. La vulve est rouge et irritée (quelques heures à quelques jours après le rapport). Lorsque l'urètre est enflammé, il peut y avoir des sensations de cystite (brûlures urinaires) ; des pertes vaginales mousseuses et malodorantes, plutôt verdâtres, donnent parfois l'envie de se démanger. On a beau se laver, rien n'y fait, l'odeur et la gêne persistent. Il faut traiter le partenaire. Chez lui, la maladie se signale parfois par des brûlures en urinant, des démangeaisons et, encore quelques jours après, un écoulement de pus. Le traitement consiste à prendre des médicaments antiparasitaires (4 comprimés en une seule prise dès les premiers symptômes pour les deux partenaires). Pas d'alcool ni de bière dans les deux jours qui suivent la prise.

Les mycoses

Elles ne sont plus considérées comme des IST, mais soulèvent encore beaucoup de fantasmes. Elles sont dues à de minuscules champignons, souvent les *candida albicans*. Elles surviennent pour différentes raisons : changement d'équilibre écologique au niveau de la flore vaginale, prise d'antibiotique, rapports sexuels (en raison de l'irritation mécanique et rarement par contamination à partir du partenaire). Elles se repèrent d'abord sur la vulve (rougeurs, points blancs, irritations et démangeaisons). Le vagin est ensuite recouvert par un épais enduit blanc. Des pertes épaisses ressemblant un peu à du yaourt tachent le fond de la culotte. Le microbe peut remonter vers l'arrière, le long du pli fessier, irrité lui aussi. La mycose se déclenche souvent juste avant les règles, car le vagin est acide à cette période, ce qui convient particulièrement aux *candida*. Elle peut également passer inaperçue et ne se manifester que lors des rapports sexuels : le vagin est sec, peu lubrifié, il s'échauffe facilement et devient douloureux. Pour traiter, un ovule antimycosique suffit, deux fois de suite à quatre-cinq jours d'intervalle, éventuellement complété par l'application d'une crème antimycosique au niveau de la vulve et du pli fessier. Mais gare à l'automédication abusive ! Une étude américaine instructive a montré qu'un tiers seulement des femmes qui s'étaient autodiagnostiqué leur « mycose vaginale » avait effectivement une mycose. 20 % avaient une mycose associée à une autre infection (IST par exemple) et 14 % n'avaient rien du tout, en tout cas pas la moindre infection génitale. Bilan : une femme sur six n'aurait pas dû se traiter, et une sur deux prenait un traitement inadapté. Comme l'explique le spécialiste des IST Jean-Marc Bohbot, « tout cela débouche sur une surconsommation d'anti-infectieux source de déséquilibre de la flore vaginale, donc source de nouvelles infections[1] ». Évidemment, il n'est pas question de pratiquer un examen à chaque perte blanche, mais si le traitement ne marche pas ou si les récidives sont fréquentes, l'examen des sécrétions s'impose. L'autodiagnostic des mycoses peut être facilité grâce à un test vendu en pharmacie qui permet de distinguer les pertes physiologiques des mycoses et des vaginoses.

Les hommes sont mieux armés contre les *candida*, ils n'ont pas besoin de se traiter lorsque leur compagne est malade, contrairement à ce qu'on peut encore lire sur la notice des médicaments ; ce n'est utile que s'ils présentent des lésions sur le gland, ce qui est très rare.

1. Revue *Génésis*, n° 94.

Frottis et papillomavirus

Le papillomavirus humain est identifié comme étant le principal responsable du cancer du col de l'utérus (la partie basse de l'utérus située au fond du vagin). En fréquence, c'est le deuxième cancer chez les femmes de moins de 44 ans. Les deux tiers de la population seront au contact du papillomavirus au cours de leur vie sexuelle, avec une exposition maximale entre 15 et 24 ans. Selon les recommandations officielles, à partir de 25 ans et jusqu'à 65 ans, toute femme ayant une activité sexuelle doit effectuer un frottis régulièrement. Cet examen gynécologique recherche la présence de cellules anormales au niveau du col de l'utérus. À partir de 25 ans, il faut réaliser deux premiers frottis à un an d'intervalle. Si le résultat est normal, la surveillance passe à un frottis tous les trois ans pour toutes les femmes. Mais, selon les circonstances, le médecin peut modifier ce calendrier et proposer des frottis plus rapprochés. Pour en savoir plus sur le papillomavirus humain et le cancer du col de l'utérus : http://www.passezlinfo.fr.

→ Les papillomavirus

Les papillomavirus (ou virus HPV) sont transmis essentiellement lors des rapports sexuels. Ils peuvent entraîner deux types de lésions. Les premières sont superficielles et toujours bénignes. Elles se présentent sous forme de petites « verrues » visibles à l'œil nu et que l'on peut sentir sous le doigt en se lavant. On les appelle aussi crêtes de coq. Parfois, elles sont si petites que le gynécologue ne peut les repérer qu'à la loupe (colposcopie). Ces verrues ne sont pas du tout douloureuses, mais très contagieuses. Elles peuvent démanger et profiter du grattage pour essaimer sur toute la zone génitale. Le traitement se résume à l'application d'une simple crème (Aldara®) qui détruit les lésions en stimulant l'immunité naturelle. L'azote liquide est lui aussi très efficace. Parfois les deux traitements sont associés. Il reste toutefois indispensable de faire une recherche plus étendue. Chez la femme, le papillomavirus peut aussi provoquer, des années après, des lésions profondes et précancéreuses au niveau du col de l'utérus. Elles sont généralement détectées grâce au frottis. En ce cas, vaporisation ou cônisation au laser deviennent indispensables pour éliminer les cellules malades. Il va sans dire que le partenaire est lui aussi menacé et doit être traité avec la même crème, l'azote liquide, voire le même laser s'il présente des condylomes.

Pour les jeunes filles, de nouveaux vaccins préventifs anti-papillomavirus existent désormais. Les autorités sanitaires recommandent la vaccination à 14 ans, ou chez les jeunes femmes de 15 à 23 ans qui n'auraient pas eu de rapports sexuels ou, au plus tard, un an après les premières relations sexuelles. On sait en effet que le pic de contamination survient entre 15 et 25 ans, période où le col est encore immature pour se défendre efficacement et où l'état hormonal favorise la pénétration du virus. Le premier vaccin, Gardasil® (Sanofi Pasteur MSD), est sorti fin 2006. Lors des essais cliniques qui ont porté sur plus de 20 000 femmes, celui-ci a permis de prévenir jusqu'à 100 % des lésions précancéreuses du col de l'utérus, des anomalies de haut grade de la vulve et des verrues génitales avec une protection contre quatre virus (le 16, le 18, plus le 6 et le 11). Ce vaccin se pratique en trois injections, l'une au temps zéro avec des rappels à deux mois et six mois.

Un second vaccin chez GSK (Cervarix ®, en trois injections lui aussi) se positionne comme un vaccin de la jeune fille et de la femme adulte jeune. Il protège contre les deux virus les plus dangereux (16 et 18). Des résultats préliminaires montrent que les femmes, quel que soit leur âge, et même si elles ont déjà été exposées au virus, développent suite à la vaccination une réaction immunitaire assez forte pour se protéger. À l'heure actuelle, on estime le rappel inutile. Ces produits sont onéreux mais remboursés.

→ La blennorragie

La plus connue de toutes les IST, la «chaude-pisse» des garçons, surnommée ainsi car l'homme dit «pisser des lames de rasoir». Chez lui, elle se repère facilement par une envie fréquente d'aller aux toilettes, des douleurs et brûlures en urinant, du pus de couleur blanche ou jaune qui s'échappe du gland. Le gonocoque est le germe responsable. Trois-quatre jours après le rapport non protégé, au plus tard dix jours après, les brûlures apparaissent chez lui. Mais chez la femme tout se passe «en profondeur». Quelques jours à quelques semaines plus tard, il peut y avoir des pertes inhabituelles s'accompagnant parfois de brûlures et d'un écoulement de pus jaune dans la culotte. C'est donc au partenaire de tirer la sonnette d'alarme; s'il ne dit rien, la maladie a largement le temps se propager. Il est possible de le réinfecter s'il s'était débarrassé de ses germes. C'est la partie de ping-pong. On ne s'immunise pas une fois pour toutes: à chaque fois qu'on croise le microbe, on risque une nouvelle infection! La «blenno» se traite vite et bien grâce aux antibiotiques. Il existe un «traitement minute» simple: plusieurs comprimés à prendre en une seule fois. Le préservatif est ensuite fortement recommandé pendant une quinzaine de jours. Si l'on néglige de se soigner, on risque à terme la stérilité par obturation des trompes (on parle de salpingite) ou une infection étendue du bas-ventre (péritonite).

→ L'herpès génital

C'est une lésion qui ressemble un peu au « bouton de fièvre », c'est-à-dire à l'herpès labial. La première attaque ou primo-infection peut survenir trois semaines après la contamination. Au stade le plus précoce, la zone touchée (vulve, pubis, bas du dos, fesse, cuisse) démange et brûle, puis de nombreuses petites vésicules translucides bourrées de virus apparaissent et s'agglutinent les unes contre les autres, elles sont très contagieuses. Les vésicules crèvent et laissent échapper leur liquide virulent. Le tout s'accompagne de fièvre et de fatigue. Au stade suivant, les vésicules sèchent. Malgré tous ces signes, la première crise peut passer inaperçue. Sans traitement, elle dure une bonne quinzaine de jours et dix de plus pour la cicatrisation. Les crises suivantes sont généralement reconnues et restent moins longtemps. C'est là qu'il faut être particulièrement attentive : le retour de l'herpès génital se manifeste d'abord par des brûlures ou picotements à l'endroit du précédent bouton. Il faut traiter à ce moment précis, avant l'éruption et à titre préventif. Bien entendu, les rapports sexuels sont à éviter ou du moins à protéger pendant la phase contagieuse (jusqu'à ce que le bouton sèche). Même pour un simple picotement. Le traitement antiviral associe généralement des comprimés à une pommade antivirale apaisante. Il peut exister de fréquentes récidives à l'occasion des règles, de chocs émotionnels, de stress, etc. Il faut alors envisager un traitement au long cours pour espacer les crises, voire les supprimer. Si c'est le partenaire qui a de l'herpès, il doit respecter les mêmes précautions et mettre un préservatif (en cas de bouton sur le pénis) ou un pansement sur la zone lésée si c'est possible

Chez la femme, 50 à 60 % des herpès ne sont pas diagnostiqués malgré la présence de lésions, soit parce que leur problème passe pour une mycose ou une simple irritation, soit parce que la patiente n'arrive pas à obtenir un rendez-vous suffisamment tôt chez son gynécologue. La poussée dure quatre à cinq jours, les lésions cicatrisent seules, et après ce délai, on ne voit plus rien.

Chez l'homme, les lésions peuvent se situer au niveau de la verge, sous les poils du pubis, parfois sur les testicules. Elles aussi sont trompeuses et peuvent laisser croire à un innocent bouton.

Parfois, la lésion est totalement absente, mais le partenaire est porteur du virus sans le savoir. Ce dernier est invisible, mais garde son pouvoir de contagion. Résultat, on peut hélas récolter un herpès génital alors que son partenaire n'a jamais fait de crise d'herpès génital.

En cas de lésions visibles, le préservatif ne protège que ce qu'il couvre, il reste donc malheureusement sans effets dans les situations excentrées. La contamination se fera, à moins de pratiquer l'amour en scaphandre ou de pouvoir appliquer facilement un sparadrap protecteur. Les Américains plutôt pragmatiques sur la question recommandent l'artillerie lourde : des gants pour toute masturbation si l'herpès se situe au niveau des doigts ; un film alimentaire transparent à positionner entre les lèvres du monsieur et celles de la dame pour les rapports bucco-génitaux s'il y a un bouton de fièvre sur la bouche ou sur le sexe, un préservatif si la lésion se situe sur le pénis, un pansement si elle se situe dans une zone couvrable!

··→ La syphilis

On l'imaginait d'un autre âge, elle refait surface (surtout chez les toxicomanes, les prostituées, les séropositives). Au début, elle se manifeste par un bouton sur le sexe ou un chancre (petite plaie dure, pas forcément douloureuse, formant une sorte de cratère, dont les bords sont plus ou moins blancs et rouges). Le microbe responsable, le tréponème pâle, terrassait à tour de bras au XIXe siècle, entraînait des troubles neurologiques, puis la mort. De nos jours, grâce aux antibiotiques très performants, c'est lui qui trépasse. Il va de soi que, quand une femme a cette infection, son partenaire doit être prévenu pour être examiné et éventuellement traité. Le test de la syphilis est pratiqué systématiquement avant le mariage ou en cas de grossesse. C'est une simple prise de sang, accompagnée, si nécessaire, d'un bilan plus spécifique pour évaluer le degré d'avancement de la maladie.

··→ Les morpions

Ils sont responsables de la phtiriase. À côté de la syphilis, on pourrait croire que cette maladie est une partie de plaisir, mais les bestioles sont de vraies plaies quand même. Ces parasites munis de six pattes se déplacent sur les poils du pubis, les draps, les serviettes de toilette, les sacs de couchage. Ainsi ils peuvent être transmis par le linge. Non seulement, ils sucent le sang de leur hôte pour se nourrir, mais leur salive contient une substance particulière qui donne une affreuse envie de se gratter. Heureusement, bien qu'ils ne soient pas plus gros qu'une tête d'épingle, ils sont visibles à l'œil nu et on peut s'en débarrasser facilement (sans pour autant se raser tous les poils) à l'aide de crèmes, lotions, shampoings, poudres ou sprays insecticides. Deux précautions indispensables : penser à recommencer le traitement une semaine après la première application pour tenir compte de l'éclosion de nouveaux œufs ; laver la literie et son linge soigneusement à haute température ou au nettoyage à sec pour ne pas se réinfecter.

Quelques chiffres

Un couple récent sur quatre déclare avoir fait l'amour dès le premier jour.
Les femmes sont plus tracassées par l'idée de ne plus être désirables (42 %) que par une IST (28 %).
Les hommes redoutent davantage la panne sexuelle (26 %) que l'infection (24 %).
Un couple sur cinq n'a pas utilisé de contraceptif lors de sa première relation sexuelle et un sur trois n'a pas eu recours au préservatif (de ce point de vue, les jeunes sont plus sérieux que leurs aînés).
69 % des hommes cessent l'usage de la capote par confiance dans leur partenaire (elles sont 47 % dans ce cas), 54 % parce qu'ils trouvent plus agréable l'amour sans latex (elles sont 41 % à le penser).
Les femmes sont plus nombreuses à abandonner le bouclier anti-IST après un test de dépistage (65 % contre 57 %).

(Source : étude Opinion Way *pour la 6e Journée nationale contre l'herpès.)*

À retenir

Certaines IST sont banales et sans danger. D'autres, en revanche, doivent absolument être traitées rapidement car elles peuvent avoir des conséquences sérieuses (stérilité notamment). Comme on ne sait jamais à l'avance à quel microbe on va se frotter, mieux vaut consulter pour « rien » son médecin traitant ou son gynécologue que se dire que cela va passer.
Avec un nouveau partenaire, toujours penser à utiliser un préservatif. Celui-ci reste le meilleur rempart contre toutes les IST, sida compris.
Si l'on se sait contaminée, il est courageux, responsable et, pour tout dire, franchement BIEN de prévenir son partenaire. Il doit consulter de son côté pour se faire éventuellement soigner. C'est délicat, certes, mais c'est utile pour tous et même pour soi. S'il n'est pas traité, il peut réinfecter sa partenaire guérie et les suivantes...

Les IST cachées

→ Les infections à mycoplasmes et chlamydiae

Elles sont discrètes au départ, mais, au bout de quelques jours à quelques semaines après le rapport non protégé, des signes d'infection finissent par apparaître, parfois très discrètement, parfois plus violemment : brûlures en urinant, douleurs persistantes au niveau du bas-ventre, démangeaisons, petites pertes de sang. À l'examen gynécologique, le médecin peut provoquer une douleur à la palpation. Une IST associée et plus bruyante peut amener à consulter rapidement, l'analyse des germes permet alors de repérer les fauteurs de troubles silencieux. La femme peut encore être alertée par son partenaire qui souffre de brûlures urinaires ou d'écoulement urétral. Au moindre doute, une recherche de germes est demandée. Parfois, une cœlioscopie est utile pour visualiser ce qui se passe au niveau du petit bassin, de l'utérus, des trompes ou du péritoine qui enveloppe le tout. Il faut traiter au plus tôt sous peine d'infection étendue ou de stérilité : la ou les trompes peuvent se boucher. Chez le partenaire, mêmes causes, mêmes effets, ce sont les voies spermatiques depuis les testicules jusqu'aux canaux déférents qui peuvent être définitivement bouchés. Pour l'infection à chlamydiae, il existe un traitement antibiotique minute à prendre en une seule fois. Pour le mycoplasme, en avoir une certaine quantité est tout à fait normal, mais au-delà d'un seuil limite (100 000 germes par ml), il faut passer aux antibiotiques.

→ L'hépatite B

Cette infection est due à un virus qui attaque le foie et peut le détruire. Cette maladie se transmet par le sang, le sperme, les sécrétions vaginales, peut-être la salive, mais pas la sueur. On peut avoir une hépatite sans signe visible, il n'y a en ce cas que les examens de sang qui révèlent la présence du virus. D'autres fois, l'hépatite provoque une jaunisse, les yeux sont jaunes, on se sent très fatiguée, avec de la fièvre. Dans 80 % des cas, l'hépatite B guérit toute seule, sans séquelle. Mais dans 20 % des cas, le virus peut continuer à évoluer. À terme, dans moins de 5 % des cas, la maladie provoque une cirrhose ou un cancer du foie. Il existe un vaccin contre l'hépatite B (remboursé par la Sécurité sociale). On a mis en doute son utilité, voire son innocuité ; de nombreux spécialistes et experts en santé publique continuent pourtant de le recommander, notamment chez les célibataires susceptibles d'avoir des partenaires fréquents, puisqu'il évite, à terme, de passer au stade de maladie grave.

→ Le sida

Il est dû au HIV (virus de l'immunodéficience humaine). Après vingt-cinq ans de recul, tout le monde connaît bien maintenant le mode de transmission du virus par le sang, le sperme, les sécrétions vaginales, ainsi que de la mère à l'enfant, au cours de l'accouchement ou lors de l'allaitement. Une fois entré dans l'organisme, le virus se multiplie activement dans les cellules CD4 du système immunitaire. La personne contaminée répond en fabriquant des lymphocytes tueurs pour se débarrasser des cellules infectées et libère des anticorps pour neutraliser les particules du virus qui circulent (ce sont ces anticorps qui sont recherchés par les tests de dépistage). Ces réponses immunitaires sont malheureusement insuffisantes pour combattre l'infection, mais elles permettent tout de même une longue phase de latence : dix ans en moyenne avant que les premiers signes de la maladie n'apparaissent chez le séropositif. Il existe ainsi un équilibre précaire entre la multiplication du virus et le système immunitaire activé en permanence pour le détruire. Au bout de ce temps, le système de défense s'épuise et finit par se laisser déborder. C'est alors que les malades développent ces fameuses maladies opportunistes, liées à des agents infectieux ou à des cellules tumorales, qui profitent de la faiblesse du système défensif pour se développer à leur tour. Le malade entre alors dans la phase sida (syndrome d'immunodéficience acquise). Selon une étude canadienne publiée en juillet 2008, la mortalité aurait diminué de 40 % grâce à la prise précoce des antirétroviraux et l'espérance de vie aurait augmenté de treize ans pour les malades sous traitement. Ainsi on considère aujourd'hui que le sida est devenu une maladie chronique. Mais attention à ne pas relâcher la prévention pour autant, les traitements demeurent particulièrement contraignants.

Les femmes encore plus vulnérables et plus exposées

Les femmes ne le savent pas assez : elles payent le plus lourd tribut au sida et ont 3 à 8 fois plus de risques que les hommes[1]. Les plus touchées ne sont pas les adolescentes, comme on pourrait le penser d'abord, mais les femmes de 30 à 45 ans, en rupture de couple. Elles sont fragilisées, vivent des rapports sexuels sans suite, sont moins tentées de se protéger. 40 % de ces femmes apprennent leur séropositivité lors d'une grossesse. Par ailleurs, les femmes ont une probabilité de contamination plus importante : elles ont souvent de petites lésions ou maladies au niveau génital (inflammation, infection, IST) qui servent de porte d'entrée au virus ; le HIV est plus concentré dans le sperme que dans les sécrétions vaginales ; et le sperme reste en moyenne trois jours dans les voies génitales lors des rapports sexuels non protégés ; les femmes ont une surface de muqueuse plus large et plus étendue au contact du sperme. Enfin, pendant les règles, le risque de contamination est également plus grand.

1. Sondage Ifop, Ensemble contre le sida.

Sur les IST, leurs signes et leurs conséquences

◇ Les IST sont-elles provoquées par une mauvaise hygiène ?

On peut se doucher deux fois par jour (et son partenaire aussi) et attraper malgré tout une IST. Une bonne hygiène est souhaitable, une trop bonne hygiène ne l'est pas. La flore protectrice du vagin peut être laminée par tous les lavages et favoriser finalement une infection. Les antibiotiques peuvent aussi détruire cette flore. Ainsi, une mycose, une infection à mycoplasmes ou à gardnerella *peuvent se développer sans la moindre relation sexuelle.*

◇ Comment s'attrapent les salpingites ?

Tous les germes transmis au cours des rapports sexuels, gonocoques, trichomonas, chlamydiae, etc., peuvent être à l'origine des salpingites (ou maladie des trompes). Ils remontent le vagin, franchissent le col de l'utérus et finissent leur voyage au niveau des trompes. Là, ils créent une inflammation qui peut finir par obturer définitivement le passage. L'ovule ne peut plus descendre, ni les spermatozoïdes remonter. Lorsque les deux trompes sont obturées, il y a une stérilité tubaire. Si l'on veut un enfant, les chirurgiens peuvent tenter une plastie tubaire à l'aide de la microchirurgie pour libérer le passage, mais, malheureusement, il est plus facile et moins aléatoire d'engager une procréation médicalement assistée (PMA) que de réparer les trompes... Et il y a bien plus d'équipes spécialisées en PMA que de microchirurgiens.

IST : les signes qui doivent vous alerter

Les lésions vulvaires

– vulve rouge irritée et gonflée, souvent avec brûlures et démangeaisons (on peut les observer avec un miroir) ;
– petites ulcérations ou plaies parfois indolores ;
– verrues parfois très nombreuses qui poussent très vite.

Les signes vaginaux

– pertes vaginales anormales (abondance, couleur, odeur).

Les signes urinaires

– des brûlures en urinant.

Les signes au niveau de l'anus

– lésions (bouton, sang, etc.).

Les signes d'infection de l'utérus et des trompes

– des douleurs pendant les rapports ;
– des douleurs du bas-ventre inhabituelles ou sensation de lourdeur ;
– des saignements anormaux en dehors des règles ;
– de la fièvre.

Sources : Institut Alfred-Fournier (http://www.institutfournier.org).

◇ Peut-on attraper une IST ou le sida dès le premier rapport non protégé ?

Malheureusement oui. Il suffit d'une fois si son partenaire est contaminé. Et il peut l'être sans le savoir.

◇ Y a-t-il un âge plus favorable pour les IST?

À partir du moment où on a des relations sexuelles, même à 14 ans, même à 80 ans, on risque une infection. Mais il est vrai que les adolescentes et les femmes jeunes sont plus menacées puisqu'elles multiplient les occasions de rencontrer des partenaires, donc des germes.

◇ Le préservatif ne protège pas à 100 % de la grossesse, protège-t-il à 100 % des IST et du sida?

Non, même avec un préservatif, on n'a pas une « assurance tout risque ». Mais c'est en tout cas le meilleur moyen que l'on ait, à l'heure actuelle, pour se protéger de la plupart des IST et du HIV. Il offre des garanties dont personne ne peut raisonnablement se passer, sauf si on aime jouer à la roulette russe.

◇ La pilule et les spermicides protègent-ils un peu des infections?

Non, ils ne protègent que de la grossesse.

◇ Comment savoir si son partenaire est « contaminé » ?

C'est très difficile. Un homme peut être infecté sans s'en douter et transmettre la maladie en toute bonne foi. Les signes visibles et dont il pourrait se plaindre sont: des boutons sur la zone génitale, des brûlures ou des picotements au niveau urinaire ou sexuel, des écoulements spontanés au niveau du pénis. Quant au sida, surtout au stade de la séropositivité, il ne se lit pas sur le visage ni dans le comportement. Au départ, la maladie n'est absolument pas douloureuse... Seul le test permet de savoir objectivement.

◇ Si on a des boutons et si ça démange, est-ce forcément une IST ?

En l'absence de comportement à risque, une rougeur, un bouton, un écoulement, une démangeaison ne sont pas nécessairement une IST. Les boutons sont souvent la conséquence de poils qui se sont infectés avec du pus et qui deviennent douloureux. Ils signalent la présence banale de germes sur la peau (staphylocoques, etc.). Une fois qu'ils ont « séché », tout rendre dans l'ordre. Mais un bouton ouvert ou percé sur la zone génitale peut aussi évoquer le chancre de la syphilis. Voilà pourquoi il vaut mieux consulter un médecin, si on fait partie d'un groupe à risque ou que c'est le cas de son partenaire (toxicomane, etc.). Un test de vérification sera demandé. Il va de soi que le médecin est lié par le secret médical.

◇ Une IST se manifeste-t-elle nécessairement au niveau du vagin ou du pénis ?

Non. On observe de plus en plus d'IST extra-génitales à la suite de rapports extra-génitaux (surtout fellation et sodomie, plus rarement cunnilingus et anulingus). Des lésions peuvent apparaître au niveau de la bouche, de la gorge, de l'anus, ou même du doigt, et le diagnostic n'est pas si évident. On peut confondre un bouton d'herpès ou un chancre de syphilis avec de simples hémorroïdes. Des petites plaies sur la gorge (à gonocoques ou chlamydiae) peuvent être prises pour une banale angine.

◇ Une odeur vaginale désagréable peut-elle signaler une maladie ?

Oui, c'est possible, à condition qu'elle s'accompagne d'autres manifestations : irritations, brûlures, pertes blanches, etc. Il faut alors consulter, il s'agit peut-être d'une infection à trichomonas, transmissible, ou à gardnerella vaginalis, *qui est un germe banal du vagin. Lorsqu'il est en trop grande quantité et qu'il est en présence de sperme (qui contient de l'azote), il va se mettre à dégager une odeur forte de poisson pourri qui n'a rien à voir avec une odeur d'excitation normale. Cela se traite sans problème.*

◇ J'ai des petits points rouges entre le vagin et les fesses. Est-ce inquiétant ?

De nombreuses femmes ont ces petits points rouges dans la zone du vestibule sans que cela soit gênant. Il ne s'agit ni d'une infection ni d'une anomalie, mais d'une petite variation personnelle. Celles qui souffrent de douleurs vulvaires se focalisent à tort sur cette particularité pourtant banale. De même, beaucoup de femmes ont des taches sur les lèvres du bas (roses, brunes, blanches), c'est anodin. Ce qui doit inciter à consulter un médecin, c'est la brusque survenue ou modification de ces manifestations, surtout si elles sont accompagnées d'autres symptômes (douleurs, pertes, odeur gênante), signalant peut-être une IST.

◇ Comment faire la différence entre des pertes blanches habituelles et des pertes anormales ?

Les pertes blanches sont normales et plus ou moins abondantes selon la période du cycle (plus importantes et transparentes par exemple pendant l'ovulation). Si les pertes deviennent colorées (jaunes, vertes, roses, brunes), très épaisses ou malodorantes, ou si elles s'accompagnent de brûlures ou de démangeaisons, c'est souvent le signe d'une infection. Il existe un kit de dépistage et d'aide au diagnostic à faire soi-même, appelé Exacto© (lab. Dectra). Il se présente comme un protège-slip. Il suffit de le porter quelques heures et de lire le résultat. L'indicateur pH est une bandelette réactive insérée dans la «garniture». Une coloration bleue doit inciter à consulter son médecin. Il sera probablement amené à prescrire un antibiotique (infection bactérienne). Une coloration jaune confirme un diagnostic de mycose et permet au pharmacien de préconiser un traitement antifongique en toute sécurité.

✧ Est-on contagieuse lorsqu'on a des pertes inhabituelles ?

Tout dépend des pertes et du germe en cause. Il faut consulter son gynécologue ou son médecin traitant, si nécessaire il fera (ou fera faire) un prélèvement pour une mise en culture.

✧ Les IST peuvent-elles provoquer des cystites ?

Non, les cystites ne sont pas liées à des germes transmis sexuellement, mais leur survenue peut être favorisée par les rapports sexuels. Pour éviter la multiplication microbienne, il faut uriner aussitôt après l'amour, s'essuyer d'avant en arrière, se laver et boire beaucoup.

✧ Des brûlures pendant les rapports signalent-elles une infection ?

Non, pas obligatoirement. Le plus souvent, les sensations de brûlures pendant le rapport sont dues à un défaut de lubrification (excitation) ou à un problème de sécheresse vaginale d'origine hormonale. Toutefois, certaines femmes peuvent être particulièrement sensibles de la vulve malgré une très bonne lubrification. On parle d'hyperesthésie vulvaire. Le moindre effleurement du clitoris ou de cette zone provoque une gêne douloureuse décrite comme une brûlure (piqûre, picotement, chaleur, etc.). Il arrive assez souvent qu'une IST soit le point de départ de ces plaintes.

Malgré la guérison, les patientes se plaignent encore de gêne des mois ou des années après l'épisode infectieux. Dans ce cas, il faut s'interroger sur le sens caché du symptôme.

◇ Depuis que j'ai fait l'amour, j'ai du sang dans les urines, est-ce lié ?

Pas nécessairement. Le plus souvent, il s'agit d'une infection urinaire (cystite) ou simplement d'un petit capillaire de l'urètre qui s'est rompu et qui libère du sang lors de l'émission d'urine. Parfois, c'est un calcul qui irrite l'urètre. L'analyse d'urine permet de savoir de quoi il retourne (présence de germes, de calcium, etc.) et de mettre en route le traitement adapté.

◇ Un kyste sur la vulve peut-il s'attraper par contact sexuel ?

Non, un poil infecté peut s'enkyster sous la peau ou un nodule peut s'y installer sans raison particulière. Ce dernier n'est ni douloureux ni purulent et peut rester sur place pendant des années. S'il grossit et devient gênant ou inesthétique, il est facile de le supprimer par un petit acte chirurgical au cabinet même du dermatologue.

◇ Le lichen est-il une maladie sexuellement transmissible ?

Non, le lichen est une lésion dermatologique au niveau de la peau et parfois de la vulve qui ne peut pas être transmise au cours des rapports sexuels. C'est le dermatologue qu'il faut consulter pour le traitement (voir aussi le chapitre 8, « Les problèmes médicaux des femmes »).

◇ Depuis mon dernier rapport, j'ai des douleurs dans le bas-ventre, que faire ?

Une douleur persistante doit forcément inciter à consulter. Il s'agit peut-être d'une infection à traiter pour éviter des complications plus sérieuses.

Sur les modes de transmission des IST

◇ Peut-on attraper une IST s'il n'y a pas eu d'éjaculation ?

Oui, c'est possible. Si son partenaire est contaminé (par un herpès, par exemple), il suffit d'un contact intime (de muqueuse à peau) pour l'attraper. De plus, avant l'éjaculation, certains hommes lubrifient leur urètre par un liquide qui s'écoule et qui peut être infectant.

◇ Des rapports sans pénétration protègent-ils des IST ?

La plupart des gens considèrent que la fellation n'est pas une pénétration. Eh bien, c'est faux, puisque la verge pénètre dans la cavité buccale ! Une fellation sans préservatif peut donc être contaminante, bien que cela soit plus rare. Un simple baiser aussi (à cause de la salive), un contact peau à peau peut transmettre de l'herpès, mais c'est plus rare. De même, le fait d'introduire les doigts à la place du sexe n'est pas complètement sans danger, même si les risques sont infiniment plus faibles que lors d'une pénétration ou, a fortiori, d'une sodomie.

◇ Peut-on attraper des maladies avec un vibromasseur ?

A priori, si on est seule à l'utiliser et qu'il ne passe pas de l'anus au vagin, il n'y a aucun problème. Maintenant, s'il passe de main en main ou n'est pas soigneusement nettoyé entre chaque site de pénétration, c'est une autre histoire...

◇ S'il se retire avant d'éjaculer ou si je n'avale pas le sperme, est-ce qu'il y a un risque d'IST?

A priori, oui. Même avant d'éjaculer, le liquide prééjaculatoire (première goutte) peut contenir des virus, le risque théorique existe donc, même s'il est faible. Prudence !

◇ Peut-on être contaminé par les serviettes de toilette ou dans les lieux publics?

On connaît en effet des cas de vulvo-vaginites à trichomonas de la petite fille, qui feraient suite à une contamination par des serviettes ou un bain pris avec la mère, mais soyons clairs, ce phénomène demeure exceptionnel. Le trichomonas vit très peu de temps hors du milieu vaginal et encore moins sur du linge. En période infectieuse, les conseils d'hygiène basiques sont d'utiliser son propre linge de toilette, sans tomber dans la paranoïa... Quant aux infections attrapées dans les lieux publics (toilettes, etc.), c'est un vieux mythe à oublier.

◇ Et dans les piscines?

Non, pas le moindre danger d'attraper la plus petite IST à la piscine, avec tous les détergents qu'il y a dans l'eau. Les femmes qui ont la vulve fragile peuvent souffrir de picotements à cause de ces produits. Certaines ont même des mycoses. Ce n'est pas à cause des germes rencontrés, mais à cause des maillots mouillés au contact du vagin fragile. L'atmosphère chaude et humide favorise chez elles le développement des champignons. Les femmes prédisposées peuvent parfaitement aller à la piscine, elles doivent se sécher soigneusement ensuite et enfiler un maillot sec.

◇ Peut-on attraper une IST si on a un rapport sexuel avec une autre femme ?

Oui. Le cunnilingus (lécher le vagin avec la langue) présente un risque, même s'il est bien moindre que lors d'une pénétration avec les doigts ou avec un objet échangé de l'une à l'autre. Le risque est plus grand encore en période de règles ou de fin de règles, car les virus de l'hépatite et du sida notamment sont présents dans le sang.

◇ Je souffre fréquemment de mycoses, puis-je les transmettre à mon partenaire ?

Non. La verge se défend très bien contre ces germes dans 99 % des cas. Les exceptions existent chez les hommes diabétiques, à cause de conditions locales particulières, ou chez les hommes qui ont un prépuce long et serré qui favorise la multiplication des candida. *Dans ces cas précis, et seulement ceux-là, l'homme peut non seulement se faire infecter par sa partenaire, mais favoriser chez elle les récidives de mycoses. Depuis 1999, ces maladies ne font plus partie des infections sexuellement transmissibles, même si l'on peut lire le contraire encore çà ou là, dans certains livres médicaux destinés au grand public ou sur les notices d'antimycosiques. En matière d'IST, les connaissances évoluent très vite.*

◇ Mon mari a des condylomes et me soupçonne de l'avoir trompé, comment le rassurer ?

L'homme est souvent examiné à la suite de la découverte de condylomes chez sa partenaire, et c'est là qu'il tombe des nues, car il se trouve confronté au diagnostic d'infection sexuellement transmissible qui fait peur. Il faut lui expliquer que la contamination est parfois très ancienne et peut même être liée à des verrues attrapées pendant l'enfance au niveau des mains. Il a suffi qu'on se soit essuyée après avoir fait pipi pour s'autocontaminer et garder le virus à l'état dormant pendant des années. Puis, à l'occasion d'une grossesse, d'un excès de rapports sexuels, ou de n'importe quel stress, le virus a été réactivé. Chez l'homme, ce mode d'autocontamination est bien plus rare, car les mécanismes de défense de la verge sont plus élaborés. L'infection chez lui est presque toujours d'origine sexuelle.

Ne pas confondre contraception et protection contre les IST !

La pilule, le stérilet, l'anneau, l'implant, l'ovule spermicide..., aucun de ces contraceptifs ne protège contre les infections sexuellement transmissibles. Seuls les préservatifs masculins et féminins sont anti-IST. Si on est d'humeur à faire de nouvelles rencontres, deux précautions valent mieux qu'une : pilule + capote, c'est le top !

◇ On m'a trouvé des lésions au frottis, mon compagnon doit-il se soigner aussi ?

Les lésions doivent être éliminées chez la femme comme chez l'homme, même si elles demeurent bénignes chez lui. Que l'on rassure son compagnon d'infortune si on est touchée. Généralement, lorsqu'on lui parle de péniscopie pour mettre en évidence d'éven-

tuels dommages, il s'imagine qu'on va lui introduire tout un tas d'instruments dans la verge et le voilà déjà au bord du malaise. Il s'agit simplement de lui badigeonner le sexe avec un peu d'acide acétique (du banal vinaigre dilué) et de regarder à la loupe la présence de taches suspectes. S'il n'a rien, pas de problème. S'il présente des lésions, le médecin les détruira dans le but d'éviter de recontaminer sa partenaire qui a déjà été soignée.

◇ Une fois traitée contre le papillomavirus, suis-je sortie d'affaire pour autant ?

Malheureusement, chez la femme, la suppression des lésions n'est pas une assurance tout risque. Le papillomavirus peut persister des mois ou des années après un laser parfaitement exécuté et resurgir sans nouvelle contamination. Donc, là encore, inutile d'aller accuser l'autre. Le souci vient peut-être de soi-même !

◇ Peut-on attraper un herpès génital suite à un rapport avec quelqu'un souffrant d'herpès labial ?

Oui. Il y a peu de temps, on considérait encore qu'il y avait l'herpès de type 1 (labial) et l'herpès de type 2 (génital). On estimait qu'il n'y avait pas de relation entre les deux affections. On sait maintenant que l'herpès de type 1 peut aussi provoquer des lésions (vésicules, douleurs) dans la zone génitale et inversement. Autrement dit, au cours d'une fellation ou de caresses bucco-génitales, il y a un risque certain de contagion s'il existe « un bouton de fièvre » sur la lèvre. On sait aussi que le virus de type 1 donne des lésions au niveau des mains (des panaris herpétiques), ils sont souvent sous-diagnostiqués, mais potentiellement infectieux en cas de caresses au niveau des muqueuses. Il faut donc prendre toutes les précautions pendant la phase contagieuse (rougeur, apparition des vésicules) afin de ne pas être contaminé ou de ne pas contaminer son partenaire. En revanche, il n'y a pas d'autocontamination du virus. Celui-ci ne se promène pas sur soi de la bouche à la zone génitale.

◇ Peut-on attraper un herpès (buccal ou génital) avec quelqu'un qui vous serre la main en pleine crise (d'herpès buccal ou génital)?

Non, la réponse est définitivement non. Ces bruits qui courent sont sans fondement. Pour qu'il y ait transmission et infection, il faut une certaine quantité de virus, ce qui n'est le cas qu'au niveau de la plaie (buccale ou génitale), et le contact doit avoir lieu au niveau des muqueuses mêmes du «récepteur». Les deux ou trois virus qui se battent en duel sur les mains n'ont donc aucune chance d'infecter qui que ce soit.

◇ J'ai de l'herpès génital, suis-je contagieuse en permanence?

Pour simplifier, une femme (ou un homme) qui déclenche une à deux crises par an n'est contagieux qu'au moment précis de ces crises. Il suffit d'éviter les rapports jusqu'à la chute des croûtes ou de mettre un préservatif. En revanche, une personne qui déclare plus de 6 crises annuelles est potentiellement contagieuse tout le temps car le virus est excrété dans ses fluides génitaux de manière totalement invisible. Le traitement (valaciclovir) est à prendre à raison d'un comprimé par jour pendant plusieurs mois. Il permet de faire disparaître quasi totalement les poussées et de limiter très fortement la contagion. Évidemment, si les deux partenaires sont déjà atteints d'herpès (une prise de sang le montre), toutes ces précautions deviennent inutiles et il ne sera plus nécessaire d'utiliser de préservatifs pendant les crises et en dehors. Consulter : http://www.herpes.asso.fr.

◇ Peut-on transmettre des germes à son partenaire lorsqu'on a une mycose buccale ?

Non, si on a un muguet (mycose buccale), il n'y a pas de risque de transmission lors de la fellation. Les champignons inoculés seraient maîtrisés par les défenses du sexe masculin (ou féminin lors d'un cunnilingus entre femmes). Par ailleurs, le muguet est une affection très rare, qui survient généralement chez les personnes immunodéprimées ou séropositives au HIV.

◇ Peut-on attraper l'hépatite C par des relations sexuelles ?

La réponse est non, ou alors à titre exceptionnel. Aujourd'hui, l'hépatite C s'attrape presque exclusivement par échange de seringues souillées ou par toute situation mettant en contact avec du sang infecté (percing, tatouage lorsque le matériel n'est pas stérile, échange de boucles d'oreilles, etc.). Elle se transmet de la mère à l'enfant pendant la grossesse dans 3 % des cas. Il n'y a pas de vaccin contre cette hépatite.

Sur le sida en particulier

◇ Quels sont les modes de contamination du sida les plus fréquents aujourd'hui ?

Chez les personnes infectées, le virus est massivement présent dans le sang, le sperme, les sécrétions vaginales et le lait maternel. En revanche, dans les larmes, la salive et les urines, sa concentration est si faible qu'il n'y a pas risque de contamination.

La transmission par transfusion sanguine a quasi disparu, restent la transmission chez les usagers de drogues et, surtout, la transmission sexuelle. Le risque de contamination est encore accru dans certaines situations : infection sexuellement transmissible associée, rapport sexuel pendant les règles, violence sexuelle, charge virale élevée chez le sujet infecté.

◇ Quelles sont les pratiques sexuelles les plus dangereuses ?

Les pratiques dangereuses (sans préservatif) sont d'abord la sodomie, puis la pénétration vaginale, enfin la fellation. Jusqu'à présent, le risque de cette dernière était largement sous-estimé. Mais une étude américaine a totalement modifié la donne et montré qu'on pouvait bel et bien attraper le sida en léchant le sexe de son partenaire[1]. Pour minimiser le risque, mieux vaut éviter de se brosser les dents, cela fragilise la gencive, favorise les saignements et permet plus facilement le passage du HIV. On peut surtout demander à son partenaire de mettre un préservatif, même pour ce genre de petits plaisirs. Il existe des modèles non lubrifiés plus agréables pour cette pratique et même des préservatifs parfumés (vanille, fraise, menthe, etc.).

◇ Le sida se transmet-il au cours de la pénétration ou lors de l'éjaculation ?

Le risque majeur a lieu au cours de l'éjaculation de son partenaire ; s'il est séropositif, il peut transmettre le virus du sida à ce moment précis, mais également avant, au cours de l'émission du liquide pré-éjaculatoire (juste avant l'orgasme) ; celui-ci abrite le HIV en plus petite quantité, mais il l'abrite quand même.

---

1. *Primary HIV Infections Associated with Oral Transmission*, CDC d'Atlanta, février 2000.

◇ Le cunnilingus et l'anulingus sont-ils dangereux ?
Le fait de lécher le sexe ou l'anus de son (ou sa) partenaire n'est pas non plus dénué de risques. On peut raisonnablement le tenter avec celui-ci s'il est fidèle. Les plus anxieuses doivent éviter de se brosser les dents pour minimiser les risques.

◇ Que signifie au juste l'expression « *safer sex* » ?
Le « sexe sûr » était à l'origine une pratique des milieux gays, qui a fait suite aux premières hécatombes du sida. Elle s'est ensuite étendue aux hétéros, comme l'abstinence durable d'ailleurs. Elle consiste à éviter tout contact des muqueuses et, a fortiori, toute pénétration pendant l'acte sexuel, en se faisant plaisir quand même. Cela signifie se masturber réciproquement ou chacun de son côté, s'embrasser, se caresser, mais pas plus... malgré les affinités. Moyennant quoi, on amoindrit largement le risque. Mais combien de temps cela peut-il durer ?

◇ Quand abandonner le préservatif avec son amoureux ?
Lorsqu'une atmosphère « durable » et de confiance s'installe dans le couple, on peut décider de se passer du préservatif. Chacun doit alors faire le test de dépistage du HIV et des autres IST pour se lancer sur des bases parfaitement saines. Attention quand même au risque de grossesse si on n'a pas du tout de contraception.

◇ J'ai pris un risque, dois-je faire le test de dépistage du sida ?
Oui. En cas de rapport non protégé ou de préservatif défaillant avec un nouveau partenaire, il vaut mieux faire le test. Quelle que soit la durée qui sépare d'une prise de risque, il est impor-

tant de consulter. Il existe des tests et des prises en charge aux différentes étapes de l'infection.

◇ Comment faire le test de dépistage du sida ? Où ?

Le test peut être prescrit par son médecin habituel et effectué dans un laboratoire d'analyses médicales. Il est remboursé à 100 % par la Sécurité sociale. Si l'on préfère l'anonymat, on peut directement s'adresser à un médecin dans un centre de dépistage anonyme et gratuit (CDAG). Les mineurs peuvent s'y rendre (sans autorisation parentale), les sans-papiers aussi, ils n'ont pas besoin de carte de Sécurité sociale. Il existe au moins un CDAG dans chaque département et une dizaine à Paris. Autres solutions : le Planning familial, le dispensaire, le centre antivénérien, la consultation de PMI (protection maternelle et infantile). *Voir les adresses p. 389.*

◇ Le test de dépistage du sida, ça marche comment ?

Il s'agit d'une simple prise de sang. La nouvelle génération de tests Elisa est beaucoup plus sensible et performante qu'autrefois. On peut utiliser le test Elisa un mois après le rapport à risque, le temps que les anticorps anti-HIV soient apparus dans le sang de la personne séropositive, cela donne une première indication. Ce test est relativement fiable. Mais pour avoir une certitude absolue, il faut refaire un test de confirmation 3 mois après l'éventuelle contamination, car il arrive, hélas !, qu'un résultat négatif devienne positif entre-temps.

◇ Y a-t-il des signes physiques de la première infection ?

La « primo-infection » qui suit la contamination s'accompagne deux fois sur trois de symptômes, mais ils sont difficiles à inter-

prêter : fièvre, fatigue, diarrhée, vomissements, courbatures, angine, rien de vraiment très spécifique. Ces signes durent plus ou moins longtemps, se manifestent plus ou moins fort. Or c'est durant cette phase que le malade est le plus contagieux. Ensuite, il devient totalement asymptomatique, alors que le virus se multiplie et s'intègre dans un grand nombre de cellules de l'organisme. Au moindre doute et face à ces signes quelques jours après un rapport non protégé, demander un test de recherche du HIV.

◇ Combien de temps peut-on rester porteur sain ?

Les spécialistes considèrent qu'un séropositif peut rester asymptomatique pendant de longues années à condition d'avoir un bon système immunitaire et de ne pas souffrir d'une maladie qui aurait déjà affaibli ses défenses. Grâce aux trithérapies qui ont pris le relais des monothérapies, on connaît même des porteurs sans symptôme depuis vingt ans, mais ils restent hélas exceptionnels. Les traitements mis en route au stade de la séropositivité permettent de maîtriser la charge virale et de maintenir le taux de CD4 (les cellules du système immunitaire qui sont la cible précise du virus HIV).

◇ Où en est le vaccin antisida ?

Avec le vaccin préventif, destiné à protéger de l'infection une personne séronégative, la grosse difficulté reste la très grande variabilité du HIV. Les fragments du virus sélectionnés pour la préparation vaccinale ne sont pas forcément ceux qui séviront au moment de l'infection. D'où le pessimisme de certains chercheurs. Le vaccin curatif stagne aussi. Son principe consiste à augmenter la réponse immunitaire chez le séropositif, de façon à prolonger la période sans développement du sida.

◇ Le préservatif s'est déchiré, que faire pour limiter les risques de sida?

En cas de problème de préservatif (rapport non protégé ou mal protégé avec une personne séropositive ou appartenant à un groupe à risque, viol, etc.), la première chose à faire est de mettre fin au rapport sexuel (si possible) pour limiter au maximum le contact avec la muqueuse. La contamination sexuelle avec un séropositif n'est heureusement pas systématique. On peut avoir plusieurs rapports non protégés sans être infectée, on peut aussi en avoir un seul et être contaminée, c'est un peu la loterie...

Il existe un «traitement d'urgence» préventif qui réduit les risques. Il a pour principe de bloquer la multiplication du virus avant même sa dissémination dans l'organisme. Il doit être mis en route dans les heures qui suivent la prise de risque (48 heures, grand maximum). Ce traitement dure un mois et repose sur l'association de trois antiviraux. Se rendre au service d'urgence de l'hôpital ou, quand on est loin de tout, appeler Sida info service pour connaître le lieu le plus proche où s'adresser. Ce traitement ne se prend pas à la légère. Il est lourd avec des effets indésirables (nausées, vomissements, etc.) et coûteux (mais remboursé par la Sécurité sociale). Il n'y a pas de preuve absolue de son efficacité et, s'il marche, on ne saura jamais si c'est parce qu'on est passée au travers du virus toute seule ou parce que le traitement a fonctionné, mais en tentant cette thérapie d'urgence, on met toutes les chances de son côté.

En pratique

N° vert Fil santé jeunes : 0 800 235 236.

Hépatite info service : 0 800 845 800. Permet de s'informer sur toutes les hépatites, oriente et soutient. 7 jours sur 7, de 8 heures à 23 h. Communication gratuite.

Sida info service : 0 800 840 800. Aide à évaluer son risque de contamination en cas de doute et donne l'adresse du centre de dépistage anonyme et gratuit le plus proche de chez soi. 7 jours sur 7, de 8 heures à 23 h, en France métropolitaine, dans les DOM-TOM et à Mayotte. La communication est gratuite. À noter : de nombreux CDAG dépistent aussi l'hépatite B.

Site Internet de l'association Aides : http://www.aides.org. Fournit des flashs info et offre la possibilité de poser des questions. Des tests de dépistage rapide du sida (en 30 mn), pour savoir si on est séropositif ou pas, vont être expérimentés en 2009 et 2010 auprès d'un millier d'hommes homosexuels grâce à l'aide de bénévoles de l'association. Pour en savoir plus, consulter le site d'Aides ou http://www.arcat-sante.org, ou encore http://www.anrs.fr (pour télécharger le communiqué de presse du 19 novembre 2008 « VIH, vers de nouvelles stratégies pour le dépistage et la prévention ».)

Site de l'Institut de veille sanitaire : http://www.invs.sante.fr. Pour toutes les données statistiques notamment.

Site Internet www.docteurclic.com. Propose une base de données importante sur les différentes pratiques sexuelles (y compris les positions), les troubles de l'amour, les risques, les IST.

ÉPILOGUE

Quatorze clés pour se comprendre

1. Pour qu'un homme fonctionne, il doit être rassuré d'abord, stimulé ensuite. Et la réassurance passe avant tout par la connivence et la complicité. Finalement, c'est vrai aussi pour les femmes.

2. Les mots d'amour calment les maux d'amour.

3. L'absence de désir ne veut pas dire l'absence d'amour.

4. Un homme peut avoir une érection sans désir et désirer sans avoir d'érection.

5. Pour surmonter une difficulté sexuelle, il faut d'abord « avoir envie d'avoir envie » pour soi. Si une femme se contente de vouloir faire plaisir à son partenaire, elle n'aura pas l'énergie nécessaire pour surmonter tous les obstacles.

6. Avec le « tout ou rien », on n'obtient rien. Quelques petites concessions à l'autre limitent sa frustration et évitent que celle-ci ne revienne en boomerang compliquer davantage la relation.

7. La réconciliation avec soi-même ou les retrouvailles avec le corps de l'autre ne peuvent se faire que par petites avancées. C'est en divisant la difficulté qu'on arrive à la surmonter.

8. Pas « tout, tout de suite ». En amour et dans le couple, l'évolution vers l'autre se bâtit progressivement, avec de nécessaires régressions et piétinements pour aller au final vers un mieux salutaire.

9. Lorsque le couple est en crise, la coupe est pleine, la moindre goutte d'eau peut faire déborder le vase. Donc, dédramatiser et relativiser...

10. Veut-on régler des comptes ou régler la situation ?

11. Lorsqu'on voit le bout du tunnel, on est presque à la fin du problème, mais on n'est pas sorti d'affaire pour autant C'est alors qu'il faut déployer le plus de vigilance et d'énergie. Courage.

12. « Aide-toi et la thérapie t'aidera. » Le thérapeute peut mettre sur les rails de la guérison, mais c'est au patient d'avancer de manière active sur cette voie.

13. On peut aussi avoir une vie de couple épanouie sans relations sexuelles. En ce cas, le lien passe par d'autres investissements.

14. Il est illusoire de chercher à transformer l'autre pour qu'il ressemble au partenaire idéal dont on a rêvé. Un homme fonctionne comme un homme, et une femme comme une femme, la richesse du couple se nourrit de cette complémentarité.

Adresses et infos utiles

Pour trouver un sexologue

Association inter-hospitalo-universitaire de sexologie : 22, cours Pierre-Puget, 13006 Marseille – http://www.aihus.fr.
Société française de sexologie clinique : 32, avenue Carnot, 75017 Paris – 01 45 72 67 62 – http://www.sfscsexo.com.
Syndicat national des médecins sexologues :
http://www.snms.org.

Pour trouver un psychosomaticien

Société française de gynéco obstétrique psychosomatique – sfgops@gmail.com.

Pour trouver un thérapeute de couple

Association française des centres de consultation conjugale : 44, rue Danton – 94 270 Le Kremlin-Bicêtre – 01 46 70 88 44 – http://www.afccc.fr.

Pour trouver un hypnothérapeute

Association française pour l'étude de l'hypnose médicale :
http://www.hypnose-medicale.com.

Institut de médecine psychosomatique, d'hypnose clinique et de thérapie brève : www.hypnose.org.

Pour trouver un urologue

Association française d'urologie : 12, rue de la Croix-Faubin – 75577 Paris Cedex 11 – 01 44 64 14 85 – http://www.uro-france.org.

Pour trouver un chirurgien

Société française de chirurgie plastique reconstructive et esthétique et Société française des chirurgiens esthétiques et plasticiens : http://www.plasticiens.org.

Pour toutes les questions sur la sexualité, contraception, IVG

Un site Internet, pour éclaircir ses notions sur le cycle menstruel, la contraception, mais aussi connaître l'actualité dans ce domaine et poser des questions : http://www.pilado.com.
Un site dédié au préservatif : http://www.jcapote.com. Une adresse canadienne ciblée jeunes, pleine d'astuces et d'infos.
Fil santé jeunes : 0 800 235 236. Numéro anonyme et gratuit, accessible de 8 heures à minuit. http://www.filsantejeunes.com.
Numéro vert de la Ville de Paris, Écoute sexualité-contraception : 0 800 803 803. De 9 h 30 à 19 h 30 tous les jours et le samedi de 9 h 30 à 12 h 30. Ce service est géré par le Mouvement français pour le planning familial.
Numéro vert contraception-IVG : 0 800 105 105. Mis en place par la DRASS de la région PACA. Des conseillères conjugales et familiales du Planning répondent du lundi au vendredi de 9 à 12 h, de 14 h à 19 h et le samedi, de 9 h à 12 h.

Les autres plates-formes régionales d'information :

Alsace : 03 89 42 42 12
Aquitaine : 0810 025 025 (n° azur)
Auvergne : 04 73 75 01 62
Bourgogne : 03 80 29 52 23
Bretagne : 0800 800 648 (n° vert)
Centre : 0800 881 904 (n° vert)
Champagne-Ardenne : 0820 331 334 (n° indigo)
Corse : 04 95 50 54 18 (RV IVG)
Franche-Comté : 03 81 81 48 55
Île-de-France : 01 47 00 18 66 et 0800 803 803 (n° vert)
Languedoc-Roussillon : 04 67 99 33 33
Limousin : 0810 025 025 (n° azur)
Lorraine : 0810 122 128 (n° azur) ou 03 87 69 04 77
Midi-Pyrénées : 0800 80 10 70 (n° vert) ou 05 61 77 50 77
Nord-Pas-de-Calais : 03 20 15 49 32
Basse-Normandie : 02 31 82 22 22
Haute-Normandie : 02 35 73 74 88
Pays-de-Loire : 0800 834 321 (n° vert)
Picardie : 03 22 72 22 14
Poitou-Charentes : 05 49 44 46 46
Provence-Alpes-Côte d'Azur : 0800 105 105 (n° vert)
Rhône-Alpes : 0810 810 714 (n° azur)

Association française pour la contraception : 01 60 15 31 98 – http://www.contraceptions.org. Demande de renseignements, contraception, pilule du lendemain, IVG, etc.
Institut national de prévention et d'éducation pour la santé (Inpes), établissement public placé sous la tutelle du minis-

tère des Solidarités, de la Santé et de la Famille: http://www.protegetoi.org.
Pour choisir sa contraception en connaissance de cause, toutes les infos du ministère de la Santé et de l'Inpes, avec les particularités et avantages de chaque méthode, leur prix et comment les obtenir: http://www.choisirsacontraception.fr.
Pour la pilule ou la contraception d'urgence, renseignements auprès du Mouvement français pour le planning familial: 4 square Saint-Irénée, 75011 Paris – 01 48 07 29 10 – http://www.planning-familial.org.

En cas de doute sur une IST, on peut consulter son médecin, se rendre dans un dispensaire, dans un centre antivénérien, un centre de dépistage anonyme et gratuit, à l'hôpital (dans un service de dermatologie ou d'infectiologie).
Hépatite info service: 0 800 845 800. Permet de s'informer sur toutes les hépatites, oriente et soutient. 7 jours sur 7, de 8 h à 23 h. Communication gratuite.
Sida info service: 0 800 840 800. Aide à évaluer son risque de contamination en cas de doute et donne l'adresse du centre de dépistage anonyme et gratuit le plus proche de chez soi. 7 jours sur 7, 24 h sur 24, en France métropolitaine, dans les DOM-TOM et à Mayotte. La communication est gratuite. À noter que de nombreux CDAG dépistent aussi l'hépatite B.
Site Internet de l'association Aides: www.aides.org. Fournit des flashs info et offre la possibilité de poser des questions.
Site de l'Institut de veille sanitaire: http://www.invs.sante.fr. Pour toutes les données statistiques notamment.
Institut Alfred-Fournier. Dépistage gratuit du HIV, des virus de l'hépatite B et C; information et prévention des IST;

dispensaire antivénérien : 25 bd Saint-Jacques, 75014 Paris – 01 40 78 26 00 – www.institutfournier.org.

En cas d'urgence ou pour poser une question à un médecin

www.docteurclic.com, le site de l'urgence par excellence.
Que faire, où aller, est-ce grave ? docteurclic.com répond à toutes les questions que l'on se pose en urgence et donne la marche à suivre sans pour autant se substituer au médecin. Avec aussi la plus importante base de données médicale sur Internet à destination du grand public : plus de 5 000 sujets sur les maladies, les traitements, les symptômes de la vie courante, les médicaments. On y trouve des tests en ligne, des conseils sanitaires pour les voyages, des actualités. Pour obtenir l'adresse d'un généraliste ou d'un spécialiste proche de chez soi, il suffit de taper la sienne. Une équipe de médecins répond personnellement et en tout anonymat aux questions posées.
Ce site possède le double label de qualité HON (*Health on the Net*) et HAS (Haute Autorité de santé).

Pour tout ce qui concerne la famille

Textes de loi, divorce, concubinage, violence, contraception, reconnaissance de paternité, pension alimentaire, garde des enfants, travail, formation, etc. Des infos au Centre national d'informations et de documentation des femmes et des familles : 7 rue du Jura, 75013 Paris.
Pour obtenir les coordonnées des 114 CIDF départementaux : http://www.infofemmes.com.

INDICATIONS BIBLIOGRAPHIQUES

Francesco Alberoni, *L'Érotisme*, Ramsay, 1987.

Élisabeth Badinter, *Fausse Route*, Odile Jacob, 2003.

Nathalie Bajos et Michel Bozon, *Enquête sur la sexualité en France*, La Découverte, 2008.

Dr Marc Bonnard et Dr Michel Schouman, *Histoires du pénis*, Le Rocher, 1999.

Alain Braconnier, *Le Sexe des émotions*, Odile Jacob, 1996.

Lucien Chaby, *Hommes, femmes, sexuellement compatibles ?*, Le Pommier, 2002.

Tracey Cox, *Sexus Feminitus*, Larousse 2007.

Didier-Jacques Duché, *Histoire de l'onanisme*, PUF, « Que-sais-je ? » n° 2888, 1994.

Sarah Finger, *Les Perversions sexuelles*, Ellipses, 1998.

Dr Bernard Fonty, Jacques Huguenin, *Les pères n'ont rien à faire dans la maternité*, First Éditions, 2003.

Michael Gurian, *Ce qu'il y a de formidable chez les garçons*, Albin Michel, 2002.

Serge Hefez, Danièle Laufer, *La Danse du couple*, Hachette Littératures, 2002.

Shere Hite, *Le Nouveau Rapport Hite*, Robert Laffont, 2002.

Marie-Christine Laznik, *L'Impensable Désir*, Denoël, 2003.

Darian Leader, *À quoi penses-tu ?, Les incertitudes de l'amour*, Odile Jacob, 1997.

Dr Gérard Leleu, *Le Traité du désir*, Flammarion, 1997.

Gérard Mermet, *Francoscopie 2003*, Larousse, 2003 ; *Francoscopie 2005*, Larousse, 2005.

Françoise Millet-Bartoli, *La Beauté sur mesure*, Odile Jacob, 2008.

Sylvain Mimoun (sous la dir. de), *Le Petit Larousse de la sexualité*, Larousse, 2007.

Janine Mossuz-Lavau, *La Vie sexuelle en France*, La Martinière, 2002.

Willy Pasini, *Les Nouveaux Comportements sexuels*, Odile Jacob, 2003.

Allan et Barbara Pease, *Égaux mais si différents*, First Éditions, 2003.

Frédéric Ploton, *Trouver le grand amour sur Internet*, First Éditions, 2002.

David Servan-Schreiber, *Guérir*, Robert Laffont, 2003.

Brenda Venus, *Secrets pour séduire une femme*, Presses du Châtelet, 1997.

Remerciements

Toute notre reconnaissance à Muriel Chaperon-Mimoun et Loïc Étienne, premiers « testeurs » de ce guide. Avec leurs questions et leurs suggestions toujours pertinentes, ils nous ont permis de clarifier notre propos et d'aller au plus profond de notre réflexion. Merci encore pour leur relecture attentive au Dr Daniel Zarca, chirurgien gynécologue sénologue, au Dr Marie Veluire, gynécologue psychosomaticienne, au Pr François Haab, chef du service d'urologie (hôpital Tenon, Paris).

Merci aussi à
Dr Jean-Marc Bohbot, andrologue, directeur du service Infections sexuellement transmissibles à l'Institut Alfred-Fournier (Paris) ; Muriel Chaperon-Mimoun, psychanalyste et hypnothérapeute ; Dr Robert Cohen, pédiatre (Paris) ; Dr Sophie Conquy, urologue médicale (hôpital Cochin, Paris) ; Pr Pierre Costa, chef du service d'urologie à l'hôpital Gaston Doumergue (Nîmes) ; Boris Cyrulnik, neuropsychiatre et éthologiste ; Christiane Der Andreassian, conseillère conjugale au Planning familial ; Dr Pierre Desvaux, andrologue, angéïologue (hôpital Cochin) ; Dr Sylvie Epelboin, gynécologue obsté-

tricienne (hôpital Saint-Vincent-de-Paul, Paris) ; Dr Marc Espié, chef du service de sénologie de l'hôpital Saint-Louis, Paris ; Dr Loïc Étienne, médecin des urgences ; Pr David Khayat, chef de service de cancérologie (hôpital Pitié-Salpêtrière, Paris) ; Maryvonne Pasquereau, juriste au Centre national d'information et de documentation des femmes et des familles ; Pr Édouard Zarifian, psychiatre humaniste qui avait accompagné de ses conseils et encouragé la première édition.

Table des questions

Sur le couple amoureux

Sur le couple en crise

Sur la fidélité

Sur la jalousie

Sur les complexes

Sur les seins

Sur les organes génitaux

Sur les vergetures

Sur la cellulite

Sur les poils

Sur les odeurs

Sur la peau

Sur les bizarreries de la nuit

Sur la sexualité en général

Sur les habitudes amoureuses

Sur le fonctionnement féminin

Sur le fonctionnement masculin

Sur les différentes zones érogènes

Sur l'orgasme

Sur les rêves et les fantasmes

Sur les préférences sexuelles

Sur les dopants sexuels

Sur le désir

Sur la difficulté à avoir du plaisir

Sur la douleur pendant les rapports

Sur son partenaire

Sur les sexologues

Sur le mode d'action de la contraception

Sur les règles

Sur la contraception et la libido

Sur la pilule et l'image du corps

Sur les oublis de pilule

Sur les risques de grossesse

Sur la fertilité, la contraception, l'IVG

Sur les seins et leurs problèmes

Sur la vulve, le vagin et leurs problèmes

Sur les problèmes de vessie

Sur les règles

Sur les fibromes

Sur l'utérus

Sur les ovaires

Sur les infections sexuellement transmissibles, leurs signes et leurs conséquences

Sur les modes de transmission des IST

Sur le sida en particulier

Table

Des mêmes auteurs

Ados, amour et sexualité, version garçon,
Albin Michel, 2001

De Sylvain Mimoun

Ce que les femmes préfèrent...,
Première enquête sur le désir sexuel féminin,
Albin Michel, 2008

Petit Larousse de la sexualité (sous la dir. de),
Larousse, 2007

La Dysfonction érectile (avec Marc Zerbib),
Éditions LP, 2007

Des maux pour le dire,
J'ai Lu, 2003

La Sexualité masculine (avec Lucien Chaby),
Flammarion, 2000

L'Univers masculin (avec Élisabeth Chaussin),
Le Seuil, 1999

Traité de gynécologie psychosomatique,
Flammarion, 1999

La Consulation psychosomatique,
Les Empêcheurs de penser en rond, 1999

DE RICA ÉTIENNE

6-12 ans, l'âge incertain,
Hachette Littératures, 2000

Mais qu'est-ce qu'il a dans la tête ? (avec Harry Ifergan),
Hachette Littératures, 1999

Impression CPI Bussière en avril 2009
à Saint-Amand-Montrond (Cher)
Éditions Albin Michel
22, rue Huyghens, 75014 Paris
www.albin-michel.fr
ISBN : 978-2-226-18760-4
N° d'édition : 25814 – N° d'impression : 091119/4
Dépôt légal : mai 2009
Imprimé en France